SHUZI CHUBAN QIANYAN

数字出版前沿

王京山 包韫慧 侯欣洁 等 编著

知识产权出版社
全国百佳图书出版单位

图书在版编目(CIP)数据

数字出版前沿 / 王京山等编著. —北京:知识产权出版社,2018.3
ISBN 978-7-5130-2550-8

Ⅰ.①数… Ⅱ.①王… Ⅲ.①电子出版物–出版工作–研究 Ⅳ.①G237.6

中国版本图书馆CIP数据核字(2018)第014435号

内容提要

本书收录了北京印刷学院教师在数字出版方面的研究论文。本论文集探讨了数字出版的理论探索、模式分析、产业研究和趋势分析,展现了北京印刷学院数字出版专业教师在数字出版方面的研究和探索成果,可作为与其他高校数字出版专业教育同行交流学习的参考,也为数字出版发展的提供了借鉴和启发。

责任编辑:许 波 张冠玉   责任出版:孙婷婷

数字出版前沿
王京山 等 编著

出版发行:知识产权出版社有限责任公司	网 址:http://www.ipph.cn
	http://www.laichushu.com
电 话:010-82004826	
社 址:北京市海淀区气象路50号院	邮 编:100081
责编电话:010-82000860转8699	责编邮箱:zhangguanyu@cnipr.com
发行电话:010-82000860转8101	发行传真:010-82000893
印 刷:北京中献拓方科技发展有限公司	经 销:各大网上书店、新华书店及相关专业书店
开 本:720mm×1000mm 1/16	印 张:15.75
版 次:2018年3月第1版	印 次:2018年3月第1次印刷
字 数:213千字	定 价:48.00元
ISBN 978-7-5130-2550-8	

前　言

　　北京印刷学院是一所以出版传播为特色的多科性大学。近年来，该校以特色学科建设提升核心竞争力，初步形成了传媒科技、传媒文化、传媒艺术、传媒管理四大特色学科专业群，建设了具有时代特征的数字印刷、数字出版、数字媒体艺术、数字媒体技术构成的新型数字媒体专业群。北京印刷学院数字出版专业建立于2008年，同年开始招生，是全国最早建立和招生的数字出版专业之一。2010年北京印刷学院新闻出版学院成立，数字出版专业归入新闻出版学院，成为新闻出版学院的骨干专业。截至2017年，北京印刷学院数字出版专业已经连续招生10届，毕业学生6届。据2017年9月统计，在校生260余人，已毕业学生400余人。这些毕业的学生主要分布于传统出版和数字出版新媒体领域，成为推动数字出版产业发展和新闻出版业转型升级融合发展的重要生力军。

　　在积极推进专业教学和人才培养的同时，北京印刷学院数字出版专业师资队伍建设也逐步展开，取得了较为显著的成绩。现在，北京印刷学院数字出版专业现拥有专职教师11人，已经形成了以本专业专职教师队伍为主导，以校内辅助师资、校外兼职教师为两翼的师资结构。此外，数字出版专业还接受研究生新闻传播学、出版专业硕士、新闻与传播专业硕士等学科的支持与辅导。现在，北京印刷学院数字出版专业拥有全国新闻出版业领军人才1名，北京市中青年骨干教师2名，在全国数字出版与新媒体研究领域具有一定的影响。

　　建立伊始，北京印刷学院数字出版专业即开展数字出版方面的教学科研研究，取得了较为丰硕的研究成果。本书收录的就是北京印刷学院数字出版专业建立以后，北京印刷学院教师在数字出版方面的研究论文。这些研究论文的作者以数字出版专业教师为主，同时收录了校内其他单位教师数字出版研究方面的论文。

本论文集从四个方面探讨数字出版：理论探索、模式分析、产业观察、趋势分析。我们希望汇总数字出版专业老师们在数字出版方面的研究论文，展现该校数字出版专业教师在数字出版方面的研究探索成果，同时分析和总结十年来专业建设的经验与不足，并作为与全国高校数字出版专业教育同行交流学习的基础。

本书的出版得到了北京市教委专项资金资助，同时得到了北京印刷学院数字出版专业和本校其他单位老师的大力支持，得到了北京印刷学院新闻出版学院的鼎力支持。在本书出版之际，向各位领导和老师们表示衷心的感谢！2018年是该校数字出版专业创办10周年，我们谨在此祝愿数字出版专业能够不断进取，取得更大的成绩。

王京山

2017.6.10

目 录
CONTENTS

理 论 探 索

—— 数 字 出 版 前 沿 ——

传统出版与数字出版的几个辩证问题*

陈　丹　葛淼慧**

摘　要：互联网时代，传统出版与数字出版并存，共同构成多元化的出版业态。本文旨在用辩证思维分析传统出版与数字出版发展过程中的一些基本问题，以期探索传统出版和数字出版的融合创新发展之路，从而推进出版业的全面可持续发展。

关键词：传统出版；数字出版；辩证问题

"传统出版"是个具有时代发展印记的相对概念，相较于"现代出版"，该概念在不同历史时期有不同的内涵和外延。本文中所提及的传统出版，主要是指出版产品以纸质出版物为主的出版过程和形态。在互联网时代，飞速发展的信息技术造就了数字出版，传统出版也面临着数字化转型升级。本文中提及的数字出版，包括出版的数字化和数字化出版两部分，其中"出版的数字化"是指传统出版业的数字化的全部过程和结果；"数字化出版"是指新兴的数字出版媒体所开展的数字内容传播与服务活动。作为一种新的出版形态，数字出版自诞生以来，它与传统出版间的关系就是学界、业界讨论的热点。美国肯特州立大学罗杰·菲德勒（Roger Fidler）教授认为：新媒介并

* 本文原载《现代出版》2017年第4期。

** 陈丹，北京印刷学院新闻出版学院执行院长，教授，硕士研究生导师。研究专长：数字出版、数字传播；葛淼慧，现为北京印刷学院研究生。

不是自发地和独立地产生的，它们从旧媒介的形态变化中逐渐产生。当比较新的媒介形式出现时，比较旧的形式通常不会死亡，它们会继续演进和适应。基于此，数字出版与传统出版，两者并不是"你死我活"的斗争关系，而应该是共同推进、相互成就、不断融合的关系。现今的传统出版也许会是未来的数字出版，而数字出版或在将来成为传统出版。数字出版的出现，也给长期以来形成的基于传统出版的许多发展逻辑带来了颠覆性的变化。本文将对出版内在矛盾的运动、变化及各个方面的相互联系进行考察，梳理出几个数字出版与传统出版的不同点，以便从本质上系统地、完整地认识数字出版与传统出版间的辩证关系，从而全面推动出版业融合发展。

1　出版的属性——变与不变

笔者认为，数字出版并没有改变出版的性质和目的。从性质上来讲，传统出版与数字出版都负责内容的生产和提供，区别于物质生产和消费，属于精神生产和消费的范畴。无论是数字出版还是传统出版，生产和提供的内容都可以分为三个层次：信息、知识、文化。

但是，数字出版作为新技术催生出的出版新业态，与传统出版相比，在许多方面都有不同。

首先，数字出版改变了传统出版生产和提供的内容：第一，从提供信息的角度看，数字出版呈现海量信息的汇集和爆炸式增长。IDC报告显示，预计到2020年，全球数据总量将超过40ZB（相当于4万亿GB），这一数据量是2011年的22倍。第二，从提供知识的角度，人们获取知识的途径正由一本书一本书地阅读、查找、人脑分析与组合，转变为以大数据为基础的快速获取、全面提取和深入分析，这就极大地增强了人类获取知识的宽度、深度和有效性。辩证地来看，数字出版在大大提升人们获取知识的数量和效率的同时，其所带来的碎片化阅读，也会增加人们对有效知识的获取障碍。第三，从提供文化的角度看，数字出版具有宽泛而不够深入、分散而不够系统的特点，其与诸多承载着优秀传统文化的内容产品和阅读消费习惯间，还存在天然的时代鸿沟。

其次，数字出版改变了传统出版生产和传播的方式。传统出版的生产和传播流程主要遵循选题→编辑和审稿→印刷和复制→发行和销售→阅读的线性轨迹；而数字出版则将数字技术渗透到了传统出版的各个流程，从而实现了流程再造。这主要体现在选题方面，数字出版的平台筛选和读者的选择能力共同决定了阅读的品质；在编辑审稿方面，数字出版比传统出版的编审过程简化很多；在印刷复制方面，数字出版很大部分已经无须印刷，还可以通过按需印刷满足读者多样化的需求；在发行销售方面，数字出版总体趋于直接销售，按需印刷则实现即时销售；在实现阅读方面，数字时代读者中的很大一部分，是通过各种社交媒体进行随机阅读，出现了UGC、POD、社交媒体分享阅读等新兴形式。企鹅智酷2016版《微信数据化报告》的数据显示，35.8%的微信用户，通过在微信平台中读书提升了自己的阅读量。另外，以微信、微博等为代表的社交网络已成为第二大新闻渠道，渗透率超电脑+电视的总和。

2 出版的盈利模式——内容产品免费还是收费

数字出版的产生颠覆了许多传统出版时代约定俗成的盈利模式。传统出版中，出版商主要是通过生产优质内容产品，在市场上发行销售后从消费者处获得收益；而在数字出版时代，很多内容产品是免费的，出版商可能会以优质的免费内容为入口，通过社群吸引、聚拢用户，最终通过服务后向收费模式，实现产品价值。这也就是我们常说的"羊毛出在狗身上，猪来买单"。

3 什么样的产品能盈利——大众产品还是小众产品

传统出版中由于生产成本和周期的限制，出版商都希望多生产些如畅销书这样的大众产品，以期在较小的投入条件下获得更大产出。数字出版中，由于出版企业内容制作、管理和发行平台的不断完善，每个内容产品生产和发布的边际成本大大降低。根据长尾理论，原来传统出版中被"割"掉的长长的尾巴——小众产品，在数字内容平台上可能会聚合起来，产生巨大的收益。

4　谁驱使着出版业朝着数字化方向迈进——出版企业还是技术商

在2008年法兰克福书展上，一项有趣的调查令人深思。在被问及"是谁驱使着出版业朝着数字化方向迈进"时，在近千名受访者中，只有7%的人认为是传统出版社，但却有超过40%的受访者选择了亚马逊、谷歌等以技术起家的公司。同样，从中国数字出版十余年的发展历程来看，无论是老牌的北大方正、清华同方等技术开发商，还是BAT等新兴的数字企业，无不凭借其卓越的技术研发能力，以及技术应用和创新能力立足并主导出版市场。传统出版企业，在数字化转型过程中面临着被边缘化的风险。

5　出版人才的培养方向——编辑记者还是产品经理

传统出版的核心岗位是编辑和记者，主要负责内容的生产组织和加工，他们所具有的强大的内容编辑、聚合与分发能力，代表着出版企业的核心竞争力。而在数字出版时代，出版企业的核心岗位是产品经理，他们不但负责产品整个生命周期的管理，包括规划、调研、策划、研发、测试、上线，营销、推广、运营、迭代等，还要负责贴近用户需求，协调相关资源，最终对产品经营负责。在全媒体融合的趋势下，编辑和记者必将向产品经理转型，首先要具备产品思维，具备优质内容的获取能力和研究用户行为方式、使用场景和互动的可能性的能力；其次，产品经理还需具备沟通协调能力，要促进实现团队内部内容生产、技术开发、营销等各个岗位的跨界合作，实现业内各平台、各组织之间的跨平台、跨单位合作。

6 出版企业的运营模式——是做产品还是做服务

出版企业的立足之本是产品，将产品做成精品之后才能形成品牌，然后才可通过自建平台或联合平台为用户提供服务。通过平台服务可以有效建立出版企业和用户间的关系，利用大数据技术对用户行为习惯进行分析，形成用户集聚效应，最终实现精准营销。所以，数字出版时代，出版企业在做精品的同时，还要关注通过平台为用户提供服务，逐渐由单一的内容提供商转型成为知识服务商。

7 出版者的决策方式——数据决策还是经验决策

对于传统出版，出版机构、发行商和用户之间存在信息壁垒，信息反馈需要较长时间，出版单位通常难以快速掌握业内动态、舆情热点和市场导向，不能及时了解自身产品的市场反应和评价，缺少自身产品全面的销售数据支持。因此，出版机构的选题策划和营销决策主要基于编辑的经验。数字出版时代，互联网企业有大数据、移动互联、云计算等新兴技术作为支持，具有强大的信息采集和分析能力，能够直接获取全面的用户数据，并通过用户数据的分析和挖掘，掌握用户行为，为产品决策提供依据。因此，在数字出版过程中，数据决策已成为常态。

8 出版内容的消费者——受众还是用户

对于传统出版，其消费者——受众大多是被动接受出版者的单向传播，在传播链条中处于劣势、被主导地位；对于出版者，每个受众的角色是模糊的，虽有百万千万，但受众特征不被细分，所以只能做大众营销。而数字出版的消费者——用户是具体的、清晰的、个体意义的概念，它更强调主动消费，并且可以与传播者平等互动交流；另外，用户和出版者在传播链条中则是完全平等的，他们之间的身份还可能发生转换。对于出版者，可通过互联网技术掌握分析每个用户的阅读习惯和倾向，从而定制提供个性化内容，更好满足用户需求，从而实现精准营销。

9　出版内容的组织方式——碎片化还是体系化

随着移动互联网的兴起，我们目前已经进入了微时代，碎片化成了我们这个时代的基本特征。碎片化阅读也成了我们数字阅读的新常态，出版单位对数字资源的加工也越来越强调碎片化。但过于强调碎片化也存在天然的局限性，任何"碎片化的知识"必须被理性梳理并建构起系统化的体系，才能体现出知识的力量。如谷歌的"知识图谱"，可以将搜索结果进行知识系统化，任何一个关键词都能获得完整的知识体系。因此，如何实现体系化上的碎片化，如何搭建科学的知识体系来提供完善的知识服务解决方案，是数字出版时代出版人需要思考的问题。

数字出版作为新的出版业态，它的出现对传统出版原有的发展逻辑造成了一定的冲击和改变。通过分析以上几个辩证问题，可以看出，传统出版与数字出版并不是一对矛盾体，他们既是竞争对手也是合作伙伴，他们共同构成了多元化的出版生态，未来的出版业必将是传统出版和数字出版共生共荣的整体，融合创新、互补共赢是大势所趋。

参考文献

[1] 中文在线.童之磊VS谭跃:数字出版与传统出版的对话与交锋[EB/OL].http://www1.chinesealledu.com/?p=283.2015-05-07.

[2] 杨慧娟.传统出版向数字出版的转型及创新研究[D].郑州:郑州大学,2013.

[3] 胡正荣.全媒体融合时代,编辑记者终将成为产品经理[EB/OL].http://news.cnwest.com/content/2017-04/24/content_14770954.htm.2017-4-24.

[4] 李长青.传统出版&数字出版:变与不变[J].出版广角,2012(06):18-20.

泛媒体时代内容的价值及实现*

张新华**

摘要：移动互联网推动着社会进入泛媒体时代，传媒业格局随之变化：传统媒体向新媒体转型，移动自媒体平台壮大，商业传播对传统媒体依赖性减弱，从而解放了整个社会的内容生产能力，拓宽了内容价值实现途径，促进了内容产业的良性发展。

关键词：泛媒体；内容生产；价值实现

近年来，互联网向移动化方向发展，无线网络及手机等智能终端快速普及，推动着社会进入泛媒体时代。在泛媒体时代，媒体格局发生巨大变化，内容生产力得以解放，内容的地位凸显，其价值的实现方式也更加丰富。

1 泛媒体时代的传媒格局变化

所谓的"泛媒体"是相对于过去专门化的"媒体"而言的，在移动互联网普及背景下，面向公众传播信息不再是专业媒体的专利，任何人和任何机

* 本文为北京市社科规划重点项目"北京地区数字出版商业模式创新研究"成果，项目编号：13JD-ZHA003。

** 张新华，博士、博士后，现为北京印刷学院新闻出版学院教授，编辑出版学专业负责人。主要研究领域：数字出版、出版产业、传媒制度、国际传播等。

构都可以自建媒体，生产内容信息并向外发布。相对于过去，泛媒体时代下的传媒业格局呈现出新的发展态势。

1.1 传统媒体向新媒体转型

为抓住移动互联网的发展契机，传统的出版社、报刊社、电台、电视台、网站等媒体纷纷向移动市场迁移，"三微一端"（即微博、微信、微视频、客户端）逐渐成为传统媒体数字化转型的标配。互联网巨头BAT、"数字出版第一股"中文在线等，利用资本手段合纵连横，在移动端展开角逐，通过阅读市场布局，衍生到电影、电视剧、游戏等领域。当当、京东、亚马逊等电商平台也都向手机端转移，电子书业务增长迅速。清华同方、龙源期刊网、掌阅、咪咕传媒等内容集成发行商和运营商，加大移动端应用和市场的开发。

1.2 移动端自媒体平台壮大

在微博、微信自媒体平台的带动下，自2015年以来，今日头条、掌阅、喜马拉雅、蜻蜓等移动应用先后平台化，面向用户纷纷开通自媒体频道；最近，360自媒体和北京电视台联合推出视频自媒体平台——北京时间。这些移动性媒体平台不再像以前所说的"我们不生产内容，我们仅是内容的搬运工"，它们通过直接聚拢用户和内容创作者，成为原创性内容集聚、发布的平台。目前，自媒体平台已经覆盖文字、图片、音频、视频等内容形式，服务着大众所需的新闻资讯、消遣娱乐、亲子阅读、教育培训等生产生活的多个领域。

1.3 商业传播对专业媒体的依赖减弱

现在，商业机构纷纷开设自媒体，作为品牌传播、市场营销和联络客户的工具，同时也生产和传播与本企业及所在行业相关联的内容，以吸引用户关注。据尼尔森网联发布的《2014企业移动营销现状调研报告》，截至2014

年5月，1/5的在华企业已经开通了微信公众号，信息产业、餐饮行业和传媒文化是开通公众号最多的3个行业，大多数企业对微信公众号进行了基本定位，展示、宣传和服务是定位中最常被提及的词语。[1]另据2015年2月中国信息通信研究院（CAICT）和腾讯发布的数据分析，中国近19%的微信用户将企业作为首要关注的对象，还有5.9%的用户首要关注品牌。[2]可见，企业微信所代表的商业机构自媒体已经在整个传媒格局中占据一席之地，传统意义上，工商企业的商业传播（如广告、产品推广、品牌传播等）活动对专门媒体机构的依赖度降低，传统媒体的广告业务受到巨大冲击。

泛媒体时代传播平台的开放、传媒格局的变化以及移动化消费，使"人人传播""万物皆媒"成为可能，从而带来内容生产的解放和内容价值实现途径的拓宽。

2　泛媒体时代的内容解放

泛媒体时代的内容生产从过去专门化的传媒机构中解放出来，爆发出巨大的生命力，使内容生产主体增多，内容地位上升，内容生产进入良性循环发展轨道。

2.1　内容生产主体的解放

首先，专业媒体人的独立性增强。在泛媒体时代，过去依附于传统传媒机构的媒体人获得了一定的独立性，能够由传媒机构中内容生产流程的一个环节转变为独立的内容生产者。近两年来，一批资深的传统媒体人先后进军新媒体，借助自身的影响力和专业特长创办并运营新媒体，获得相当大的社会影响力。罗振宇、王凯、秦朔、徐列等媒体人先后离职创办新媒体，在很短的时间内获得数以百万计的用户群。同时，一些媒体人在坚守传统媒体岗位的同时，开辟新的传播平台，如新华社《环球》杂志副总编辑刘洪创办自媒体"牛弹琴"微信公众号。其次，内容创作阶层迅速兴起。目前的各大传播平台上都汇聚着规模庞大的内容创作者，不论是名人还是普通民众都可通过开办栏目、论坛、博客、微博、微信、网络电台等各种媒体，创作并传播自己的内容；所以，专门从事内容生产和传播的群体迅速壮大，带来内容创作阶层的兴起。据统计，我国的网络文学注册写手在2013年已达200万人[3]；截至2015年年底，微信公共账号已超千万个，平均60个移动互联网用户拥有一个公共号；2014年7月上线的移动创作平台"汤圆创作"APP平台，截至2016年2月，在线用户已超过500万，其中移动文学创作者达85万，月活跃作者突破20万[4]。最后，新的机构性自媒体兴起，近年来越来越多的政府机构、企、事业单位、工商业主开办自媒体，构建与公众、客户、利益相关方直接的沟通渠道，适时生产和传播其独有的信息和知识。以政务自媒体为例，截至2012年年底，中国政务微博账号数量已经超过17万个，较2011年底相比增长近2.5倍[5]；截至2016年2月，中国政务微信公号数量已突破10万[6]。内容生产主体的解放无疑会带来内容创作规模的增加和品种的丰富。

2.2 内容本体地位上升

随着内容平台和传播渠道的日渐丰富，内容产业中的媒体平台、内容和用户的关系发生着变化。首先，内容从过去与平台的依附关系中解脱出来，获得一定的自主性，其相对于媒体或平台的地位和价值凸显。媒体平台的丰富和相互间竞争的加剧，以及媒体平台功能、定位、用户的细分，在为内容提供更广阔而自由的传播渠道的同时，也带来了内容传播的窄众化和碎片化趋势，从而促使内容拥有者进行整合传播，利用多种媒体平台进行传播以充分实现内容的价值。据新榜调查问卷统计，在目前的图文、音频、视频三种主流介质平台上，有33%的内容创业者采用双介质创作，有9%的创业者试水三种介质同时创作。[7]其次，在移动互联的传播背景下，用户对平台的黏性降低，内容代替平台承担着获取流量、吸引和维护用户的功能。据《2015

年内容创业白皮书》的报告，在一切以用户为中心、用户以内容为中心的平台运营逻辑下，平台从过去直接面对用户、传递割裂内容的角色隐退，转而通过吸引、服务创业者来产生优质内容，建立用户黏性。

2.3　内容生产良性循环发展 [8]

伴随内容产业法制环境的改善和产业运作方式的优化，内容生产逐渐进入良性循环发展阶段，推动着整体内容质量的提高。最近几年，从国家到行业、企业直至内容创作者等各个层面，版权保护的意识和力度都在加大，内容生产的创新性压力增大，促使着内容的生产者和平台经营者提高内容的原创性和品质。同时，以优质内容为中心的多元化内容经营模式的兴起，使内容的生产和经营模式由规模型向质量型转变。以网络文学为例，IP运营在2015年经历了爆发式发展，带来了网络文学商业模式的转变：由过去主要依靠点击量而获得阅读付费和广告收入的模式，转为版权综合经营的模式。它对产业链带来良性联动效应：促进网络文学写作方式的调整和作品创意水平的提升，促进以网络文学为中心的创意资源的扩大；还会激发网络文学的经营者们在产品和用户两个方面发力，更加注重阅读产品的体验效果、社交功能，采取多种手段提高服务质量。

3　内容价值的实现途径

这里的内容价值实现是指内容生产者借助内容获得经济回报的活动。在当下环境中，内容价值实现的方式逐渐增多，其中比较成熟的有如下四种。

3.1　直接收费

移动互联网的普及不仅带动了网民和新媒体用户规模的增长，还提高了个体用户的阅读率和新媒体接触率，整个数字阅读市场规模扩大。据报告，2012—2015年，我国移动阅读的用户量从2012年1.34亿上升到2015年的

3.28亿。[9]此外，移动互联网还引发了阅读方式的转变，阅读终端从PC端向移动端迁移；移动阅读的场景化、碎片化、个性化、交互性和社会化趋势加剧，读者的阅读行为与日常工作、学习、生活等活动之间的衔接更加紧密，新的阅读和内容消费形态涌现，为数字出版带来了无限新的商机。在电子书、微博、微信、APP等产品的推动下，移动用户的活跃度明显提高，移动阅读和移动支付的习惯已经养成。移动端的付费阅读和广告盈利模式逐渐成熟，微博、微信的打赏机制也得以确立，移动阅读的收入规模快速提高。在2012—2015年间，移动阅读的市场规模从1.34亿元[10]上升到100.8亿元[11]，成为我国阅读市场增长率最高的产业。

3.2 广告模式

广告作为媒体和平台经营最基本要素，也是当下内容价值实现的一种重要方式。从广告经营角度看，移动互联网背景下的内容平台商业生态与传统媒体并无根本区别：平台通过内容连接创作者、用户、广告商三方，广告商为平台版面付费，平台为创作者提供内容生产和分发服务，用户消费内容，广告商背后的商家赚用户的钱。最近，各种平台为吸引优秀内容的聚拢和生产，纷纷提高对创作者的广告分成比例。例如：搜狐视频自媒体平台的自媒体用户日常广告分成比例为40%，而独播的分成比例更高，这些收益可实现次日结算，转化变现快捷；腾讯企鹅自媒体平台在2016年3月1日起施行对内容创作者更大的激励政策：文章页面上的所有广告收入100%归自媒体人所有。可见，对内容对于内容创作者来说，通过广告获取经济回报是一种比较适用的方式。

3.3 版权开发

2015年，我国网络文学衍生版权开发呈井喷之势，以版权为核心的网络娱乐产业链释放出巨大商业价值，由热门网络文学作品改编的影视作品屡创收视新高，其改编的游戏也能迅速获得大规模粉丝的关注；而影视和游戏的改编又反哺了网络文学本身的发展，促使其商业价值的扩大。2015年初，由腾讯文学与盛大文学整合成立的阅文集团，利用其庞大规模的内容储备、作家作品和多元化的跨终端产品等优势，运用"泛娱乐"的IP开发战略，与游戏、动漫、影视等行业进行合作，以文学作品为源头，打造出了贯通出版、游戏、影视、周边等新兴产业链。2016年初，阅文集团宣布与Hobbymax公司合作，面向全球推出《全职高手》的主角人物模型，《全职高手》是阅文集团白金作家蝴蝶蓝创作的网络游戏竞技小说，全网阅读点击量达数亿，已授权出版中文简体、繁体、日文等多种语言版本的实体书，并畅销各地市场。[12] 这种经营方式以内容和版权经营为核心，以全媒体出版和多渠道传播为手段，带动原有大众文化产品粉丝圈层的扩大，使高点击率原创作品的版权价值倍增，已经在网络文学和诸多内容产业领域展开。同时，网络文学及相关行业IP评估标准体系的建立、完善和应用，将有助于IP模式运作理性化发展。

3.4　产业延伸

据《中国出版传媒商报》报道，安徽科技出版社、大连出版社、青岛出版集团、社会科学文献出版社等，已纷纷探索知识产权的综合运营，并获得良好效果。[13] 它们利用本社图书品牌和优势版权资源，通过与外部机构合作，开展全媒体出版和品牌化经营，并努力开发衍生品，进行特定垂直行业的全产业链运作，开拓了内容产业经营的巨大空间。

参考文献

［1］ 微信企业公众号：用户数超10万的只有3%［EB/OL］.http://www.ithome.com/html/it/145134.htm.

［2］ CAICT：调查显示24.9%的微信用户首要关注品牌或企业［EB/OL］.http://www.199it.com/archives/329090.html.

［3］ 肖家鑫.2013年网络文学注册写手200多万市场收入规模达46.3亿元［N］.人民日报

2014-02-21(12).

[4] "汤圆创作"月活跃作者数破20万 将推进IP衍生之路[EB/OL].http://news.sina.com.cn/ o/2016-02-24/doc-ifxprupc9965502.shtml.

[5] 中国政务微博数量超17万[EB/OL].http://news.xinhuanet.com/2013-03/27/c_ 115183120.htm.

[6] 中国政务微信公号数量已突破10万[EB/OL].http://tech.qq.com/a/20160119/005085. htm

[7] 微信公共号新媒体排行榜:2015年内容创业白皮书[EB/OL].http://www.v4.cc/News- 812657.html.

[8] 张新华.移动互联环境下的融合新发展[J].出版广角,2016(1).

[9] 中国IT研究中心:2015年第2季度中国移动阅读市场研究报告[EB/OL].http://www. cnit-research.com/content/201507/1323.html.

[10] 中国IT研究中心:2015年第2季度中国移动阅读市场研究报告[EB/OL].http://www. cnit-research.com/content/201507/1323.html.

[11] 郑春晖,李国琦.2015年Q4移动阅读市场报告[EB/OL].http://www.sootoo.com/content/ 555300.shtml.

[12] 阅文集团热门IP《全职高手》手办即将全球发售引关注[EB/OL].http://www.ccidnet. com/2016/0114/10082419.shtml.

[13] 王婷.一个内容多个创意:出版立体开发,打造IP产业链[N].中国出版传媒商报, 2016-2-16.

论数字出版的客户价值

张新华*

摘　要：客户价值是数字出版的企业价值之源，出版社在开展数字出版业务时，需要联合产业链上不同的主体，建立以客户为出发点、以出版社为中心的数字出版产业价值网络，通过多种因素驱动价值客户价值的最大化，从而在实现盈利的同时提高企业竞争力。

关键词：数字出版；客户价值；企业价值

在数字化转型过程中，能否盈利是决定数字出版业务存废的根本因素，许多出版社就因盈利模式的缺乏而在数字业务上踟蹰不前。相对于传统出版来说，数字出版的一个显著变化是：以出版社为链核的产品驱动模式转向以客户为中心的需求驱动模式。在数字出版产业链中，客户居于中心地位，实现客户价值最大化成为产业链各环节价值创造、价值传递的共同目标。传统意义上界于作者和发行商、读者之间的出版社，如果要参与数字出版产业链的运营，就必须以客户为中心，通过客户价值最大化来实现自身盈利的最大化。

---

* 张新华，博士、博士后，现为北京印刷学院新闻出版学院教授，编辑出版学专业负责人。主要研究领域：数字出版、出版产业、传媒制度、国际传播等。

1 客户价值是数字出版的价值之源

数字时代信息技术的高速发展使社会化信息由短缺变为丰富，并很快转为过剩。在此过程中，出版传媒领域经历了由"渠道为王"到"内容为王"再向"读者（或受众）为王"的转变。就我国数字出版的现实来说，当数字技术的神秘面纱被揭开后，无论是以研发数字阅读终端见长的汉王科技，还是坐拥海量电子书资源的方正番薯网，都不能为其自身和它们的内容提供商——出版社带来应有的收益；同时，在终端用户规模庞大、付费模式健全、业务成长迅速的手机阅读业务中，真正获得可观收入的传统出版社也寥寥无几。这说明，出版社对渠道、内容和终端的依赖不足以构建起数字出版的盈利模式，在目前的传播环境下，它们还没有成为读者阅读和消费的充要条件。这就需要出版社从过去沉醉于技术、渠道或内容等产业资源的开发和利用，转向关注一直被忽视的终端客户，从把握终端客户的需求和消费行为特征入手，构建数字出版的盈利模式。

美国学者迈克尔·希利认为，数字出版时代消费者的行为与前一代具有明显不同的特征。具体表现为依赖网络，通过网络社区进行交流，极少且很快转变自己的品牌忠诚度，对权威和内容可信度具有不同的态度，具有购买能力，但更习惯免费（消费模式），熟练掌握寻找目标内容的方法技巧，对图书内容的展现形式和时机具有较高要求，习惯综合文字、音频和视频于一体的混合模式，同时他们倾向吸取来自多渠道的观点——不管来自朋友、社区，还是陌生人，无论来自具有资格的群体还是新人，不管是正式还是非正式渠道，他们都乐于接受。[1] 据此可见，数字时代的读者在消费过程中所追求的不仅仅是对内容的满足，还是综合价值的最大化。出版社只有在充分满足读者多维度价值诉求的基础上，才可能吸引并留住客户，进而把客户价值转化为企业价值。

客户价值是企业在与客户交易过程中，企业提供给客户，并由客户自己判断，最终指向客户需求的价值。[2] 而企业价值是企业从客户那里获得的价值。像其他产业领域的经营活动一样，数字出版经营的核心是把客户价值转化为企业价值。在这一过程中，出版社和客户之间所交换的价值包括有形价值和无形价值。有形价值是在过程中双方可见的图书产品、图书信息、服务和技术支持，以及客户支付的货币、会员费和服务费、订单等。无形价值则是在交易过程中产生的各种知识和信息，包括内容传播平台、论坛、社区和客户需求、客户忠诚、市场知识、读者信息、对图书和服务的反馈等。数字环境下出版社和客户之间的价值流如图1所示（其中实箭头表示有形价值，虚箭头表示无形价值）。不难看出，主要由图书产品、信息和订单、付费构成的有形价值对双方是重要的；而那些无形价值的重要程度也不可低估，它们构成了出版社把握客户的消费特征、满足客户消费需求、增强客户忠诚度的前提，成为出版社持续盈利的基础。可见，在数字出版经营中，出版社仅仅把眼睛把盯在现实可见的货币收入上是短视、狭隘的，它们需要通过为客户创造价值来实现自身价值。并且，在现实的竞争性市场上，出版社需要创造比竞争对手更多的客户价值，才能保持自身的竞争力。

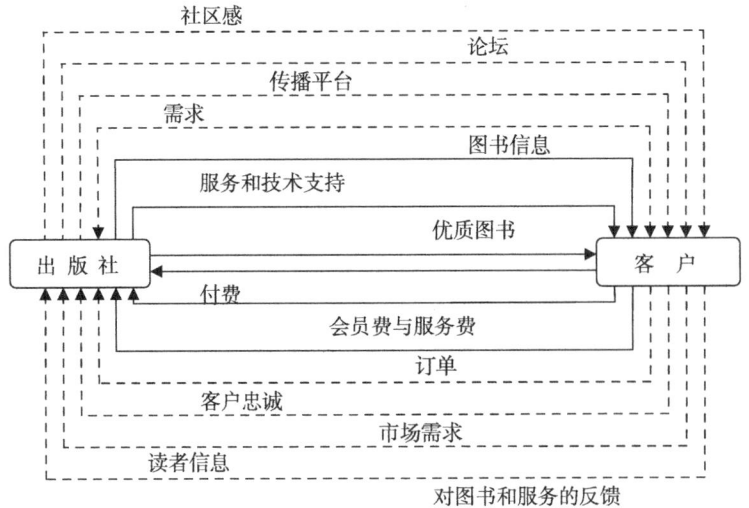

图1:数字时代出版社与客户之间的价值流[3]

2　数字出版客户价值的驱动因素

出版社在为客户创造、传递和实现价值的过程中，除了关注产品的质量和价格外，还需要在深入理解客户需求及偏好的基础上通过识别、把握和有效利用客户价值的驱动系统来全面提高客户价值。根据营销学相关理论及数字出版的运作实践，我们认为数字出版客户价值的驱动系统主要由产品和服务、技术、品牌、知识、关系五个相互影响、相互关联的因素组成。出版社可以从这些因素入手，构建起数字出版的客户价值创造体系。

2.1　产品和服务

产品和服务是最重要的客户价值因素之一，其衡量维度有三，即质量、价格和体验性。数字出版产品或服务的质量是客户所追求的核心价值，只有质量卓越的产品和服务才能满足客户的基本需求，并为实现其他的客户价值奠定基础。价格是客户消费成本中的货币表现，是客户的负面价值。同样的产品和服务，价格越低，客户价值就越高。同时，数字出版作为体验经济的一种形式，客户在消费过程中，需要付出时间、注意力[4]、感官等多种主观因素进行体验。数字出版产品和服务作为一种客观存在，其质量、价格和体验性虽然都有一定的外在评价标准，但在高度个性化和多元化的数字出版消费中，质量和价格高低、体验性的优劣都与客户的主观因素紧密相关，完全统一的客观标准是不存在的。在此情况下，就需要出版社充分发挥数字技术可以大规模定制的优势，根据不同客户的特殊需求，迅速为客户提供个性化的产品和服务，从质量、价格和体验性三个方面来获得客户满意。

2.2　技术

数字出版技术是现代计算机、通信等多领域技术综合应用的产物，也是数字出版客户价值的一个重要驱动因素。数字出版技术是一个相当复杂的系统，包括内容资源的获取、管理、加工，产品的生成、传输，客户资源的获取、分析、管理、维护，内容的搜索、显示、加密等各方面的软、硬件技术。出版社对先进技术的采用，或提高出版产品和服务的提供效率或质量，或通过降低出版成本而减低价格，或优化客户体验等，都可以为客户创造新的价值。在技术迅速发展的背景下，出版企业需要紧跟技术发展潮流，通过持续性的技术升级来保障客户价值的不断提升。自20世纪80年代起，麦格劳-希尔出版社就把教材中的重点内容和附属的额外内容刻录在光盘中，与纸制版教材捆绑销售；进入21世纪，它与技术公司合作开发教材的教学课件，供教师在教学中使用；后又与远程网络软件开发公司合作，把教学课件载入到学校的网络教学环境中，继而推出电子教材、在线学习工具等；最近两年，随着移动互联技术的发展和移动阅读终端的盛行，它开发了一系列应用于苹果终端上的数字教育产品，并通过亚马逊销售数字教材。可见，麦格劳-希尔在数字教育业务方面，通过持续性、及时性的技术革新，不断开发和提供新的产品和服务，在开拓新市场的同时，也为客户创造更多、更新的价值，从而保持了在全球数字教育出版领域的领先地位。

2.3 品牌

出版品牌有多个类别，如品牌作家、品牌编辑、品牌产品或服务、品牌出版社等，也是客户价值的一个重要驱动因素。从对客户的心理影响看，数字出版品牌主要包括品牌意识、品牌认同和品牌忠诚三个方面。对于客户来说，品牌的名称和标识可以帮助客户理解、阅读、加工有关内容产品或服务的识别信息，简化购买决策，降低消费成本。良好的品牌形象有助于降低客户的购买风险，增强其购买欲望。以全球畅销书《哈里·波特》为例，其电子版网站于2011年7月开通；在电子版书籍还未启动销售时，截至2011年10月，网站就吸引了上百万名"哈迷"注册为用户，翘首等待。国际著名专业出版集团施普林格在数字化转型中，利用自身在STM出版领域的良好声誉，在其SpringerLink平台上面向作者客户开展在线优先出版和开放存取出版业务，通过向作者收费的模式使科技成果在第一时间发表，受到许多客户的欢迎。

2.4　知识

这里的知识泛指客户和出版社相互间促使消费的经验积累，包括客户的消费经历和体验的累积，也包括出版社为客户服务经验的累积。在数字出版产品或服务的消费过程中，客户会自觉或不自觉地对产品或服务、自己的消费体验进行价值评判和经验积累，为以后的消费决策提供借鉴。此外，出版社在提供产品和服务的过程中，通过搜集和分析客户及其构成特征、消费行为、反馈信息等，增加客户方面的消费知识，不断改善产品和服务质量，并为客户提供个性化服务，增强客户价值的创造力。施普林格在SpringerLink平台上线运行后发现，直接登陆平台的客户比例很低，而来自Google的客户比例很高，于是施普林格与Google合作，并收购4家网络广告公司，通过搜索引擎和广告等多种手段把客户吸引到SpringerLink平台上，带来了销售量的大增。

2.5　关系

出版社和客户之间的良好关系是驱动客户价值的重要因素，它包括信任、情感联络、转移成本三个层次。信任是客户与出版社之间关系的基石，当客户对出版社建立起某种信任后，客户就会把出版社当作可以信赖的合作者。情感联络是维系客户信任关系的有效手段，通过关心客户需求并给予其尊重，可以提升客户的忠诚度。客户与出版社的关系越亲密，他在放弃该出版社而转向其他出版社消费时的情感成本和物质成本就越高，出版社为其创造价值的动力就越足。网络技术的发展和社会化媒体的兴起，为出版社和客户之间的联系提供了日益丰富便捷的手段和渠道。

3　构建以出版社为中心的数字出版价值网

客户价值的实现不是由出版社独自完成的，而是它与客户、作者、渠道运营商、技术服务商等多方合作的结果。同时，数字出版产业的竞争已不再是单个企业之间的竞争，也不再是单一线性价值链之间的竞争，而是不同企业与其相关者所营造的价值网之间的竞争。所以，对于出版社来说，为使客户价值最大化，除了营造自身的价值创造体系外，还需要联合其他企业，构建数字出版价值网。

目前，我国数字出版产业链存在一些比较突出的问题，如缺乏信任机制、利益分配机制不合理、恶性竞争频发等，在不同程度上损害了读者、作者、出版社等方面的利益，制约了我国数字出版业的健康发展。其原因除了产业发育不健全的客观因素外，还包括产业链上各企业主体间缺乏共同为客户创造价值的机制；从根本上说，是受传统线性价值链观的制约所带来的。澳大利亚学者 Bill Martin 和 Xuemei Tian 认为，价值链在知识经济价值创造的复杂性和网络型公司无形价值的角色方面缺乏解释力，在数字出版产业链和价值链的分析中，需要引进价值网模型。[5] 价值网是在世纪之交由 Adam Brandenburger、Barry Nalebuff、AdrianSlywotzky 等一些美国学者提出一种理论，认为价值网是由产业链上利益相关者（即节点，包括顾客、供应商、竞争者和补充者四类核心组织）及其相互之间的联系所构成的网络型价值生成系统。作为一个分析工具，同时也是一种具体的产业组织形式，它打破了传统价值链的线性思维和价值活动顺序分离的机械模式，围绕顾客价值重构原有价值链，使价值链各个环节以及各不同主体按照整体价值最优的原则相互衔接、融合以及动态互动；利益主体在关注自身价值的同时，更加关注价值网络上各节点的联系，提高网络在主体之间相互作用及其对价值创造的推动作用。在以前的发展过程中，由于内容资源过于分散，渠道资源、技术资源、资本过于集中，出版社普遍实力弱小且相互之间多竞争、少合作等原因，出版社大多处于数字出版价值链中的边缘地位。但是，随着数字出版产业生态的优化，如渠道增多，技术门槛降低，产业分工加剧，文化资本市场兴起，出版和传媒、电信等产业的深度融合等，建立以出版社为中枢的数字出版价值网是完全可能的。

按照价值网理论，数字出版价值网是由出版社与其紧密相关的四类成员间的相互关系联结成一种动态、有机的价值创造体系。这四类成员包括：（1）读者客户；（2）供应商，由作者、技术服务商等组成；（3）补充商，由渠道运营商、终端设备商等组成；（4）竞争者，由与该社业务相近的出版社组成。合理处理出版社与四者之间的关系是价值网建立和良好运行的关键，这就需要出版社从三个方面入手。第一，建立市场需求信息共享机制。价值网是以客户为基点的价值创造体系，同时也是一种需求拉动系统。客户需求既是数字出版价值网运行的起点，也是价值网运行的终点。作为价值网的中枢企业，出版社的关键作用之一在于敏锐地发现显在和潜在的客户需求，并把这些需求信息及时、准确地传递给技术服务商、设备供应商、电信运营商等，使得价值网络里的每个参与者都能够贴近市场，并对市场状况及其变化迅速做出响应。第二，与各方建立以紧密合作为基础的共赢关系。在价值网模式下，数字出版的各方参与者之间是一种利益共享关系。单个成员公司要在价值网上获得发展，必须获得环境的支持及相关参与方的认同和协作；它的行为与选择会影响网络内其他主体的行为与选择。各成员在关注自身价值形成的同时，也需要关注价值网上各节点的联系，提高网络在主体之间交互作用对价值创造的推动作用。因此，致力于价值网边界的扩大，实现价值总量的增加，是数字出版价值网各方谋求自身价值增长而又不损及他方的最优策略。在此基础上，出版社可与各方建立起共赢关系。第三，提高各方核心能力，加强网络协同效应。过去，出版业界通常将出版社独特的内容资源、电信企业的渠道资源、技术公司的专门服务等看作各企业的核心竞争优势和获得垄断性利润的来源；对数字出版价值网来说，企业间的资源与能力的互补性是其存在和发展的重要基础，而网络资源的独特性和网络的不可模仿性是价值网的核心竞争优势。所以，提升、优化价值网成员公司的核心能力，可以发挥成员之间的协同效应，最有效地实现客户价值，并给竞争对手增加竞争难度。

通过如上分析，我们认为：在开展数字出版业务时，出版社需要改变传统出版的经营模式，联合产业链上的不同参与主体，建立以客户为出发点、以出版社为中心的数字出版产业价值网，通过多种因素驱动客户价值的最大化，从而在实现盈利的同时提高企业竞争力。

参考文献

[1]　克尔·希利.混乱时代里的永恒:美国数字出版和书籍销售的近期发展趋势[J].出版科学,2011(1):10.

[2]　张明立.客户价值——21世纪企业竞争优势的来源[M].北京:电子工业出版社,2007.

[3]　Bill Martin,Xuemei Tian.Books,Bytes and Business[M].Farnhanm:Ashgate,2010:143.

[4]　张新华.数字出版产业的经济特质分析[J].科技与出版,2011(1):42.

[5]　Bill Martin,Xuemei Tian.Books,Bytes and Business[M].Farnhanm:Ashgate,2010:139.

论数字环境下出版物知识网络的构建

张新华*

在数字环境下，传统书刊、电子出版物品种和网络信息量急剧增加，读者在出版物信息海洋里却越来越难以找到自己所需要的知识；二者作用，既不利于出版产品市场的开拓，也无益于读者的知识利用和知识再生产活动，出版社和读者的价值都无法充分实现。为克服这一问题，出版社应该借鉴情报和图书馆领域的知识网络建设思路，在出版经营活动中根据知识之间的关联，建构起由出版物所承载的以知识内容为基础的知识网络。

1 出版物知识网络的理论基础和现实需求

1.1 知识网络的基本图景

在 20 世纪中期以后，知识网络先后成为情报学、企业管理学、认知心理学、计算机科学等学科的研究热点。在信息管理、情报学等研究领域，知识网络主要是针对科学研究活动中知识的组织、存储、检索与利用，它被认为是知识节点及其结构与关系。在管理学界，知识网络是一批人、资源和它们之间的关系，为了知识的积累和利用，通过知识创造、知识转移，促进新

---

* 张新华，博士、博士后，现为北京印刷学院新闻出版学院教授，编辑出版学专业负责人。主要研究领域：数字出版、出版产业、传媒制度、国际传播等。

的知识的利用。在计算机科学和人工智能等研究领域，知识网络通常是语义网络、概念网络、神经网络、Wordnet、Knownet 和知网等概念的统称，反映知识和概念之间的逻辑关系，被广泛应用于数据信息可视化、知识挖掘、知识工程、知识表示、自然语言理解等众多领域。[1] 不同学科从不同研究的目的和角度出发，对知识网络的内涵认识各异，但从中也不难看出对知识网络的如下基本共识：（1）知识网络是一个集合概念，"是指由知识节点（知识单元）和知识关联构成的知识体系"[1]；（2）知识网络作为一种知识存在和结构形式，以知识间普遍存在的联系为基础，借助现代信息技术手段实现知识间的广泛而复杂的链接；（3）知识网络构建的根本目的是提高知识利用和知识创新的效率。

1.2 出版物知识的特性

出版研究视野下的知识网络与其他学科之间没有本质上的区别，但产品层面上的知识网络之"知识"的类型和存在方式有显著特性。（1）出版行业所提供的知识是一种公开的、客观的、显性的知识。为满足向公众传播的需要，通过出版活动所提供的知识都需要通过文字、图像、音频、视频等符号按照一定的信息组织方式表达出来，摆脱了任何个人和机构的束缚，可以顺畅地在社会流通。从出版活动效果看，出版把存在于个人大脑里的主观知识显性化、客观化、公开化，促进了人类知识的传播和知识总量的增加。根据世界普遍联系的观点、小世界现象、科学发展的统一性和继承性、学科综合与交叉、知识引用理论和相关性原理等理论分析和实际验证，出版物所承载的知识之间存在着普遍的、多元的、复杂的联系。[2]（2）出版行业所提供的知识是片段的、孤立的、缺乏链接的。过去，出版行业通过书、刊等出版物向社会传播知识，一本（套、系列）书、一份期刊都是一个体系相对完整而独立的知识集合体。在一种书刊的内部，知识之间通过"目录""索引"等方式建立起粗略的结构链接和字词链接；而书刊与书刊之间的知识关联，由于受物理载体的局限，除了运用"注释""参考文献"等有限的技术手段表明知识关联外，知识之间的链接无法建立起来。为了打破书、刊承载知识的这种片段性、孤立性存在方式，历史上的编辑家和出版家们发明了丛书、类书、套书、大百科全书等图书体裁，主要通过分类、集合等方式建立起出版物知识的链接。但现在看起来，这些链接所反映的知识之间的关联也比较单一、肤浅、片面和有限。在数字化转型中，不少出版社开始尝试提供电子书刊、数据库等数字化产品，但在知识组织和产品开发上仍囿于传统的编辑出版方式，或改变知识载体和传播方式，或改变知识的存在单元，而对传统以（书）本、（刊）期、（论文）篇等为存在单元的知识内部及相互之间深入、本质的关联缺乏有效关注。

1.3 出版知识网络构建的现实需求

目前，出版业已经成为一个高科技渗透度很高的知识服务行业，从不同学科视角切入都可以发现知识节点之间一定的网络关系。从出版活动的对象看，各种出版物及其所承载的知识内容之间存在着各种各样的关联，在数字化环境下，利用一定的技术手段把相互关联的出版物及其知识内容链接起来，就构成了以出版物为主体的知识网络。但目前，对于绝大部分出版社来说，基于这种联系基础上的知识网络还没有建立起来；而与出版界紧密相关的图书馆界和信息搜索行业，它们的知识网络建设远远领先。图书馆界在情报学理论的指引下，在20世纪后半期就开始了数字图书馆建设，努力构建囊括人类所有文献知识在内的知识网络；以谷歌和百度为代表的新兴信息搜索服务公司，先后推出了基于知识关联的学术搜索和知识图谱功能[3]，在知识网络建设上取得了实质性进展。

出版物知识网络建设的落后局面明显不利于出版业的健康发展。首先，它使出版业在与其他行业的竞争中陷入被动局面，商业利益被蚕食。在知识传播的链条上，出版活动是知识储存、服务、搜索、挖掘的基础和前提；出版社处于图书馆和搜索引擎公司的前端，承担着知识内容母本的催生、整理、开发和副本的复制传播职能。但是国内外的出版业现状显示：与知识传播链上的先导地位相反，出版社在商业博弈中往往处于大型图书馆和谷歌、百度等公司的下风。其次，缺乏知识关联的出版物不能满足数字时代读者对知识消费的需求，出版社在产业中的主导地位动摇。在传统知识传播链条上，出版社是作者和读者之间必不可少的中介，相对于产业链上的其他利益主体来说，占据着主导性地位；但目前传统出版社正经历着越来越严重的作者流失和读者规模缩小的现实，出版社已不再成为知识传播的必要环节，其存在的必要性也受到质疑。造成如上这两方面问题的根本原因在于：出版社片段性、孤立性提供知识产品的模式无法满足当下知识消费者的知识需求。中美两国权威性研究表明，数字时代知识消费者的需求和行为相对过去发生了很大变化：知识获取上，需要无缝链接和自助服务；知识内容上，需要从简单文献获取转移到知识发现，甚至支持知识创新；知识检索上，需要一站式、个性化、全文化、可下载；成本上，需要最快、最省力。[4] 为顺应知识消费者需求的转变，出版社需要建立起规模庞大的、功能健全的、相互之间可互通互联的知识网络。

2　出版物知识网络的构成要素

基于出版物内容资源基础所建的知识网络和其在情报学上的意义相似，其构成要素包括知识节点、知识关联和知识链接。

2.1　知识节点

在知识网络结构中，知识节点是由在认识上可以相对独立存在的各种知识单体形态，即在认识上具有独立性的知识元、知识单元构成。[5] 传统以（书）本、（刊）期为基本衡量单位的出版物是一个由多层次知识单元构成的知识集合体，其知识内容具有相对的完整性、系统性和独立性。但从载体形式特点和内容组织看，单个出版物的知识单元可分为三个基本层次：出版物、篇章和知识元。(1) 出版物，如一本书、一期期刊、一份报纸等。(2) 篇章。一个出版物的内容由数量丰富、颗粒更小的知识单元组成，其中，书籍内容的基本构成单元是章节，期刊的基本构成单元是单篇的文章；出版物内部的这些篇章也是相对独立的知识单元。(3) 知识元。当知识单元被切分到"不可再分割的具有完备知识表达"的程度时，就达到了出版物内容知识的最小单元，即知识元[6]。知识元"是构成知识结构的最小独立单元"，用来表示一个个针对特定问题的解决方案[7]。根据主题或表达的内容知识元又可分为三种类型：理论与方法型知识元、事实型知识元、数值型知识元。在如上三个层次的知识单元中，知识元是最基本、最活跃的知识体，知识元之间的排列和组合方式的变化是新知识生产的一个重要途径。

由于出版物具有物质和精神双重属性，出版物的三层知识网络节点也具有内在和外在的双重属性。内在属性指出版物内容知识的本质属性，反映知识与它所认识的客观事物的关系，从这个角度也可将出版物中的知识节点称为"概念""事物""规律""规则""学科"等。外在属性是由于知识内容的表达、识别、传播和版权归属等需要所附带的知识，包括名称（标题）、作者、出版者、出版时间、出版地区（网址）、类型、载体形式等信息，这些信息实际上组成了独立知识节点的"身份识别系统"，反映它所对应的知识内容的客观存在性，是知识的知识，在数据库中被称为关于知识的"元数据"。

2.2 知识关联

知识关联是指构成知识网络的知识节点与节点之间的联系，即是使各相关节点间形成意义系统的联系。[5]出版知识网络中的知识关联是指出版物的知识单元（包括出版物，出版物中的篇章，知识元、句子、词语等知识内容）之间存在的各种联系的总和。"任何一种知识的属性都可能作为一种关联属性构成知识网络"。[8]由于出版物知识节点具有双重属性，出版物知识单元之间的关联也包括内在属性关联和外在属性关联两种。（1）出版物知识的内在属性关联是知识所描述的事物之间内在的相互联系性决定的，这种内在的联系一般表现为知识单元之间具有的同一关系、从属关系和相关关系的联系。同一性关联指知识节点间具有的某种相同性质所形成的关联，是知识节点继承性的表现；它导致具有相同性质的知识节点以同一性构成联系并相聚形成学科、专业的知识单元集合、网络。隶属性关联指某一知识单元或知识单元集合隶属于某一概念、范畴和类别的逻辑关系；它反映了知识单元之间一般和个别、总体和部分的内在关系。相关性关联是指在同一、隶属关系之外知识单元间所具有的相互依存、相互渗透、相互制约、相互作用、互为中介的关系，一般是指相反、相对、因果、引用、应用、影响等各种关系。[5]（2）出版知识的外在属性关联就是知识的外在属性之间的各种联系，如学术论文作者之间的联系、某学术问题研究的时间和地区分布等。通常来说，外在属性关系简单明确，很容易被发现识别并加以利用；而内在属性关系复杂多样，动态性较强，有的知识关系只能由领域专家发现和建立。

2.3　知识链接

在出版物知识网络里，知识链接是根据知识节点的双重属性，通过知识关联将具有同一、隶属、相关等内在属性关系和外在属性关系的单元知识，按照固有的联系或一定的需要链接起来，继而构成序列化或结构化的知识网络的一种知识组织方式。❶在出版物所构建的知识世界里，知识之间的关联是客观存在的，同时也可能是隐性的；通过知识链接，不仅可以使隐性关联显性化，实现现有知识之间的互联互通，还可以发现新的知识。在当下的信息技术环境下，不同知识单元联系在一起的技术和方法有：传统的目录法、

---

❶该概念借鉴了情报学学者姜永常的说法。参看姜永常.知识网络链接的理论基础与基本原则[J].图书馆,2012(2).

索引法、引用法，现代的超文本链接、主题网关、参考链接等。由于作为知识链接的对象是各种各样的知识单元，知识的颗粒度不同、知识内在属性和外在属性不同，出版物知识之间的知识链接异常复杂。按照知识单元从大到小来划分，出版物知识单元之间的链接形式可分为基于出版物单元的知识链接（也称为参考文献链接或引文链接）、基于信息单元的知识链接（也称为知识属性链接）和基于知识元的知识链接（也称为知识逻辑链接或语义链接）。这三种知识链接形式，能使知识粒度由大到小、表现形式由粗到细、对象内容由表及里地对各种类型和属性的知识进行全方位的网络链接，会为出版知识构建一个完整的知识网络体系。[9]

3　出版知识网络建设的类型和特点

出版物知识单元的层次性和出版物知识关联的复杂性决定了出版物知识网络的多样性。从知识节点的颗粒大小、不同属性和知识关联的链接方式来看，目前国内由出版社主导或参与建设的出版物知识网络主要有三类：出版物元数据知识网络、出版物全文出版网络、知识元网络。

3.1　出版物元数据知识网络

出版物的元数据是规定出版物外在属性的附属性知识，由这些知识集合并按照一定需要建立起链接关系的知识体系及元数据知识网络。该类知识网络最早源自出版社纸质版的图书目录或期刊题录等，伴随着出版网络发行渠道的兴起而产生，在互联网上读者可以通过它方便地查阅到其中的图书信息及图书之间的外部属性联系，如书刊名、（期刊中文章）标题、作者、出版时间、学科分类、定价等；但通过这些信息还不能链接到它所指向的知识内容本身。目前大多数出版社都实现了此类知识网络的开发和利用，其中最具代表性的是中国出版集团公司于2006年开始建设的"中国可供书目数据库"。截至2011年，该库收入书目数据200多万条，覆盖了90%的出版社的80%以上的品种；实现了全国书目信息动态采集、更新、发布和服务，具备浏览与检索的全部功能，可以及时向市场传播图书产品信息，动态更新产品可供应的状态。[10] 元数据知识网络虽然还没有涉及出版物的知识内容，但也打破了出版物孤立、静止的存在状态，使传统出版物借助该知识网络实现了生命周期的延伸。

3.2 全文知识网络

一些出版社为了实现知识内容的多渠道发布、多介质传播，以整本出版物（包含全部的知识内容及附属信息）或出版物的篇章为节点构建全文知识网络，实现了知识元数据和知识内容本身的同步网络传播。此类知识网络是目前国内出版社建设的主要形式。例如，人民交通出版社研发的"中国交通知识服务数字出版平台"，到2012年年底已经上线本社电子书11798种，外购电子资源45819种；上线交通专业科技词典类工具书68种，交通标准1584种；共形成交通标准、工具书、史书、教材教辅等六大交通专业数据库。在功能上，可以通过关键词跨库检索、全文阅读和下载。2009年，社会科学文献出版社正式上线销售的皮书数据库，以连续性皮书系列为基础，囊括了近20年间数千名研究人员的年度报告类科研成果，内容涉及经济、社会、文化、教育、金融等100余个行业和领域；内容以篇章为基本单位；具有整合、审编、发布、管理、检索浏览、版权保护、输出流量统计、操作日志管理、计费管理等功能；库内所有篇章的文献题目、内容提要、作者名称、作者单位、关键字等基本信息都可进行在线检索，可在线阅读或下载阅读。[11] 该类知识网络实现了出版物内容与外部属性信息之间的关联和链接，同时也打破了传统出版物以本（册）为单元的传播方式，使知识节点细化到篇章层次。但是，构成它知识节点的知识单元颗粒仍然太大，知识链接主要依据知识外部属性之间的关联发出，知识之间内在的本质联系还没有被挖掘出来。

3.3 知识元网络

知识元网络就是以知识元为基本知识节点所构成的知识体系，其中，知识元之间的内部属性和外部属性之间的关联都是通过语义链接实现的。知识元及其语义链接，在知识网络有机构建和功能发挥中起着独特的主导作用；知识元语义链接表示的是知识之间内在属性的逻辑关联（也称为语义关联），在此基础上所构建的内容交互的逻辑知识网络，能还原知识关联的本来面目。这有益于消除信息孤岛，提升知识自由集成服务能力，是用户挖掘知识、组合知识、利用知识和创新知识的有力工具。[9] 可见，知识元网络对用户的知识利用和知识创新的价值超过其他的知识网络，是知识网络建设的最高层次，但也是建设难度最大的一类。目前可见的一个知识元网络是"医学知识库"，它是由人民军医出版社、解放军医学图书馆联合研发的医学类专业知识网络，它抽取医学图书中的知识元并将其重组，进行结构形式上的归纳、选择、整理，以疾病为知识核心，包括疾病、药品、手术、辅助检查、循证证据、疾病研究进展、医保药品、手术图谱、临床操作规范等相关知识，并且通过这些知识之间的内在联系将其有机地结合起来。[12] 从知识节点及知识链接看，"医学知识库"以疾病及其相关领域的知识元为节点，主要通过库内知识超链接的方式，实现知识间的关联，知识获取的精准性和便捷性很高；但该库还是一个相对封闭的体系，库内知识元无法与外部知识进行链接；同时，其中的知识元及其链接都是预先设定的，不能根据用户需求生成新的知识元及其与其它知识间的链接。可见，"医学知识库"还是一个"入门级"的知识元网络。

如上三类知识网络分别代表了我国出版物知识网络的基础阶段、过渡阶段和目标阶段的发展水平。但是，由于这些知识网络大多以单个出版社资源为基础建设，知识网络的规模普遍较小，知识网内部的知识链接路径有限，不同的知识网络之间不能互联互通，这既不利于读者们的知识利用，也无法充分实现出版物的知识价值。所以，在当下出版社数字化转型过程中，这三种类型都有存在的必要性，更有巨大的发展空间。

结语

通过以上分析可以看出：出版物知识网络的构建是出版社数字化转型中满足读者知识消费需求的必要途径，但从出版物知识网络的构成特性看，目前我国出版知识网络的构建还很不成熟，出版社需要在牢牢把握读者需求的前提下，通过相互间广泛而深入的合作，共同开发和构建基于知识互联的、价值共享的知识网络。

参考文献

[1] 文庭孝,汪全莉,王丙炎,周永红.知识网络及其测度研究[J].图书馆,2009,1.

[2] 文庭孝、刘晓英、刘进军:知识关联的理论基础研究[J].图书馆,2010(4).

[3] 百道网.Chaos:百度疑似推出"知识图谱"功能,搜索结果百科全书化[EB/OL].[2012-12-12].http://www.bookdao.com/article/56301/.

[4] 肖希明,黄连庆.以需求为导向的数字信息资源开发[J].中国图书馆学报,2007(6).

[5] 赵蓉英.论知识网络的结构[J].图书情报工作,2007(9).

[6] 朱庆华.知识元挖掘评介[J].情报科学,2006(12):1899-1902.

[7] 姜永常,杨宏岩,张丽波.基于知识元的知识组织及其系统服务功能研究[J].情报理论与实践,2007(1).

[8] 周晓英.知识网络、知识链接和知识服务研究[J].情报资料工作,2010(2).

[9] 姜永常.知识网络链接的理论基础与基本原则[J].图书馆,2012,2.

[10] 中国出版集团网站:中国可供书目数据库[EB/OL].[2011-11-27].http://www.cnpubg.com/digital/2011/1027/8908.shtml.

[11] 林丹夕.提升产品形态　确定盈利模式——盘点出版社专业数据库[N].新华书目报,2013-1-10.

[12] 中国知网[EB/OL].http://pmmp.cnki.net/index.aspx.

模式分析

—— 数字出版前沿 ——

国外 OA 平台运营特点浅析[*]

房美丽[**]

摘　要：公共资金资助的科研项目是全社会人共同资助的，其研究成果理应供全社会人分享与检验。开放获取顺应了时代的特点，其网站平台能够更好地满足全社会人对公共资助的科研要求。本文对国外开放获取平台的发展进行阐述并对其运作模式和业务特点进行详细的分析与论证。

关键词：开放获取；OA平台；运作模式；业务特点

　　开放获取（Open Access，OA）是近十年来国际学术界、期刊出版界、图书馆界联合发起并强力推动的以知识开放共享为目的的新型学术出版与交流方式。[1] 它崇尚"读者免费"的理念，即任何读者基于合法目的的使用，都可以通过互联网免费获取、下载、复制、使用、转发、链接各种学术文献全文，唯一的限制是读者在使用作品时须注明文献的来源和出处，以保护作者的著作权。开放获取是针对传统出版商对学术期刊出版的垄断和高利润销售而发起的。[2] 在近十年发展中，开放获取取得了可喜的成绩。[3] 本文就国外开放获取网站平台（简称OA平台）运营特点进行分析。

* 本文原载《科技与出版》2013年第3期。
** 房美丽，现为北京印刷学院新闻出版学院副教授。

1 OA平台

科学研究需要各国科研工作者积极参与和交流，科研成果也需要科研同行积极论证和检验。网络为科学研究和科研成果的交流传播提供了最佳的手段和工具。开放获取在网上进行，通过网站平台实施学术成果无纸化的出版传播与交流。即开放获取的各类期刊、科研报告、论文、数据资料等均保存在网站服务器中，借助专业软件进行出版、传播。也就是说，OA平台不仅像传统纸介质一样具有保存已出版的科研文献的存储能力（称为OA存储），而且有胜于传统出版的即时出版科研成果的出版功能（称为OA出版）。

开放获取发展的历史不长，1987年美国雪城大学（Syracuse University）Kellogg项目发起的《成人教育新视野》期刊是早期的OA出版，1991年高能物理学家Paul Ginspary创立了预印本网站（arXiv.org）是早期的OA仓储[4]。到20世纪90年代后期，国外一些学术期刊单位和科研机构为了使本国学术期刊得以广泛传播与交流，获得国际影响力，开始正式创建OA平台。如1997年，巴西10种期刊编辑为了提高自己出版的科技期刊的国际知名度和影响力，创办科学在线图书馆SciELO平台。1999年，日本科学技术振兴机构为了使日本科技信息进行国际化传播与交流，创立了日本科技信息网络电子平台J-STAGE平台。[5]随着2001年12月OA国际会议开展和后来各国OA运动的倡导，尤其近两年英国和欧洲出台支持性政策和拨款专项资金支持OA出版，OA平台和OA出版不断涌现。据开放获取期刊目录网站DOAJ统计，2004年全球有49个国家实行了开放获取，出版2385种OA期刊，2010年有109个国家出版OA期刊5437种，到2012年，全球有121个国家，OA期刊达8379种。[6]另据开放存储网站OpenDOAR收录的OA平台统计，截至2006年10月，国外OA平台达到747个，2009年年底达到1560个，2012年底则达到2236个。[7]在这数千个OA平台中，目前最著名的国外OA平台有瑞典隆德大学图书馆创建的开放获取期刊目录网站平台DOAJ、学术出版和学术资源联合机构创建的SPARC、全球高能物理界共同建立的联盟SCOAP³、发展中和转型中国家图书馆合作的 EIFL、美国国家医学图书馆开放获取全文数字仓储 PMC、巴西的科学在线图书馆 SciELO、印度信息公司的 Open J-Gate、日本科学技术振兴机构创建的 J-STAGE、美国 High Wire 出版社推出的 High Wire，以及 2009 年 10 月创立的开发获取知识库联盟 COAR。这些著名的国外 OA 平台不仅有早期倡导者，更主要是平台存储与出版规模强大，涉及学术成果类别广泛。如瑞典隆德大学（Lund University）图书馆的 DOAJ 平台收集了农业和食品科学、艺术和建筑、生命和生命科学、语言和文学等学科领域的 OA 期刊，涉及语种达 20 多种，覆盖范围遍布全球各大区域。2012 年该平台收集了全球 121 个国家开放获取期刊 8379 种。[6] 又如学术出版与学术资源联盟 SPARC 平台，是全球各国学术及研究型图书馆建立的联盟，会员 800 家，遍及北美、欧洲、日本、中国、澳大利亚。巴西的 SciELO 平台已发展为一个主网站和 10 个分网站，集聚了巴西、智利、哥伦比亚、西班牙、委内瑞拉、阿根廷、秘鲁、古巴、墨西哥、葡萄牙等国家的全部 OA 期刊。同样，印度的 Open J-Gate 则可以链接到 5000 多个出版商的 15000 多种期刊网站，涉及基础科学、工程技术、社会科学、艺术人文、农业与生命科学、信息科学等领域。各国大型 OA 平台建设与发展推动了全球开放获取的发展，以致近年著名大型传统出版商如 Elsevier、Springer、John Black Well、Science Direct 也纷纷开启 OA 出版，创建 OA 平台。

2　运行模式

开放获取是顺应时代的产物，也是人类文化创造与发展规律的要求。基于目前国外各类 OA 平台在存储和出版功能上的差别，OA 平台在这两方面的运作模式也就有所区别。

2.1　OA 存储

《柏林宣言》指出，如果整个社会不能广泛、方便地获取知识，那么知

识传播的任务仅仅完成了一半。[8]"存储"是OA平台实施开放获取的基本而
首要的功能。开放获取的兴起就是因图书馆逐年增加的购刊的资金赶不上出
版商每年增刊的价格，导致馆藏能力逐渐下降，无法满足科研人员的需要。
OA平台秉承全球传播、免费获取的理念，在OA存储过程中形成了三种
模式。

2.1.1　自主存储模式

OA存储的主要主体有大学图书馆、公共图书馆、各类研究机构情报中
心、学（协）会资料室、商业出版公司等部门，其中研究型大学图书馆、学
术研究机构情报中心都有自己大学、学术研究机构的研究人才和队伍。这些
源源不断的研究人才为本图书馆和本机构情报中心进行自主存储提供了先决
条件和保障。无论是受本单位经费资金资助还是受外单位基金资助，研究人
员都需要在自己所在机构的OA平台进行优先存储发表的研究成果。这虽然
是管理部门的规定，但更多的是出于研究的需要和方便。如哈佛大学人文学
院全体师生一致要求其大学同意将其学术论文存入大学图书馆的数据库。又
如高能物理研究中心90%的研究论文都存储在中心创建的arXiv网站平台
上。同样，加州大学学术委员会和校长办公室要求本校教职工将研究成果存
储到加州大学图书馆创办的机构库中。因此，自主存储模式是科研人员自主
地把自己研究的科研成果存储在所在机构的图书馆或研究机构资料中心的模
式，以丰富本单位图书馆和本研究机构OA平台的存储功能和传播价值。

2.1.2　招标出版模式

在全球开放获取的环境下，海量的网络传播使得优质的学术期刊显得更
加必要。为了保证研究成果的创新性、科学性并保存优质的学术期刊，一些
研究机构凭借研究经费雄厚而采用招标出版模式。如高能物理研究中心经过
一段时间的自主存储之后，于2005年12月成立"粒子物理开放获取出版工
作小组（SCOAP³）"，由该小组负责将中心传统的纸质版和中心的科研成果
向社会公开征集出版商，根据出版刊物的影响因子、出版协议、传输格式等

因素来支付出版费用。招标出版模式通常由经费实力较强的研究机构实施，其目的是向社会传播高质量的学术研究成果，提升自己的国际影响力和价值。

2.1.3 经费转向模式

高校图书馆、公共图书馆和各类专业情报资料馆是国家文化建设的一支重要力量，国家每年都提供资金给他们购买相关的书籍、资料，以供读者免费阅读使用。公共资助的科研成果可以免费存储获取供读者阅读，但更多非公共资金资助的研究成果就无法免费获取，因网上出版也需要成本。为了保证存储的持续性，向读者提供科学、正确、丰富的知识，大多数向学生、公众、职员开放的高校图书馆、公共图书馆和各专业情报资料馆将国家每年投入的购买资料费用转为出版商的出版费用，以购买更多的出版成果供自己馆藏，实现自身的文化建设使命和生存意义。

2.2 OA 出版

OA 存储的发展必然关联到 OA 出版。没有 OA 出版，OA 存储就变得异常复杂和艰难。OA 出版是开放获取存储的一股活水，是开放获取的重要组成部分。随着传统学术出版商纷纷介入开放获取，OA 出版有了业界比较认可的两种方式。

2.2.1 完全 OA 出版方式

完全 OA 出版方式是科研成果一经被录用或出版就立即存储在各类 OA 平台中供读者免费阅读的方式。完全 OA 出版方式是开放获取倡导者的主张，目的是快速发布传播已完成的科研成果。完全 OA 出版方式的最典型代表是美国科学公共图书馆，它在 2003 年创办了生物学领域的 OA 期刊——*PLOS Biology*。该刊由作者通过网络投递到期刊网站，经编辑初审、同行专家评审、主编终审后被准许录用，之后立即在网上发布，读者通过美国医学国家图书馆可以免费访问。随后出版的 *PLOS Medicine* 及其他 OA 期刊也都实施完全OA出版方式。同样，美国化学协会出版公司属于非营利性出版机构，提供在线数据库服务的完全OA出版方式，作者作品一旦被录用就可以直接在网上公开。完全OA出版方式被各类具有经费的非营利出版机构采用，目的是践行开放获取的理念。

2.2.2 混合OA出版方式

混合OA出版方式是传统营利性出版商提出的一种把OA出版与传统出版相结合的学术出版模式。在混合OA出版方式中，传统营利性出版商不做决定，由作者来选择自己作品是以读者付费阅读的传统方式出版还是以作者付费的OA方式出版。在选择OA出版方式时，作品的存储还存在诸多选择，可选择立即开放供读者阅读，或延长半年，或延长一年开放；不指定存储平台或指定几个平台；采用预印本、印刷版开放还是手稿本开放等。如2004年7月，Springer公司推出Open Choice政策——订购与OA混合，由作者决定出版方式。论文经同行评议决定后可以发表，作者可以选择3000美元的OA出版，也可以选择传统的订购出版模式。选择OA出版，允许作者保留版权，经专业出版，向读者免费提供印刷版和电子版。传统出版商Elsevier、John Black Well、UWP等都同样采取混合OA出版方式。混合OA出版方式是传统营利性出版商结合自己经营性质与业务设计的，尤其在开放存储方面设置多个选择，目的是想赢得更多的获利机会和途径。

3 业务特点

理念总是要落到行动，开放获取的"读者免费"理念也需要具体的业务来实现。存储和出版是OA平台业务的两个方面。由于OA存储与OA出版两者性质不同，其业务特点也有所区别。

3.1 OA存储

OA存储是开放获取的目标与使命，是读者免费获取知识的藏宝库和食粮。为了积累更多学术研究成果和提供更简便的获取途径，OA存储进行了不断的努力和实践。

3.1.1 加盟合作共享

开放获取运动自诞生以来就倡导多个平台全球广泛传播的目标。目前无论是国际性OA平台还是单个机构的OA的平台都在广泛地开展合作，进行加盟活动，以共享人类科研成果。如创立于2009年10月的开放获取知识库联盟COAR平台，为了创建跨地区、跨学科的全球OA知识库，保障项目资金的可持续性，吸收了日本、中国、拉美国家、加拿大和美国的机构参加，以实现跨地区的全球科研信息互联共享。同样，加州数字图书馆和加州大学图书馆负责创办的eScholarship平台分别与BMC、PLOS、Nucleic Acids Research、Proceedings of the National Academy of Science等OA平台进行合作分享资源，同时加入SCOAP^{3}联盟互相链接研究成果。OA平台在人力、物力、财力有限的情况下，通过合作、加盟实现积累超越自己能力范围的更多学术成果的存储，更好地履行了自己的职责和使命。

3.1.2 强化检索功能

任何OA平台广泛积极地存储全国乃至全球的学术成果的最终目的是为读者提供免费阅读和使用。由于存储资源海量且繁多，为了让读者快速找到自己需要的资料，OA平台都纷纷加强平台检索功能的建设和完善，提供最佳的检索方式和途径。如开放获取存储指南OpenDOAR平台对收录的OA平台按照国家、地区、类型来排列，对存储的OA资源设置学科、国家、资源类别、语种、存储软件、资源内容等检索条目，其中资源内容又具体分为刊名、作者、编辑单位、关键词、摘要等，以满足读者快速检索的需求。同样，巴西的SciELO平台提供了按刊名顺序、期刊主题检索的方法，以及和通过检索表单检索含有某个单词的期刊进行浏览的方式，在检索方面提供了按题名、主题、摘要、出版年、论文类型、作者、作者隶属机构与所在国家等条目。OA平台简单、直接、多样的检索方式满足了全球读者查找的需要，实现了平台开放获取存储的理念和价值。

3.1.3　重视存储质量

学术质量在出版活动中是永不褪色的话题。随着存储资源的不断积累、增加以及新OA平台的不断建立，OA平台对存储质量更加重视起来。如开放获取学术出版商协会OASPA平台，代表了学术出版领域的行为规范，其要求成员必须保证发表的论文都经过高质量的同行评议，有统一的与OA发展相符合的标准。[3]南非科技期刊在线电子图书馆SciELOSA平台是一个经历严格挑选科技期刊的OA平台，由南非科技部资助。该平台负责人苏珊·费尔德斯曼指出，只有那些在国际期刊索引上有名的杂志才有资格被选入SciELOSA。对本地出版物将通过由各领域专家组成的独立评估团依据严格的质量标准对其进行筛选，以确保最好的期刊被选入。[9]在大量OA出版和OA存储的环境下，只有高质量资源的OA平台才能吸引读者持续地点击和阅读，也才能赢得自己的尊严和生存意义。

3.2　OA出版

OA出版是OA存储的源泉和动力，OA出版的业务质量与规范决定了OA平台发展的方向和出路。

3.2.1　严把出版质量

作为内容产业，内容质量是第一要素。在OA出版领域中，无论是非营利性的OA出版机构还是营利性的传统出版公司，都像传统出版一样通过同行评议严把OA出版质量关。因为OA出版费用主要依靠各类基金会、学术机构、政府等资助，只有内容过硬，才能受到关注，保证点击率，从而给资助者以回报。美国公共科学图书馆PLOS平台重视精英办刊理念，由专业编辑及学术团体负责期刊内容的遴选和期刊运营，其创办的OA期刊——*PLOS ONE*，目前已成为最大的同行评议期刊，以发表方法和数据可靠的研究论文为主，以高效率发表大量的高质量的OA论文，取得了很好的声誉。2007年又推出《PLOS热带疾病》，出版高质量论文，被SCI收录，获得很高的影响因子。由此，OA出版只有严保出版质量才有竞争力，才能赢得持续的出版资格和生存的机会。正如中国科学院《中国科学》主编肖宏编审指出："刊发没有点击率的文章带来的负面影响会更大，是自坏名声，自掘坟墓。"[4]

3.2.2 灵活多样收费

出版是科学研究的一个环节，OA出版收费是毋庸置疑的，同时，倡导开放获取运动的研究机构、图书馆、基金会和政府管理部门也愿意支付OA出版费用。基于不同学科、不同性质的学术期刊和不同出版商运作方式的差别，OA出版的收费情况也有多种。如纯OA出版的PLOS平台收费标准因不同期刊而不一，最低1300美元，最高2850美元。又如传统出版商John Black Well公司2005年实施Online Open计划，实施在线开放混合出版模式，向作者收取每篇1850~2500美元不等的费用。而Royal Society收费标准则为2550~4420美元。此外，由于科研人员从事的科研工作大多都是由各类研究机构、基金会来资助，这些资助者也同意将资助经费的一部分用于OA出版。BMC提出机构会员制收费模式，即成为BMC会员的机构每年交纳一定数量的会费（一般数万美元），作者就不需要交纳发表费，且享受一些优惠服务，如增值服务、折扣优惠等。OA出版收费灵活多样，是OA出版现实的反映，也是营利性OA出版商获取声望、利润的机会与空间。

3.2.3 多元周到服务

开放获取作为一种由传统的读者付费转向作者付费的出版新方式，不仅有利于学术成果广泛传播交流，更有利于学术出版费用收取的规范化、向作者提供真正需要的实际服务。因为科研人员可以把握自己发表论文的学术刊物的质量和影响力，也都明白自己真正需要哪些具体的服务。为了占领开放获取出版市场，营利性OA出版商纷纷从传统的向读者服务转为向作者服务。如首家OA出版的营利性BMC出版公司目前提供了非常全面的作者服务。在论文发表前，BMC公司首先推出一个作者版本，帮助作者增补数据、视频和链接，来提高引用率和被访问次数等则量指标参数；在发表论文后，又提供全方位的针对论文访问和被引情况的跟踪，以方便作者本人和读者了解最新动向。为作者服务是OA出版公司今后发展具有竞争力的一个重要因素，只有真正提供作者实际需求，才能赢得作者的青睐，吸引更多的科研成果。

OA平台是人类文明进步的体现，是社会大众平等、自由享受当下公共资助科研成果和科学思想的知识宝库。随着各界对开放获取运动的不断认同和参与以及OA平台自身的不断发展完善，开放获取必将推动全球各国科研事业的发展，也定有助于提升各国科研人员的研究水平和实力。

参考文献

［1］ 中国图书馆学情报学期刊开放获取出版苏州宣言［EB/OL］.［2012-11-20］.http://www.oaj.cas.cn/cn/ch/reader/view news.aspx?id=20121031104158001.

［2］ 王应宽,王锦贵.基于赢利模式的开放存取期刊出版:BioMed Central案例研究［J］.中国科技期刊研究,2006,17(3):354-360.

［3］ 梁竞帆.多米诺骨牌效应将推动OA出版大发展［N］.中国图书商报,2012-11-23.

［4］ 褚国飞.集天下大成者,至圣也——牛津大学出版社学术和期刊部全球出版总监与中科院科技期刊开放获取平台工作组组长谈开放获取［EB/OL］.2011-4-19.http://ss-press.cass.cn/news/20008.htm.

［5］ 程维红,任胜利,王应宽,等.国外科技期刊开放存取网站平台［J］.中国科技期刊研究,2009,20(1):36-44.

［6］ DOAJ by Country［EB/OL］.［2012-11-25］.http://www.doaj.org/doaj?func=byCountry&ui-Language=en.

［7］ OpenDORE.［EB/OL］.http://www.opendoar.org/find.php.2012-12-2.

［8］ 苏振华,杨振和.OA期刊资源发展的现状分析.经济研究导刊［J］.2010,110(36):219-220.

［9］ 南非将推出开放存取科技期刊网络图书馆［EB/OL］.［2009-4-22］.http://www.socolar.com/file/2009041210372820_80982.html.

传播学视角下当当网读书社区的图书推荐与传播研究*

肖　倩　张　灿　张　聪**

摘　要：文章从传播学视角解读了当当网读书社区的图书推荐与传播方式，分析了它的优势与不足，并借此归纳了图书类社区化电子商务网站的建设之道，希望通过完善这一类网站的建设，使图书能更好地通过这一新途径实现有效的传播和推广。

关键词：当当网读书社区；社区化电子商务；图书推荐；传播学视角

近年来，随着Web2.0技术的发展，通过网络虚拟社区推广产品已成为一种行之有效的营销方式。人们逐渐意识到，单纯的价格战作用短暂，很难培育用户忠诚度，而通过夹杂社交元素的营销渗透，依靠口碑和社交圈子进行品牌扩散，则更利于稳固用户群。许多电子商务网站（以下简称电商网站）正是看到了虚拟社区的重要作用，逐渐向社区化电商网站转型。当当网作为国内规模较大、以图书销售为主的电商网站，顺应了这一转型趋势，于2012年上线了"当当分享"测试平台，后更名为"读书社区"。当当网用户

---

* 本文原载《科技与出版》2014年第1期。数字出版与传播特殊需求博士点项目；数字出版理论与应用研究团队专项；北京印刷学院课程建设项目"网络编辑实务"。

** 肖倩，博士，现为北京印刷学院新闻出版学院讲师，硕士研究生导师。主要研究方向为数据新闻、数字出版与传播；张灿，时为北京印刷学院本科生；张聪，博士，现为北京印刷学院新闻出版学院讲师，硕士研究生导师。

在此运用打分、分享、评价等手段推荐图书,实现图书的有效传播和推广。虽然目前该社区只有网页版,还未推出手机端版本,但这是图书类电商网站向社区化电商网站转型的较早尝试。

本文分析当当网读书社区的图书推荐与传播方式,并从传播学视角对其进行解读,借此为图书类社区化电商网站未来的发展归纳经验,提出建议。最终,通过完善这类网站的建设,使图书能更有效地利用这一新途径实现传播和推广。

1　当当网读书社区的图书推荐与传播方式

作为助力当当网向社区化电商网站转型的重要组成部分,当当网读书社区在图书的推荐与传播上采取了多种方式,以下对其主要推荐方式进行总结和分析。

(1)排行榜推荐。社区设置了多个排行榜类推荐板块,包括"好书榜""一周好书榜"和"最热图书"。上榜图书来自用户推荐,大多数都有较高的评分和人气,这可以通过每本书页面上的"已读""想读"等相关数据来说明。本文统计了 2013 年 8 月 31 日"一周好书榜"所列图书的相关数据,用以说明上榜图书受关注的程度,见表1。

表1　"一周好书榜"上榜图书

书目	分数	已读	想读	书评	书单
《间隔年,一个女孩在游行》	9.6	2254	160	2724	118
《中国缺什么,日本缺什么》	9.7	2034	137	2161	37
《看见》	9.7	23076	807	41157	2202
《谁的青春不迷茫》	9.4	10369	1588	19714	1388
《直觉》	9.6	832	12	1850	22
《你若安好便是晴天》	9.4	16169	131	40010	1769
《因为痛,所以叫青春》	9.4	13264	215	28971	1407
《正能量》	9.5	12946	74	20872	1110

注:数据采集日期为 2013 年 8 月 31 日。

（2）分类图书推荐。社区提供了"分类找书"功能，类别名称一般由网站编辑设置和管理。社区采用生动的类别命名方式，将所有图书分为文艺范、最流行、乐活族、学院派、婴童殿五大类别，每个类别再进行细分。例如，"文艺范"又分为小说、文学、传记等子类别。而且，所有类别名称都以标签形式呈现。

（3）最新图书推荐。首页设置了"最新图书"板块，网站编辑将最新上架的图书呈现于首页，吸引读者注意，宣传新书。

（4）精彩书单推荐。社区允许用户将一系列图书组合成一份书单，在首页通过"精彩书单"板块将书单推荐给更多用户。建立书单既方便了用户查找喜欢的图书，又满足了用户的个性化需求。社区还允许用户回应书单，并将作者回应呈现在该书单的页面上。

（5）小组推荐。在首页设置的"小组讨论"板块中，有相同兴趣爱好和阅读偏好的用户汇聚在一起，建立起广泛的人际关系网，参与图书话题的讨论，从而实现图书的推荐。而且，首页还设置了"最热话题"板块，用于罗列来自不同小组的最热门话题。进入一个热门的话题页面以后，用户不仅能看到话题内容、讨论该话题的小组，还能看到"本组最受欢迎的话题"以及"其他小组最受欢迎的话题"。

（6）书评推荐。有时，人们会因为一篇书评而对某一本书产生浓厚兴趣，因此，社区在首页设置了"精彩书评"板块，向用户推荐书评。进入一本书的页面时，页面下方还会呈现这本书的所有书评。书评均出自读者之手，它们能吸引更多用户关注该书。

（7）基于兴趣的推荐。在大数据时代，对数据的再分析能创造更多价值。社区通过数据再分析，开辟了多个基于用户兴趣的推荐板块：第一，用户个人主页上的"猜您的兴趣"板块，其他页面上的"猜你喜欢""猜您可能感兴趣的书"或"猜您可能感兴趣的小组"等板块，通过统计用户已购图书、书评、参与小组等数据，利用个性化推荐技术推测并向用户推荐他们可能感兴趣的图书、小组等。但当用户行为数据太少时,"猜您的兴趣"板块将无法使用。第二,每本书的页面上有"阅读此书的人喜欢的其他图书",有时还会呈现"阅读此书的人喜欢的小组"和"收藏此书的书单";每个书单页面上有"喜欢此书单的人还喜欢的其他书单"。这些功能都根据选择同一本书的用户可能存在相同的兴趣点,向他们推荐更多感兴趣的图书、书单,或将更多兴趣相投的用户联系在一起,以便进行更精准的图书推荐。

综上所述,当当网读书社区一共设置了7类推荐板块,它们还可以按照传播主体的不同,划分为编辑推荐、用户推荐和关系推荐3种类型。根据两种不同方式对推荐板块进行划分的结果,如图1所示。

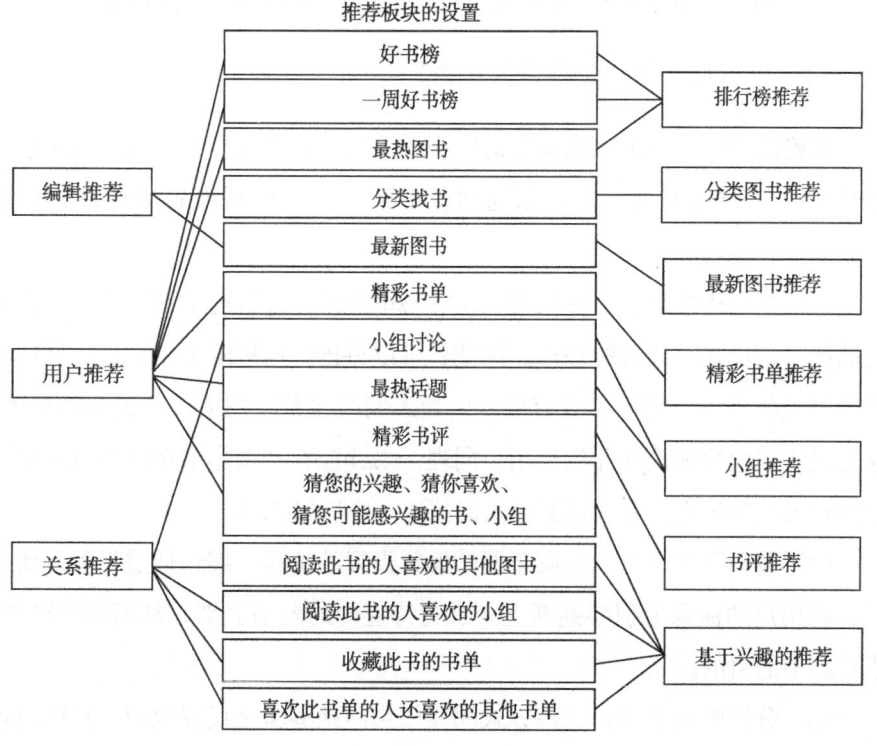

图1　图书推荐板块划分方式

2 传播学视角下图书推荐与传播方式解读

当当网读书社区中推荐板块的设置并非毫无依据，而有相应的传播学理论做支撑。本文基于传播学理论，对其进行解读，解析图，如图2所示。

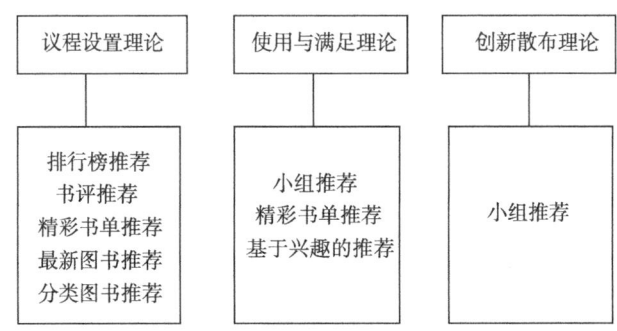

图2　传播学视角下当当网读书社区的图书推荐与传播方式解析图

2.1 读书社区与"议程设置理论"

议程设置理论指出，大众传播以告诉人们"想什么"的方式将其注意力引导到特定问题上来[1]。在当当网读书社区中，议程设置体现在如下几方面：

（1）排行榜推荐、书评推荐、精彩书单推荐：排行榜上都是用户推荐量大的图书，反映了读者的呼声。因此，可以将排行榜理解为用户进行议程设置后呈现的书单。它的设立有效地引导人们关注哪些图书以及关注的顺序，这正是议程设置理论在此的运用。同理，书评推荐和精彩书单推荐也是通过用户自己设置议程，有效地引导人们关注一些热门图书。

（2）最新图书推荐：它属于网站编辑设置的议程。编辑通过设置最新书目，将用户的注意力引导到新上架、有待宣传的图书上来，从而达到宣传、推广新书的目的。

（3）分类图书推荐：这种方式同样依靠网站编辑来设置议程。社区设置了"文艺范""最流行"等五大"分类找书"关键词，引导不同类型的用户关注不同类型的图书。

2.2 读书社区与"使用与满足理论"

使用与满足理论是把受众的媒介接触活动看作是根据自身的需要来"使用"媒介以得到满足的过程[1]，它在当当网读书社区的 3 大推荐板块中有所体现。

（1）小组推荐："小组讨论"板块为用户提供了寻找朋友、沟通分享的平台。著名传播学者 D. Mcquail 把受众对使用媒介所得到的满足分为 4 类，即心绪转换效用、人际关系效用、自我确认效用和环境监测效用[1]，虽然这项研究是针对电视媒介的，但这 4 种作用在社区的"小组讨论"板块中也都得到了较充分的体现。

第一，心绪转换效用："小组讨论"板块能满足用户维系人际关系、娱乐和倾诉吐露情感的需求，从而使用户达到心绪转换的效果。

第二，人际关系效用：与 D. Mcquail 针对电视媒介所得出的研究结论相同的是，"小组讨论"板块也存在两种人际关系，即"拟态"关系和现实关系[1]。前者是读者对作者和书中人物所产生的一种"熟人"感；后者是通过该板块建立的社交圈子，满足人们交流、倾诉等心理需求。

第三，自我确认效用：用户通过读书以及与小组成员交流沟通，能更深刻地理解书中的思想，还能反省自身的行为。

第四，环境监测效用：通过读书或与小组成员交流，用户可以获得与自己生活息息相关的信息，掌握环境中的变化，从而起到环境监测的效用。

（2）精彩书单推荐："精彩书单"板块将风格和主题相同或相近的图书聚集在一起推荐给用户，提高了图书类型与用户兴趣的契合度，从而更易于满足用户的需求。

（3）基于兴趣的推荐：社区设置的一些基于兴趣的推荐板块可以将用户可能感兴趣的小组、图书、书单等推荐给他们，使被推荐内容更贴近用户需求。社区还设置了"猜您的兴趣"等板块，满足用户对图书的个性化需求。

2.3 读书社区与"创新散布理论"

在当当网读书社区的"小组讨论"板块中，一本新书或好书的推荐是一个创新散布[2]的过程。具体来说，一个小组里包括创新者、图书的早期阅读者、早期众多跟进者、后期众多跟进者、滞后者[2]。创新者大胆尝试阅读新书，并在小组中通过分享读后感想等方式进行新书推荐。接受推荐的早期阅读者将带动早期众多跟进者关注或阅读该书。早期众多跟进者又带动后期众多跟进者，在一批又一批读者的带动下，一本新鲜上架的图书将迎来越来越多的读者。最终，图书在这种相互影响与宣传中得到传播。

3 当当网读书社区图书推荐与传播方式的优势与不足

当当网读书社区背靠当当网这一规模较大的中文网上图书音像商城，从建立用户主页，到加入兴趣小组、建立书单、提供个性化推荐，该社区将自我传播、人际传播、组织传播融合到一起，充分发挥了网络虚拟社区的优势。通过对其推荐与传播方式的解析，本文总结了它的优势和不足。

优势：①多种推荐方式结合，保证图书推荐质量；②利用虚拟社区，培养稳定用户群；③基于兴趣进行推荐，实现图书精准营销；④掌握用户信息，获取图书购买风向。

劣势：①缺少作者、出版社与读者的互动；②面向新用户的兴趣推荐功能较弱；③缺少电子书的推广；④平台类型单一。

4 图书类社区化电商网站的建设之道

通过解析当当网读书社区的推荐与传播方式，并分析其优势、不足，本文总结出图书类社区化电商网站的一些建设之道，旨在使图书能更好地利用社区化电商网站这一途径实现传播和推广。

4.1　须结合多种推荐手段来加速图书传播

图书类社区化电商网站不能仅依靠虚拟社区的人际关系来推荐图书，而应采取编辑推荐、用户推荐和关系推荐等多种推荐手段。其原因是：首先，编辑推荐能发挥议程设置的重要作用，起到较好的宣传和引导作用。其次，用户推荐产生的结果一般都具有较高人气，更能反映读者的心声。最后，网站帮助用户建立起人际关系网络后，用户对网站有更多依赖感，这样更有助于网站培养稳定的用户群，维护用户黏性，进而使网站更易使用关系推荐方式来推广图书。

4.2　应多依据传播学理论来设置推荐板块，吸引用户二次访问

正如许多经典传播理论在当当网读书社区中的运用一样，还有更多传播学理论都可以为图书传播指引方向，如说服理论、第三人理论等。这要求网站编辑广开思路、推陈出新，用理论做支撑，开拓出更多新的图书推荐方式，吸引更多用户再次访问网站。

4.3　完善新用户注册环节，提高图书推荐的精准度

当当网读书社区的缺点之一在于当用户在社区中的行为数据较少时，无法提供"猜您的兴趣"这一类功能，这种现象在新用户中普遍存在，不利于对新用户实现图书精准营销。建议未来在图书类社区化电商网站的建设中，完善新用户注册环节，引导新用户提供更多信息以用于推测其读书偏好，为实施精准图书推荐提供数据支撑。

4.4　邀请作者与出版社入驻网站，让其发挥意见领袖的作用

缺少作者、出版社与读者的互动也是当当网读书社区的不足之一，因此，在图书类社区化电商网站未来的建设中，可以效仿微博平台建设初期利用大批名人来吸引人们注册和关注的做法，力邀作者和出版社入驻网站，发

挥意见领袖的作用。很多作者都有自己的忠实读者，相信作者的到来可以创造读者与作者的亲密互动。同时，出版社也可以充分利用这个平台，向读者发布图书的第一资讯，并在与读者互动中得到图书质量的反馈。

4.5 丰富终端类型，实现实体图书与电子书的推广齐头并进

随着数字出版以及移动互联网的发展，电子书赢得越来越多的青睐，移动元素入驻电商网站也已是大势所趋。未来的图书类社区化电商网站应顺应潮流发展，开发相应的移动终端应用程序，不但满足人们随时随地分享图书的需求，而且进一步丰富终端类型，从而，找到更适于推广实体图书和电子书的不同终端类型，以促进两类图书的售卖。

结语

图书类电商网站向社区化电商网站的转型才刚起步，其未来的建设与完善还需要较长的过程。本文通过分析当当网读书社区的推荐与传播方式而总结出上述经验与建议，目的在于对图书类社区化电商网站未来的建设提供有用的参考，从而使图书能更好地利用这种新途径的优势和特点，实现有效传播和推广。

参考文献

[1] 郭庆光.传播学教程[M].北京:中国人民大学出版社,1999.

[2] 沃纳·赛佛林,小詹姆斯·坦卡德.传播理论:起源、方法与应用[M].郭镇之,孟颖,赵丽芳,等,译.4版.北京:华夏出版社,2002.

从"ONE·一个"看阅读类APP的新型图书推广方式[*]

肖　倩　赵　璐　张　聪[**]

摘　要：随着移动互联时代的到来，APP进入了人们的文化生活。阅读类APP的出现，不仅推动了出版行业的发展，也为图书推广创造了新的方式。文章以韩寒创办的阅读类APP"ONE·一个"为例，通过分析其新型图书推广方式及特点，为阅读类APP进行图书推广提供借鉴。

关键词：APP；"ONE·一个"；图书推广

APP是新媒体时代出现的一种新的传播媒介，即"应用程序"，本文主要指移动终端上的第三方应用程序。这种传播媒介及其传播形式有很大的客户市场。《第34次中国互联网络发展状况统计报告》显示，截至2014年6月，我国手机网民规模已达5.27亿，进一步巩固了手机作为第一大上网终端的地位[1]。阅读类APP在这种环境下应运而生，它们是传统出版适应移动互联网发展的新生形态，是数字出版的一种表现形式[2]。从广义上来说，阅读类APP有4种类型：①单本图书APP，如华东师范大学出版社推出的"解读

* 本文原载《科技与出版》2015年第3期。本文受北京印刷学院校级重点资助项目（E-a-2014-01）资助。

** 肖倩，博士，现为北京印刷学院新闻出版学院讲师，硕士研究生导师。主要研究方向为数据新闻、数字出版与传播；赵璐，现为北京印刷学院硕士研究生；张聪，博士，现为北京印刷学院新闻出版学院讲师，硕士研究生导师。

敦煌"系列 APP（共 13 本单本图书 APP）[3]。②以单篇原创作品为主的 APP，如韩寒团队创办的"ONE·一个"APP。③既有单本图书又有单篇原创作品的 APP，如豆瓣网推出的"豆瓣阅读"APP。④资讯类或知识型 APP，如注重互动的阅读平台"ZAKER"以及知识型讨论社区知乎推出的 APP，以推出资讯或知识类词条、问答为主。在这些阅读类 APP 中，有些以全新的方式进行图书推广，并获得了良好效果，如"ONE·一个"APP 和"知乎"APP。本文以"ONE·一个"APP 为例，通过分析其新型图书推广方式及特点，为阅读类 APP（尤其是后三类 APP）如何进行图书推广提供借鉴。

1 "ONE·一个"APP 简介

"ONE·一个"APP 的前身是电子杂志"ONE·韩寒"，它是韩寒及其团队与腾讯合作，于 2011 年 6 月推出的杂志，当时只有网页版。2011 年 10 月，iOS 版的"ONE·一个"APP 上线，与"ONE·韩寒"同步投放内容，其目标读者群主要是 18~35 岁的爱好文学的移动终端使用者。它崇尚极简而有内涵的文艺风格，每日 24 点（后改为每日 22 点）更新，推出一幅图、一段话、一篇文和一个问答，而且支持离线阅读。为方便用户登陆，它还支持绑定第三方账号（如微博等）。

从收益来源来看，"ONE·一个"APP 的前期收益主要来自网页广告，后续还包括"ONE·一个"系列图书（即整合 APP 往期热门文章并出版）的销售收入、周边产品售卖收入等。从最初的免费发布原创文章到后来的整合出版，从集合韩寒的个人粉丝到打造"一个"作者群的忠实拥护者，"ONE·一个"开创了一种不同寻常的图书推广模式。

从栏目设置来看，"ONE·一个"APP 始终保持简约风格。除首页外，还设有"文章""问题""东西"和"个人中心"4 个子栏目。

（1）文章。集结华语写作圈的原创力量，挖掘好文，在"文章"栏目呈现。

（2）问题。一般由官方微博提出问题，网友跟帖作答。然后，"ONE·一个"精选网友回复组成每日一个的新鲜问答。

（3）东西。每天帮助用户网罗和发现新鲜事件，如新潮科技、新书广告或全国签售海报等。而且栏目中的图片具有超链接功能，长按可跳转到相关页面，一般会跳转到"ONE·一个"论坛，图书广告图片的链接则会直接跳转到亚马逊或当当网，读者可直接登录购买《ONE·一个》系列图书。

（4）个人中心。具有对首页精选图文的点赞功能，支持分享到微博、微信朋友圈等社交平台。"个人中心"的下方还有"论坛讨论"栏目，开设"展示&投图""所有人问所有人""'一个'特区"等板块，与用户充分互动。

2 "ONE·一个"APP的图书推广方式及特点

"ONE·一个"APP并未沿袭"先出书，再推广"的传统模式，它以"图书策划出版"为时间点，形成策划出版前后的推广双阶段，如图1所示。

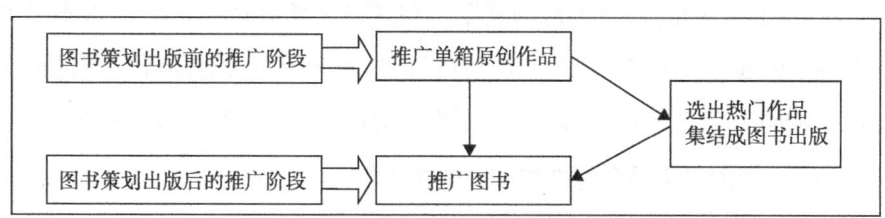

图1 "ONE·一个"APP推广图书的双阶段

具体来说，图书策划出版前，主要发布和推广独立的原创文章，一段时间后，从中选出部分人气高的作品集结成图书出版。图书出版后，再进行针对图书本身的推广。换言之，图书策划出版前，注重图书内容的推广；图书策划出版后，注重图书产品的推广。

2.1 图书策划出版前的推广方式及特点

2.1.1 利用第三方社交平台推广

"ONE·一个"APP积极借助成熟的第三方社交平台来推广。由于其用户主体偏年轻化，经常活跃于各个社交平台，因此，一方面，它支持将精选图文分享到拥有海量用户的成熟社交平台，提升用户体验的同时加快文章传播。另一方面，它支持使用其他社交平台的账号登录自身客户端。这种登录的便捷性，免去了新用户注册过程的许多麻烦，从而更容易抓住用户，尤其容易吸引那些抱着试用心态的新用户。

2.1.2　通过新鲜、趣味内容提高推广的接受率

"ONE·一个"APP准确把握了目标读者群的年龄特征，推出新鲜有趣的内容来吸引读者。例如，它在"东西"栏目里发布新潮的科技信息。又如，它发布的广告尽量保持与其本身一致的格调，从而使推广过程变得有趣而容易被接受。

2.2　图书策划出版后的推广方式及特点

"ONE·一个"系列图书目前已出版五本，分别是《很高兴见到你》《去你家玩好吗》《想得美》《不散的宴席》和《在这复杂世界里》。这五本图书在内容上精选了"ONE·一个"往期热门文章，在风格上承袭了一贯的清新文艺。"ONE·一个"在图书策划出版以后的推广方式和特点可概括如下。

2.2.1　借助自身平台的推广——内文广告

"ONE·一个"APP在自有平台上以各种方式进行广告宣传来推广自己的图书。例如，利用用户滑动APP页面更新内容的间隙，跳出图书宣传海报。又如，在"问答"栏目的"推荐答案"下方列出最新"ONE·一个"系列图书的签售信息。

2.2.2　展现产品个性的推广——视频推荐

在推广首期图书《很高兴见到你》时，韩寒团队联合果麦文化传媒，并邀请部分曾为"ONE·一个"撰文的作者（包括歌手曾轶可、作家李海鹏、独立音乐人邵夷贝、编剧张晓晗及韩寒本人等），共同制作了新书宣传片。他们都轻松简洁地阐述了自己的创作态度，也向读者传达了"ONE·一个"简

约有内涵的格调。这段个性视频在新书宣传时还同步登录了亚马逊图书售卖页面。新颖的视频宣传方式让读者在轻松的环境里迅速捕捉到了该书的格调和特色，使得《很高兴见到你》首发成功，更带动了后续几部图书的热销。

2.2.3 从细节着手的推广——默认显示

"ONE·一个"注重将推广理念延伸到每个细节。例如，《想得美》发售时，韩寒团队与当当网合作，在当当首页将"一个3：想得美"设置为搜索框内"默认显示"。这样有利于引导读者无意中发现这本书，从而扩展读者群。无疑，小小的细节设计也为该书增加了知名度。《想得美》很快跻身于当当网新书热卖榜前十名。

2.2.4 与传统方式的有效结合——线下推广

在利用新媒体形式推广图书的同时，"ONE·一个"也灵活采用一些传统的线下推广方式。例如，召开新书签售会，并将签售信息附于APP内文章的作者介绍之后，通过APP的人气吸引更多读者参加签售，最终促进图书的推广和售卖。

3 "ONE·一个"对于阅读类APP的图书推广建议

3.1 打造图书推广双阶段

"ONE·一个"APP将推广过程贯穿于图书从创作到出版的整个过程，形成图书策划出版前后的推广双阶段。第一阶段推广单篇原创作品，为每篇作品聚拢读者粉丝，也无形中为还未出版的图书积攒了人气。第二阶段乘胜追击，对出版后的图书采取一系列推广措施，进一步促进图书销售。阅读类APP在使用双阶段推广模式上有着天然的优势，这是因为它们容易融入社交元素，可以收集读者对作品的感想等信息，从而准确把握受读者欢迎的作品所具有的特点。这些从社交互动和大数据分析中得出的宝贵经验，可用于后期图书策划出版过程，从而增加图书受欢迎的可能性。因此，采用上述推广模式是阅读类APP值得尝试的做法。

3.2 善用第三方社交平台和强弱关系，有效积累用户，强化推广效果

首先，阅读类APP可以将第三方社交平台应用在两个方面：①利用它们推广自身客户端程序。特别是对一些刚推出市场的APP来说，将APP下载链接放置在成熟的第三方社交平台（如微博、微信、论坛等）上，可以快速打开知名度，增加用户。②利用第三方平台推广图书内容。例如，"ONE·一个"APP将内容做成可以在微信朋友圈观看的版本，通过用户分享来促进内容的传播。其次，在使用社交平台时应注意发挥强弱关系[4]的作用，使图书的宣传更加广阔、有力而有效。例如，利用新浪微博上的弱关系提高传播效率，利用微信朋友圈上的强关系让推广内容深入人心。

3.3 把握大众文化的"生产者式"文本特征，设置重视读者感受的推广方式

美国传播学家费斯克在分析大众文化文本特征时提出"生产者式文本"[5]理论，该理论认为大众是能动的、自由的主体，他们具有一定的辨别力，会从相关性、符号生产力、消费模式的灵活性这三个方面来选择他们自己所需的文化商品，从中解读出不同的意义、快感和社会身份[6]。结合"ONE·一个"APP对这一理论运用的经验，笔者认为阅读类APP应把握"生产者式"的文本特征，多设置一些重视读者感受的推广方式，例如：①在原创作品中设置评论功能，以获得读者对作品的多角度解读，增加作品趣味性，也便于把握受欢迎作品的特点并了解读者群体的阅读习惯。②构建读者与作者沟通的渠道，既让读者更了解作者的创作意图，又让作者更了解读者的喜好，从而创作出更符合读者兴趣的作品。③尽量使用连载形式来发布原创作品。遇到情节起伏处，可以发起读者讨论、投票来决定下一步的情节发展；也可以根据用户评论设置不同版本的结局，迎合不同用户的口味。④从

读者普遍欢迎的热门作品中选择图书的出版素材或从读者的评论中收集他们对图书的期待，并将其融入图书策划中。通过上述一系列做法，让读者参与从图书创作到阅读的整个过程中，通过对读者感受的重视来提升图书销量。

3.4 利用传播过程中的"晕轮效应"扩大宣传作用

"晕轮效应"是指受传者在接受活动中，将认知对象的某种印象不加分析地扩展其他方面的接受倾向，从而得出全部好或全部坏的整体印象[7]。阅读类APP可以基于晕轮效应的原理，利用读者的先行经验对其以后的接受行为产生良性影响。例如，将个性化推荐与内文广告相结合，即根据用户对文章内容的点赞行为，在APP内向其发布收录了这部作品或收录了该书作者其他作品的图书广告。通过上述方式，将用户对文章内容的好感以及对部分作者的认同和喜爱延伸到对一本书的期待，从而产生"晕轮效应"。又如，利用意见领袖的光环效应，可以像"ONE·一个"一样，借助主编本身的名声，成功打响宣传的第一枪；也可以邀请一些知名作家撰文或撰写评论，将粉丝对他们的喜爱延伸至对APP以及图书产品的喜爱。

3.5 统一宣传风格，强化图书印象，聚拢同类型作者

阅读类APP在文章选择、界面设计上，都应与其读者群体的定位保持一致，特别是在宣传方式上也应保持一致的格调。正如"ONE·一个"APP一样，鉴于读者群体的年轻化，其在保持APP界面设计简洁、文章风格清新的同时，推出一系列相似风格的宣传措施。笔者认为，只有始终围绕目标读者群体的特征和需求来统一宣传风格，才能真正受到相应群体的欢迎，也才能使其突出的风格特点在读者群体的心目中留下深刻印象。

3.6 建立"宣传—反馈—改进"的循环推广模式和有效的反馈循环机制

阅读类APP应建立一种"宣传—反馈—改进"的循环推广模式，即首先

进行图书推广，然后通过用户反馈衡量推广效果，最后根据推广效果改进推广方式并进行新一轮的宣传和推广。其中，在用户反馈的构建上，笔者认为应建立与产品核心价值关系密切的反馈循环机制[8]，并注意速度、可量性、目标上下文和动机关联性等问题[8]。（1）速度：也是及时性问题[8]，阅读类APP恰好可以借助移动客户端的便捷性和随时随地查看的特点来满足。但是，还应注意推送消息的时机。据相关数据统计，早上7~9点及晚上10点以后，用户使用移动设备上网的比例超出了使用计算机上网的比例[9]。此时，APP就应抓住时机，更新内容资讯和内文广告，增加信息阅读率，进而增强推广效果。（2）可量性：可以通过量化用户的反馈信息来实现。如为APP中的文章设置点赞功能，并进行计数；或允许用户对文章评分等。（3）目标上下文：可通过反馈内容来加以传达[8]。例如，将用户的量化反馈与总体量化目标一起反馈[8]，从而了解实际推广效果与目标之间的差距，以便于更灵活地对APP进行调整。（4）动机关联性：应始终围绕促进图书销售来进行多种形式的宣传和推广。如同"ONE·一个"APP一样，始终围绕增加新书销量，采取多种推广手段，给读者造成一种营销心理暗示。

在移动互联网飞速发展的今天，"ONE·一个"APP在图书推广上的新做法以及获得的良好效果，为阅读类APP如何推广图书贡献了许多宝贵经验。阅读类APP可以借鉴这些经验来创新推广模式，最终促进图书出版行业的发展。

参考文献

[1] 第34次中国互联网络发展状况统计报告[EB/OL].[2014-11-27].http://www.cnnic.net.cn/hlwfzyj/ hlwxzbg/hlwtjbg/201407/t20140721_47437.htm.

[2] 文艳霞.阅读类APP的发展与出版机构的对策[J].科技与出版,2012(7):10-12.

[3] 毛文思.阅读类APP的现状与趋势[J].出版参考,2014(15):9-11.

[4] Mark S. Granovetter. The strength of weak ties[J]. American journal of sociology, 1973, 78(6):1360-1380.

[5]　约翰·费斯克.理解大众文化[M].王晓珏,宋伟杰,译.北京:中央编译出版社,2001:
　　　127-130.

[6]　姚晓怡.论约翰·费斯克大众文化理论的基本立场[J].昆明师范高等专科学校学报,
　　　2007,29(3):60-64.

[7]　邵培仁.传播学导论[M].杭州:浙江大学出版社,1997:330.

[8]　郭晓龙.设计有效的"用户行为与反馈效应"循环[EB/OL].[2014-11-27].http://www.
　　　leiphone.com/ news/201406/warlial-designing-feedback.html.

[9]　肖明超,应欢欢.从用户行为看移动营销7大趋势[EB/OL].[2014-12-01].http://i.
　　　wshang.com/Post/Default/Zndex/Pid/33467.html.

基于云存储服务的云编辑功能实现探析*
——以谷歌云端硬盘（Google Drive）与微软云端硬盘（OneDrive）云存储服务为例

宋　宁　张志林　张　聪**

摘　要： 云存储是在云计算基础上提出的一个外延性与功能拓展性的概念，是指允许用户在安卓手机、个人计算机（PC）或是平板电脑（PAD）等各类智能终端与网络连接的情况下，上传并存储在网络空间中各种形式的数据文件。其中，云编辑功能是各云存储服务中的一大亮点，使得用户实时编辑、修改、备份、更新"线上线下"数据文件成为可能。文章在云编辑概念界定的基础上，以谷歌云端硬盘（Google Drive）与微软云端硬盘（OneDrive）云存储服务为例，对云编辑这一功能在不同云存储服务中进行深入对比分析，指出其目前存在问题，提出相应建议，同时预测其未来发展趋势。

关键词： 云存储；云编辑；云备份

云存储是云计算的网络资源存储服务，其核心是应用软件与存储设备的

* 本文原载《中国编辑》2014年第6期。
** 宋宁，时为北京印刷学院研究生；张志林，博士，现为北京印刷学院新闻出版学院教授，硕士研究生导师。主要研究方向：数字出版传播、版权产业；张聪，博士，现为北京印刷学院新闻出版学院讲师，硕士研究生导师。

有机结合。用户使用的不是实际的存储设备，而是直接享受云存储系统为其带来的数据存储、共享、编辑、访问的服务。其中，在云存储服务中的云编辑功能使得用户上传、共享数据给其他联系人后，共享数据者可以在线实时地进行协同编辑。例如，目前报社内部普遍使用的飞腾等排版软件仍不能完全实现实时协同编辑，编辑们需要将各自负责的版面做好后上传到系统中，最后多了一个统筹版面步骤，使得纸媒的刊发进度无法大幅提速。尽管学术界对基于互联网（Web）的实时协同编辑系统已有相关研究，但是相对缺乏对个别案例实践的效果和功能研究。本文从云编辑的概念厘定出发，以谷歌云端硬盘（Google Drive）与微软云端硬盘（OneDrive）云存储服务为例，深入探讨云编辑的功能特征，对云编辑在自助出版、协同工作创新以及大数据应用层面的发展进行探讨。

1　云编辑的概念界定

唐真、吴化碧等在其论文中从三种维度定义了"云编辑"，这三种维度分别是行为方面的云编辑实践活动、工作方面的云编辑专业工作以及身份方面的云编辑专业人员。[1] 云编辑概念被拆分为"'云'+'编辑'"，"云"指云计算技术，为云编辑特有的依托互联网（包括移动互联网）进行的这一特性，是对其概念界定最为重要的一点。

出版业产生以后，作为成书方式或著作方式之一的"编辑"与作为出版等专业工作部分的"编辑"须加以区别。从事前一种编辑活动的人——作品编辑者，属于著作权人之一，享有著作权；后者则称为出版社编辑，尽管对组织的稿件进行了审读加工工作，但不享有著作权。[2] 这种作为出版方式之一的编辑概念理应补充进来，当编辑作为成书、著作方式之时，不等同于编辑专业工作，可以理解为"编著合一"的著作权人。届时，云编辑则为应用云技术的"编著合一"的著作权人。例如，现在众多自出版人利用云平台进行自助出版正是云编辑成果的很好体现。

2　不同云存储服务中云编辑功能的对比分析

谷歌云端硬盘为美国谷歌公司一项云存储服务，用户可以通过其创建、分享、协作各种类型文件，包括视频、照片、文档、便携文件格式（PDF）等，并通过其内置的谷歌文档（GoogleDocs）实时与他人进行协同办公，实现云编辑行为。微软云端硬盘是微软公司的一项云存储服务，在支持文件类型及协同办公性能上与谷歌云端硬盘类似。另外，其还可以支持桌面版微软办公软件（Office）进行实时云编辑。

本文将撷取云存储服务中云编辑功能实现这一云编辑实践行为，将谷歌云端硬盘与微软云端硬盘进行对比，针对其在云编辑功能实现上的相应不足提出改进建议。

2.1　相同点

2.1.1　打开、存储、编辑多种格式文件

谷歌云端硬盘可直接从网页浏览器打开30多种文件格式，如微软演示文稿软件（PPT）、微软试算表软件（Excel）、微软文字处理器应用程序（Word）、便携文件格式（PDF）、高清视频和奥多比图形设计软件（PSD/PCD）文件等，即使在没有安装相关软件的情况下也可以直接打开；微软云端硬盘在此基础上又有一个新亮点：如果上传便携文件格式（PDF）文件到微软云端硬盘，点击编辑文件，即会在线将其转换为微软文字处理器应用程序（Word）进行编辑，解决了便携文件格式（PDF）无法正常转换微软文字处理器应用程序（Word）格式的问题，可谓其一大创新之处。

2.1.2　有多种版本可选

谷歌云端硬盘（Google Drive）支持从任意地点访问：包括个人计算机（PC）/多功能计算机（MAC）/苹果手机（iPhone）/苹果平板电脑（iPad）/安卓手机等设备，还有苹果公司手机的操作系统（iOS）和谷歌公司的手机

操作系统（Android）应用。谷歌云端硬盘还被集成到谷歌基于网页的操作系统（Chrome OS）当中；微软云端硬盘除以上外，还有微软桌面操作系统（Windows）/微软电视游戏器（Xbox）。终端版本多样化为云编辑功能发挥提供了更好的平台。

2.1.3 登录账号具有垄断性

虽然两者均可根据外链进行在线云编辑功能的使用，但是上传、保存、下载、共享各种文件均需要拥有一个与其服务系统对应的账号，且不可以使用其他账号代理登录。相比之下，聚美优品、折800网站、当当网等电商网站均拥有使用其他账号登录的功能，而谷歌云端硬盘与微软云端硬盘却均不能使用此种功能，这点看来二者比较具有垄断性。这一点在保护两者云存储系统的知识产权等方面可能有所裨益，但对用户云编辑功能的实现带来诸多不便。

2.2 不同点

2.2.1 保存方式不同

微软云端硬盘能够实时、自动保存，且保存最后一个版本；谷歌云端硬盘跟踪用户的每一处更改，每次点击"保存"按钮，系统会保存一个新修订版本，且系统会自动显示30天之内的版本，用户可以选择永久保存某个修订版本。相较之下，谷歌云端硬盘的云编辑功能使得用户可轻松找到任一修订版，有利于编辑行为的连续性与实时更新维护。而微软云端硬盘自动保存的编辑功能，能够有效预防类似个人计算机等终端突然断电导致文件完整性遭到破坏的意外情况发生。保存方式各有优点，倘若两者的优点可以结合，云编辑中的保存功能定会俘获更多用户的"芳心"。

2.2.2 编辑载体略有不同

微软云端硬盘具有2010版微软办公软件（Office 2010）的基本功能，由于被融合到了微软的操作系统当中，微软云端硬盘和微软桌面操作系统

（Windows）能够进行无缝对接，如微软文字处理器应用程序（Word）或微
软演示文稿软件（PPT），用户可以轻松地开启和编辑文件；谷歌云端硬盘只
能使用内置谷歌文档（Google Docs）进行在线编辑。微软云端硬盘与微软办
公软件（Office）的无缝"线下"链接以及"线上"编辑各类格式文件可谓
谷歌云端硬盘同种功能的"修订升级版"，适宜的编辑载体为在线协同云编
辑功能的实现提供了便利。

2.2.3　存储容量不同

微软云端硬盘存储容量以2012年4月22日为一个时间分界点：22日之前
在微软云端硬盘完成注册可以免费获得25千兆字节（25GB）存储空间；而22
日之后注册则免费获得7千兆字节（7GB）免费存储空间。除免费存储空间
外，微软额外提供了"梯级"付费购买存储空间的模式：如10美元可获得为
期一年的20千兆字节（20GB）存储空间、25美元可获得为期一年的50千兆
字节（50GB）存储空间等，每一年需再续费。而注册谷歌云端硬盘可获15千
兆字节（15GB）免费存储空间。同样，谷歌云端硬盘也为用户提供了购买额
外存储空间的服务：即用户每花费1美元可以获得5千兆字节（5 GB）存储空
间，最多可以扩展到16太字节（16TB），且不需再续费。存储容量的大小对
云编辑各种其他功能的实现起到制约作用，同时，免费容量越大亦可认为越
能够带动用户数量的增长。大容量是云技术的核心，为了使用户获得更好的
使用体验，以谷歌云端硬盘和微软云端硬盘为代表的云存储服务亟待解决其
容量不足的问题，使之能够为云编辑功能的实现提供更为充足的容量保证。

3　存在的问题与对策

3.1　云编辑保存实时性不够

谷歌云端硬盘云编辑界面稳定性不够，常会有卡死现象出现，相较于微

软云端硬盘来说流畅性欠佳。因此，用户在谷歌云端硬盘进行云编辑过程中，需时时点击"保存"按钮，才能确保文件完整性。例如，多人进行实时编辑微软文字处理器应用程序（Word）文档的过程中，为避免因忘记保存而有碍文件完整性，用户则多会选择微软云端硬盘进行实时编辑。所以谷歌云端硬盘的云编辑功能迫切需要加入微软云端硬盘的这种实时保存功能，同时网站后台需要进行相应的数据调整，提升云编辑界面的稳定性，这样其云编辑的成果呈现才有保证。

3.2　呼唤账号开放性

系统账号登录为用户体验云编辑功能的开端，同时是云编辑功能实现的基本入口，系统登录成了难题，后续的云编辑服务未免成了纸上谈兵之举。账号开放性将直接影响用户对该存储服务的第一印象。众多电商网站，如聚美优品、当当网等均有使用其他账号登录的功能，为用户减少了注册、登录等不必要的麻烦，使得账号注册变为一种可选择行为。相较而言，以谷歌云端硬盘与微软云端硬盘为代表的云存储系统的账号登录应当借鉴这种做法，添加其他账号代理登录的功能选项。

4　云编辑功能未来发展趋势

4.1　助力自助出版

自助出版指作者越过作为第三方出版商的中介行为，自行完成文字编辑、封面设计等编辑加工及出版环节，将作品标价后发表到电子图书平台上，直接向读者销售，以网站回馈的版税作为收益的一种出版模式。[3]

在英美等诸多出版业较为发达的西方国家中，已有不少作者试水自助出版，并从中获得了高额的版税收益。例如，知名的美国亚马逊公司旗下的电子书阅读工具（Kindle 阅读器），支持任何人都能将一部文字作品直接放入电子书商店（Kindle图书商店）进行出售，从而根据梯级的版税规定获得相应收益。[3] 相较之下，我国的盛大文学旗下的众多原创文学网站，虽然已有诸多签约写手或注册会员将其作品上传至该网站，但其收益来源主要是网站按月支付的稿费、读者对其喜爱的作品"打赏"两方面，与国外的自助出版收益相比，其收益未免相形见绌。

自助出版以电子书籍为产品形式，可以近似忽略其出版及发行环节，因此编辑加工环节显得尤为重要。其中，云编辑这一云存储服务中的特色功能则可以很好地加以利用。例如，作者在写作长篇小说时，可以选择在微软云端硬盘上进行撰写、编辑，并将其每次写作的成果保存在云端，方便下次继续撰写，在节省了电脑存储空间的同时，还可以实时地将创作成果备份在云空间中，避免了因个人计算机、平板电脑等终端临时故障而丢失数据的风险。

4.2 协同工作创新

顾名思义，协同工作指的是多人共同完成一件或多件事项，或协调两个或者两个以上不同资源及个体，协同一致地完成某一目标的过程或能力。

在日常工作中，80%的事项均需与同事协作、与其他部门协调、向领导请示汇报等。因此，通过使用类似微软云端硬盘或谷歌云端硬盘等云存储服务，可以实现员工之间的头脑风暴、分工协作、资源整合，并且可以通过共享某种类似"模板"的文件，使得很多处于随机、发散的工作实现有序化、可跟踪化、可追溯化，实现工作的敏捷性与有效性的统一。简单理解，其实现了员工的工作"1+1>2"的效果。

4.3 云存储服务向大数据发展

目前的云存储服务存储容量均有所限制，以谷歌云端硬盘（Google Drive）为例，虽然其考虑到了用户对大存储空间的需求，允许用户支付美元购买存储空间，最高上限达16太字节（16TB）。但对于诸多非个人用户如企业等，其数据存储量达到16太字节（16TB）以上轻而易举。所以未来的云存储服务必然朝着更高维度的大数据方向发展，以此来高效地满足用户对大存储空间的需求。

参考文献

［1］ 唐真,吴化碧,林义华.云编辑:概念与实践[J].编辑之友,2012(10):86-88.

［2］ 阙道隆,徐柏容,林穗芳.书籍编辑学概论[M].沈阳:辽海出版社,2004:73.

［3］ 林华.自助出版露端倪[J].中外文化交流,2013(8).

全媒体出版的数字延伸结构探析*

崔恒勇**

摘　要： 本文通过对全媒体数字出版内涵的分析，总结了现阶段我国全媒体出版的数字延伸的特征，解析了全媒体出版数字延伸结构所具有的模块化整合的全媒体出版平台、创作主体的核心地位等特点，并探讨了深入挖掘用户群体价值、扩大出版业务规模等全媒体出版的数字延伸价值。

关键词： 全媒体出版；数字延伸；出版业务

　　面对互联网行业不断的冲击，传统出版业也在自我变革中力求华丽地转身。相比互联网企业的自觉变革与主动布局，出版业的改革步伐略显拘谨。从阿里巴巴入股新浪微博、收购UC和虾米网，百度收购爱奇艺、百度金融进军电影产业，腾讯进行游戏布局、抢占手机阅读市场等案例中不难发现，围绕着满足用户群体视频媒体、社交媒体、音乐媒体、游戏媒体、阅读媒体等全方位出版消费需求的全媒体出版的数字业务产业链已初现端倪。出版产业的全媒体的数字延伸在互联网行业的外力冲击下势在必行。

---

* 本文原载《出版发行研究》2015年第2期。

** 崔恒勇，现为北京印刷学院新闻出版学院副教授，硕士研究生导师。主要研究方向：网络文化传播与版权问题(网络视听方向)、品牌传播的媒介体系建构、数字音乐业态体系与版权问题等方向。

1 全媒体出版的内涵

对于"全媒体出版"含义的解释目前主要有两类，一类是以中国编辑学会会长桂晓风为代表的界定观点："全媒体出版作为一种有远大前途的新型出版方式和新的出版理念，就是对一种优秀作品，特别是预计能够成为畅销读物的作品，同时出版纸介质图书、网络版本、手机版本和手持阅读器版本，并在同一时间段投放市场，实行整合式营销"，强调同时出版、全媒体整合营销的特点。另一类则是以张勐萌在《对全媒体出版发展现状与前景的思考》一文中的界定观点，即"全媒体出版是以图书内容为基础，通过传统纸质图书、互联网、手持阅读器、手机、数字图书馆等多渠道进行图书同步发行，将资源有效整合，覆盖到能覆盖的所有用户，实现'一种内容、多种载体、复合出版'的目标"，强调广覆盖的复合出版。

从以上两类有代表性的定义不难看出，目前已有的全媒体出版内涵诠释主要集中于同一性的出版内容，多介质的呈现形式，以纸质媒体、互联网、手机、阅读器等多渠道的推送形式，全媒体的整合营销等方面。从已有研究成果来看，对全媒体出版的研究还停留在从传统出版主体的角度来看待全媒体出版，以传统出版的核心模式强调出版物的生产的多样性，在全媒体尤其是互联网新媒体中实现单向的渠道推送。而没有将内容与出版物的价值关系、全媒体的价值定位、互联网时代的用户需求与消费方式等方面的问题摆在同等重要的位置上来完善全媒体出版的内涵研究。

而从苹果、亚马逊、BAT等网络巨头针对出版业务的布局与经营模式来看，全媒体出版更多地融入了互联网思维的理念。互联网的创新与发展使得媒体行业尤其是新媒体在内容生产、媒体功能、传播方式、用户体验、传播效果、价值实现等方面取得了巨大的成功，同时也为我们重新审视全媒体出版中媒体与出版的地位与关系、全媒体出版的内涵等问题提供了思路。全媒体出版应是一种以满足用户需求与体验为中心，依托大数据技术充分挖掘市场与用户群体价值，以全媒体出版的媒体矩阵为创作、生产和营销提供媒介环境保障，以"内容+服务"为核心竞争力，以特色化模块功能整合的出版平台为依托的动态即时出版模式。出版企业介入全媒体出版，应客观认识自身在互联网时代背景中的优势和目标，以用户为中心，深入挖掘用户群体价值和全媒体出版平台的功能整合，广泛地拓展出版生产与服务的数字延伸路径。

2　全媒体出版的数字延伸现状

进入移动互联网时代，新媒体的快速发展极大地削弱了传统媒体的强势地位，降低了媒体行业的准入门槛。媒介形式与功能的多样化和人性化不仅增强了用户体验，而且也为出版业的媒介融合与数字延伸提供了必要条件。面对出版业与媒体业在各自发展中所遇到的困境，全媒体出版在跨界融合的大出版观理念下已经取得了数字延伸与整合的阶段性进展。

我国出版业在数字媒体化的进程中，还处于数字延伸的初级阶段，大多以自身的核心业务与优势资源为前提，进行单向的数字媒体化的横向融合，抑或通过合作将同一内容进行多媒介渠道的纵向融合。现阶段我国全媒体出版的数字延伸主要表现为以下两种特征。

2.1　出版的跨媒体延伸

在数字技术与互联网技术的早期影响下，传统出版业就已经开始了网络化与媒体化的转型之路。自2008年《非诚勿扰》开启了全媒体出版模式的探索之路以来，以音乐、游戏、图书、视频等为代表的各类出版行业开始了跨媒体延伸的各类尝试。如完美世界公司的游戏产品《笑傲江湖》及热播电视剧《古剑奇谭》等都是跨媒介延伸出版的典型案例。随着媒介融合的深入，新媒体的多样化发展，出版业从创作主体、出版机构、发行渠道等方面也开始了媒体化的尝试。以创作主体为例，罗振宇的微信公众号"罗辑思维"、陈坤的微信与易信的公众号平台，不仅汇聚了数量众多的有效目标受众，而且在内容的创作、出版品的渠道营销等方面都发挥了积极的作用。

2.2 媒体的出版业务延伸

互联网的蓬勃发展使得媒体行业在规模上取得了迅速的增长，但由于其分享与开放的行业特色使得其对用户群体的基数规模和黏合度更为关注。而媒体行业的内容同质化严重、缺乏出版品牌核心竞争力、版权管理与利润分配不明晰等问题严重地影响着媒体行业健康有序的发展，新兴媒体行业井喷式的增长与倒闭的现象不断涌现。近几年，我国对于出版版权的管理日益严格与规范，众多互联网媒体如百度文库、新浪读书频道等也重新调整与规范自身的出版业务，从经营策略上不断深入融合出版业务以提高自身的核心竞争力，如腾讯重金打造的文学频道、搜狐视频的自制内容等，媒体行业以自己汇聚用户群体的强大能力深入延伸到出版业务之中。

3 全媒体出版的数字延伸结构解析

3.1 全媒体出版的数字延伸结构

目前，在出版业内外不断涌现出多种类型的全媒体出版品，从不同维度满足用户群体在出版消费及延伸服务方面的需求。这些全媒体出版品主要分为内容类出版品和服务类出版品两大类，内容类出版品主要包括大出版观念中跨界融合的多媒介类型的内容产品，包括多媒介形式的报刊、读本、游戏、音乐、视频及复合感观与交互类内容应用出版品，如有声读物、微视频及"ONE·一个"等APP。服务类出版品主要包括认知服务类出版品、社交服务类出版品、分享展示类出版品、交易服务类出版品、娱乐服务类出版品，如音悦网、优酷、有妖气、视觉中国等。

在三网融合与媒介融合进程不断深入的背景下，大出版的内涵与外延不断地拓展与整合。持续的技术融合和理念融合不断地衍生出多样化的出版模式，如图1所示。全媒体出版正是在大出版融合进程中出现的一种进行式形式，其出版业务结构还处于数字延伸的成长阶段，就目前出版业内外的典型案例综合分析来看，全媒体出版的数字延伸结构具有以下几个特点。

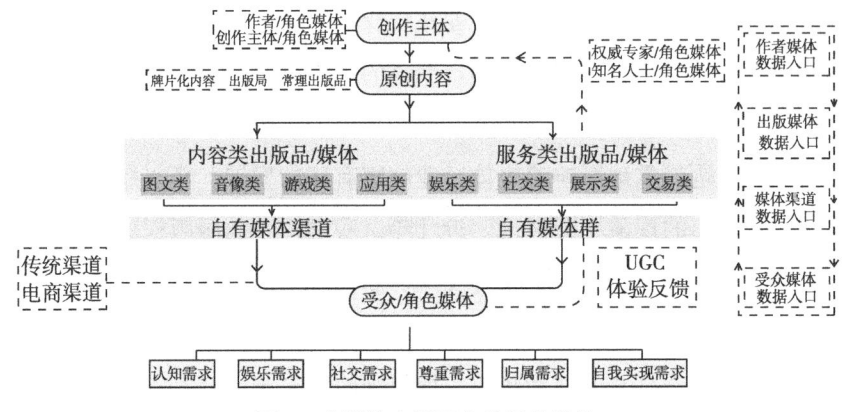

图1 全媒体出版平台的延伸结构

3.1.1 模块化整合的全媒体出版平台

全媒体出版平台的构建与整合是以满足用户群体出版消费的多维需求为目标，针对不同类型的群体需求和接受喜好，模块化整合全媒体出版平台，最大限度地将其核心的出版内容进行数字延伸。对于消费者而言，模块化整合的全媒体出版平台的数字延伸链可以全方位提高用户黏合度和消费意愿，满足网络部落化的群体需求；对于出版平台而言，多维化的出版生产与服务模式，丰富了出版品牌实现路径，扩大了出版业务规模。

3.1.2 创作主体的核心地位

从互联网行业的发展来看，开放与共享是平台发展的本质特征。在开放的全媒体出版模式中，创作内容是全媒体多维度出版的核心竞争力。依据用户群体的消费特征，建设以创作主体为核心的出版品牌，不仅能够拓展全媒体出版的数字延伸广度，同时能够提高用户的忠诚度。创作主体的品牌建设是全媒体出版的数字延伸的驱动力之一，如图2所示。

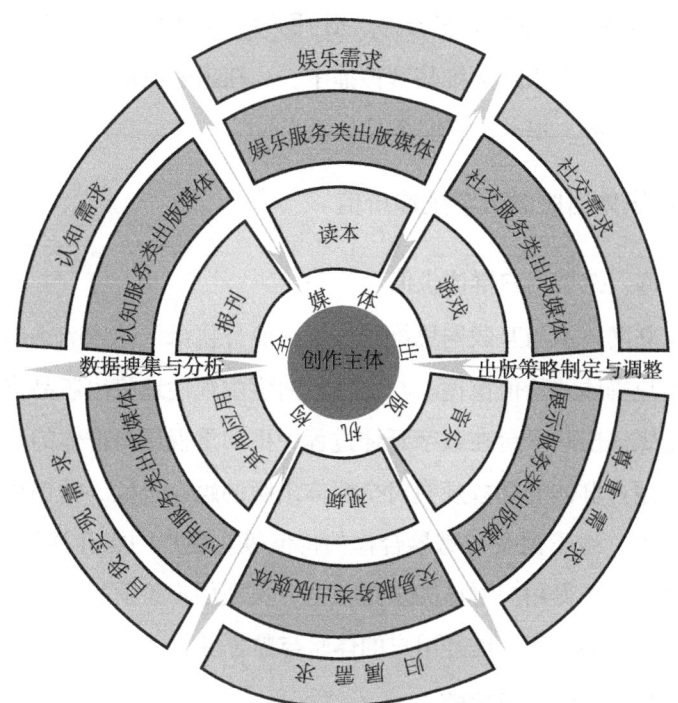

图2 创作主体的核心地位

3.1.3 全媒体内容出版品的数字延伸

传统出版的消费规模受其消费形式的局限，而在用户消费与体验需求不断提高的今天，内容出版品也需要不断地丰富展示形式和内容结构，来增强出版品的消费感观和互动性。从创作内容的结构上看，可分为碎片化内容、微出版内容、常规出版内容；从创作内容的介质形式上看，可分为文字、图形、图像、动画、音频、视频等。相比以往的出版模式，全媒体出版平台更加注重提供满足用户体验与互动的出版服务。

3.1.4 完善的出版务服延伸

全媒体出版不仅在内容类出版品间进行横向的数字延伸，同时在用户群体与创作主体间进行纵向的数字延伸。以满足用户群体的出版消费需求与体验为主要目标的全媒体出版的数字延伸，建构完善的出版服务延伸体系，满足用户的归属感、存在感和参与感，让用户参与到出版品的创作和流通中去，参与到全媒体出版的多维品牌传播中去，在出版品消费活动之外融合长尾经济和粉丝经济，提升出版服务品的媒介价值。

3.2 全媒体出版的数字延伸价值

3.2.1 深入挖掘用户群体价值

随着互联网技术与互联网思维对出版行业日益深入的影响，出版业界越来越重视用户群体的价值挖掘。与以往单向度主观性地将出版品推销给消费者相比，全媒体出版平台在数字延伸过程中更加重视用户群体的多维度价值的挖掘，如用户群体的基数规模对全媒体出版的媒介价值、营销价值、出版品的消费价值、线下消费与跨界合作的价值等。用户的媒介接触点多维化，不仅能够全方位获得用户群体的多维数据，实现用户价值提升，还可以有效拓展与用户的互动维度、提升用户的体验与黏合度。

3.2.2 扩大出版业务规模

传统出版的出版业务的规模较小，尤其是单个出版品的平均利润值较低。在泛娱乐化的媒介时代里，不论是人还是作品，用户接触度越高、忠诚度越高，其市场价值就越大。全媒体出版平台的数字延伸不仅可以满足用户对创作主体、内容类出版品、服务类出版品等多维度的出版消费需求，同时通过多样化的出版媒介提升用户群体的消费预期，增强出版业务的附加值，扩大整体规模。

3.2.3 拓展出版发行的渠道

对于数字化网络化的媒体而言，媒体就是渠道。全媒体出版之前的出版模式，其渠道主要为线下的传统渠道和线上的电商渠道，渠道成本相对较高。全媒体出版的数字延伸也是一个自有渠道建构的过程。自有渠道的建构不仅可以利用全媒体出版平台自身的用户需求数据，个性化、自主化地细化自有渠道结构，而且可以配合有效的营销互动策略，扩大出版服务的消费规模，缩短资金回流周期。

3.2.4 提升出版品牌的整体价

全媒体出版平台的数字延伸围绕着满足用户多维度需求构建创作主体品牌、内容类出版品牌、服务类出版品牌。全媒体出版平台的数字延伸为创作主体提供了全方位的用户群体数据信息，打破了内容多样化的媒介壁垒，为用户群体和创作主体搭建了完善的出版服务生态图，为出版品牌的多维度建构与价值提升奠定坚实的基础。

结语

全媒体出版的数字延伸是在出版行业与媒体行业有效融合的基础上，以模块化整合的全媒体出版平台为支撑，为满足目标用户群体出版消费的多维需求的多维度出版生产与服务业务的延伸模式。客观全面地理解时代背景下消费群体的出版消费需求与体验方式，充分应用数字技术与媒体形态，为全媒体出版的数字延伸积极探索出不断演进的结构形式，是拓展出版产业发展空间的必由之路。

参考文献

[1] 张雨晗.全媒体出版:现状与未来[J].现代出版,2011(2):14-17.

[2] 张勐萌.对全媒体出版发展现状与前景的思考[J].中国出版,2010(24):14-16.

[3] 陈功.数字出版产品整合营销模式研究[J].中国出版,2011(11):41-43.

[4] 秦崭崭.我国全媒体出版的传播学解析及发展初探[D].南宁:广西民族大学文学院,2010:17-19.

[5] 陈倩倩.全媒体视角下出版企业价值链的优化研究[D].武汉:华中科技大学,2013:16-35.

数字杂志第三方平台盈利模式探究*

王斯爽　陈　勤**

　　摘　要：随着人们数字阅读所用的载体由PC端向移动端转移，数字杂志第三方平台面临诸多挑战。其中，与盈利模式相关的问题成为事关其生存发展的首要问题。本文首先对数字杂志第三方平台的概念进行阐释，梳理了市场上现有数字杂志第三方平台的主要盈利手段，指出了其在盈利过程中面临的困境，并提出了相应的解决思路与盈利策略。

　　关键词：数字杂志第三方平台；盈利模式；内容增值

　　移动阅读时代，以应用程序为载体的数字阅读产品既满足了人们的精神文化需求，又降低了信息获取成本。其中，数字杂志产品的更新迭代与高效运营，离不开对其进行研发、制作并提供运营服务的第三方平台，它也自然成为传统期刊社数字化转型过程中的重要支撑。目前"数字杂志平台"一词所指范围广泛，如网站、聚合类阅读应用程序、数字杂志的技术标准或发行商店等。本文中的"数字杂志平台"是指处于数字杂志产业链中游的，依照传统媒体的不同需求，将印刷或非印刷的大众消费类杂志进行数字化处理，

---

* 本文原载《科技与出版》2015年第9期。
** 王斯爽，时为北京印刷学院研究生；陈勤，博士，现为北京印刷学院新闻出版学院教授，硕士研究生导师。资深传媒策划专家，广泛涉猎电视、报刊杂志、新媒体的创意策划工作。主要研究领域包括：中国现代化研究、国情研究、文化研究、大众传播等。

以聚合或独立的移动应用程序的产品形式呈现的，在一定范围内发布并提供运营推广及相关增值服务的平台，即数字杂志第三方平台。

目前，数字杂志第三方平台尚处于成长期，还未形成稳定的盈利模式，虽有零星尝试，但整体方向并不明朗。对数字杂志第三方平台盈利模式的研究能为传统期刊社带来收益，促进数字杂志出版产业中的内容交易，尽可能地实现产业链中包括用户在内的每一个角色的利益最大化。

1　目前数字杂志第三方平台的主要盈利方式

1.1　用户付费

用户付费阅读杂志，内容提供商与第三方平台（有时还会涉及渠道发行商）按比例进行分成，支付方式以手机直接扣费、手机网银在线支付等方式为主。由于通信运营商、电子商务平台及各大系统的应用商店等企业越来越多地参与到数字出版产业的推广与发行环节中，加之其自身能够采用方便快捷的交易方式，因此这几方自然成为当下用户获取数字出版产品的主要渠道，并在很大程度上支撑起了用户付费这一盈利方式的运作和实施。

具体来讲，第三方平台的用户付费方式包括以下几种。

（1）单篇付费。用户以单篇文章为单位进行付费阅读。

（2）整刊付费。同传统杂志的付费形式相似，按照数字杂志的出版周期，用户以整本杂志为单位进行付费阅读。目前，数字杂志的价格多为纸刊零售价的1/6~1/4。

（3）包时段付费。一些第三方平台会根据不同的用户需求提供数字杂志的包时段付费形式，如包月/季/年等服务。购买不同服务的会员可在相应时段内不限次数和种类地下载、阅读杂志内容。例如，以用户付费阅读为主要盈利手段的龙源期刊网与读览天下都曾推出类似的付费服务，龙源期刊网的VIP会员一年内可阅读3000余种杂志的当期和过刊；读览天下的VIP会员自缴费日起，一年内可不限量下载平台上的所有杂志。

（4）包类别付费。与包时段付费类似，一些数字杂志第三方平台会根据杂志的类别属性提供单一领域内的杂志打包服务，如时尚、都市类杂志包等。此种模式下的用户阅读成本较低，对阅读量大的用户具有一定的吸引力。

1.2 移动应用广告

移动应用广告，即广告商将产品信息投放到移动应用程序中，并以多种媒体形式将其展现出来。第三方平台根据广告的投放量、投放位以及广告的实际点击、转化情况向广告商收费，并与内容提供商进行分成。以 VIVA 为例，VIVA 与内容提供商约定的分成比例为"三七开"。若广告商由内容提供商引入，那么 VIVA 占小头；相反，如果广告商由 VIVA 引入，再将其分配给相匹配的杂志品牌，VIVA 则占大头。

目前，第三方平台的广告投放形式主要分为两种：一种是以启动页、下载详情页、版权页弹窗、push 类通知栏推送等为代表的应用程序嵌入广告，这种广告形式使用户不需要访问杂志内容便可进行浏览；另一种是与传统杂志相类似的杂志内容页嵌入广告，即广告置入杂志内容中，占据内容页位置，并在内容中展示。

1.3 平台化服务

平台化服务主要指数字杂志第三方平台提供的基础运营服务与杂志数字化过程中的媒体设计服务。基础运营服务费主要包括为内容商提供技术支撑、数据和内容的运营服务等相关费用，一般以年为单位收取；媒体设计服务费主要包括第三方平台根据不同媒体格式提供的媒体策划、版面设计服务等相关费用，具体服务包括数字杂志版面的功能化设计、内容的自定义排版与多维结构设计、富媒体的效果化展示，以及与移动互联网相关的网络化设计等。

1.4　增值服务

增值服务为第三方平台依托平台技术开发出的其他相关类型服务，如为企业或个人定制数字杂志出版业务、为个人制作数字专刊（如婚纱照杂志册、亲子教育记录、摄影写真册等），或整合平台资源为企业提供市场咨询等实用性信息服务等。

综上，数字杂志第三方平台的盈利方式大多局限于传统框架，这些模式很难盈利。

2　数字杂志第三方平台的盈利困境

2.1　用户付费习惯并未形成

在国内，付费门槛的逐步降低导致用户的付费习惯并未被广泛地培养起来，以此实现的营收对第三方平台来说微乎其微。据新闻出版研究院公布的国民阅读报告中的相关数据显示：受访者中选择"只看免费的"的手机阅读用户高达70%；而对于"价格低于纸质读物80%以上"的手机读物，仅有10%的受访者中愿意花钱购买。

2.2　广告投放较少

当前，移动广告同样处于起步阶段，用户对其反感的情况普遍存在。相较于其他拥有亿万用户的应用程序而言，数字杂志第三方平台的用户并不多，且流失现象严重，加之第三方平台品牌知名度普遍较低，导致广告商还未大规模进入这一领域，多持观望态度。

3　数字杂志第三方平台的盈利策略

3.1　长尾理论的指导

2006年，克里斯·安德森提出长尾理论：只要产品存储和流通的渠道足够大，需求不旺或销量不佳的产品所共同占据的市场份额可以和那些少数热销产品所占据的市场份额相匹敌甚至更大。[1] 长尾理论说明，面向细分受众，相对边缘的、具有创意的个性化产品和服务与主流产品一样具有吸引力和可观的盈利能力。移动互联网与信息革命的兴起，使得工业领域中的长尾现象也同样适用于出版业。因此，笔者认为，数字杂志第三方平台的盈利方式应以长尾理论作为指导，在内容与数据的运营中寻求产品及服务的增值，从而实现盈利。具体来说，可为用户提供个性化、差异化、多样化的内容与服务，尽可能满足每一类型用户群体甚至是每一位用户个体的需求。

3.2 "中介"角色的精益化：以资源整合实现内容增值

在信息泛滥、人们注意力稀缺的当下，提高第三方平台内容竞争力的着力点首先应体现在如何使层出不穷的信息内容化繁为简。作为传统杂志数字化过程中的"中介"，数字杂志第三方平台的特点和优势在于"选择"，而新媒体制造的信息泛滥又进一步强化了第三方平台的这种"选择"能力：通过对内容的再加工，使其以一种更高效的、"自我呈现"的方式展现在用户面前，节约用户的时间成本，使其在尽可能少的时间里获得最优质的信息。内容的再加工还能加强内容提供商与用户之间的效用，强化双方互补需求：用户能够获得更完善的产品体验，获得更优质的内容；而内容提供商也会相应获得更多的用户反馈。数字杂志第三方平台的再加工能力越强，其内容增值的效用就越高，内容提供商与用户间的互补需求和互利关系也就越明显。

此外，移动互联网也为数字杂志内容资源的长久性增值提供了条件。相较于纸版杂志，数字杂志不易受"过刊"限制，随着时间的积累，数字杂志的内容优势能够得到充分的发挥，产生被二次利用的价值。因此，数字杂志第三方平台应提升内容加工档次，优化资源使其不断增值。具体而言，数字杂志第三方平台需要对其内容资源进行解剖与重组，即对不同表现形式的内容进行颗粒化的打散和整理，并对海量信息进行关联和标引，根据具体内容进行相关关键词及专题的划分，从而实现内容资源的结构化、有序化和标签化。根据内容的不同表现形式，第三方平台可进行热文、图片、音视频等不同维度的区分，打破杂志品牌和出版周期的局限，让高价值的内容实现多次传播。例如，就时尚类杂志而言，可根据时尚品牌分类将杂志内容中相关的图片编辑入库，以品牌和时间为单位将所有图片进行分类整合，包括单品图、明星代言海报、服饰搭配等。如果用户对单一品牌的系列图片有需求，便可在分类目录下直接获取整合内容，从而免去了对杂志搜索、下载的成本。针对重组后的内容，第三方平台可根据实际情况有选择地制定收费标准，使之能够成为平台盈利的一种长期手段。

3.3　UGC模式：以用户协同创新实现内容增值

与Web1.0不同，Web2.0时代更注重个体在传播活动中主动性的发挥，使用户参与达到了全新的高度。在此背景下，用户不再是消极、被动的信息接收者，而是积极成为媒体内容的生产者和再造者。

在移动数字阅读领域内，在传统精英文化向草根文化转移的契机下，用户的参与和创造将成为产品内容的重要组成部分，个性化的小众风格与独占性资源将成为平台的重要引流点。因此，数字杂志第三方平台可尝试互联网产品中应用较广的用户协同创新（User Generated Content，UGC）内容生产模式，鼓励用户将自己的原创内容通过平台产品展示给他人，形成差异化的内容发展格局，从而形成内容增值。值得注意的是，为避免用户生产的内容质量参差不齐，实现内容价值的最大化，第三方平台需要建立内容把关机制，注重用户社群的培养。

在线下杂志出版中，美国的出版企业8020是采用UGC模式的典型，它旗下的旅游、图片杂志中的故事与图片均来自用户：用户将内容发布到社区中，通过社区用户投票，由杂志编辑团队根据排名择优选做杂志内容。[2]在国内，VIVA也将UGC模式应用于其平台产品的内容2.0化尝试，VIVA畅读中的《V小说》便是通过用户投稿方式选登的，它也成了集青春物语、生活感悟、悬疑推理等类别于一体的UGC杂志范本，用户反响强烈。

值得一提的是，与UGC策略相辅相成的是用户激励机制的建立。在鼓励用户积极创作内容的同时，为实现内容增值并同时达到增强用户黏性的双重目的，第三方平台需要对其进行不断地激励，并形成成熟的激励机制，发挥长效作用。具体可参考网络视频行业内一些企业的成熟经验，如六间房设立的"百万原创基金"[3]，用户原创作品发布后，经过认证，可根据该视频的播放次数给予用户相应的基金奖励，以此鼓励用户积极创作原创作品。

3.4 移动广告的优化："阅读+消费"

相较于传统杂志中静态、被动的广告接收模式，移动广告具有互动化和分众化等特征。不同于纸媒广告的投放周期、篇幅受到发行与版面的限制，移动广告可以弹性定义投放周期，将固定的广告篇幅进行延伸，并实现多层表达。

针对当前数字阅读背景下用户对移动广告接受度不高的现状，笔者认为，第三方平台一方面要通过大数据运营，助力广告主进行目标清晰、有针对性的广告投放与推送；另一方面，则需要实现理念与消费模式的共同创新，实现移动广告"阅读+消费"的融合。"阅读+消费"，即在阅读内容中融入产品宣传介绍，激发读者的消费欲望，进而通过与电商平台的跳转链接进行支付，方便用户一气呵成地完成内容阅读、广告参与与商品消费的一系列行为，从而弥补媒体与产品、产品与广告间的断裂。"阅读+消费"的组合，模糊了文化和商业的界限，打通了两者隔断，在人们的阅读过程中融入导向性消费，使移动广告达到双向数据交流的投放效果。

参考文献

［1］　安德森.长尾理论［M］.乔江涛,译.北京:中信出版社,2006.

［2］　汪忠.数字出版的商业模式与传统出版企业的数字出版发展［J］.出版发行研究,2008 (8):58-63.

［3］　互联网实验室.中国视频分享网站市场研究报告［EB/OL］.2015-05-18.http://wenku. baidu.com/link?url=QW6ZDwQjFyJXFZG4otAkq1w_1_ySGq3BR1pX78UINs7kLivgL3y6 PXFC16eR66vHKtYXgeD7Qcxma_wwLRZxgvmEovUA_d50-NWS_faacc_.

碎片化阅读与手机出版内容变革分析*

张紫璇　王京山**

摘　要：碎片化阅读是手机出版的基本形式。碎片化阅读具有阅读时间碎片化、阅读内容碎片化和阅读方式碎片化等特征。碎片化阅读对手机出版内容题材和体裁都产生了举足轻重的影响。手机出版的碎片化阅读方式影响了其内容呈现方式，其内容呈现方式最终又影响了内容的题材范围。手机出版由此必须不断革新，与传统出版在内容和形式上都有所区别，进而其内容生产加工方式也应该有所不同。从这个意义上说手机出版不仅是传统出版的延伸而且是传统出版的升华。

关键词：碎片化阅读；手机出版；影响

1　手机出版的碎片化阅读特征分析

当前手机已成为人们须臾不可或缺的通信工具和重要媒体形式之一。由于手机具有便于随身携带的特性，用户可以随时随地利用零散时间进行阅读。随着人们生活节奏的加快，手机用户的时间碎片化，整块的时间越来越

---

* 本文原载《编辑学刊》2015年第5期。本文系北京印刷学院校级重点项目"基于碎片化传播的手机。出版内容策略研究"成果之一。

** 张紫璇，时为北京印刷学院研究生；王京山，博士，现为北京印刷学院新闻出版学院教授，数字出版专业负责人，硕士研究生导师。研究方向为数字出版和数字传播。

少，系统阅读、深度阅读的时间也随之减少。由此，碎片化阅读成为手机出版的基本形式。手机出版的碎片化阅读具有阅读时间碎片化、阅读内容碎片化、阅读方式碎片化等特征。

1.1 阅读时间碎片化

在社会经济迅猛发展、生活节奏越来越快的今天，时间和注意力成为稀缺资源。时间被"碎片化"，工作学习的巨大压力让人们很难有整块的时间坐下来认真阅读，只能抽取零碎时间进行浅阅读。阅读时间的碎片化使得人们不得不进行碎片化阅读。碎片化阅读已经成为了人们休闲、娱乐、消遣式的阅读形态。提供碎片和阅读碎片，也是媒体多元化建设与发展的必然选择和趋势。

1.2 阅读内容碎片化

由于碎片化时间的不确定性，再加上手机的屏幕较小，显示功能有限，不适合长时间阅读，阅读内容也出现了碎片化的趋势。

阅读内容的碎片化，首先体现为阅读内容的短小精悍。随时可以中断，并能记忆阅读进度的零碎化、片段化、非结构化内容，特别适合手机显示和阅读的需求。大部头的著作，即使制作成电子书发送到用户手机上，也往往难以顺畅阅读。

阅读内容的碎片化还体现为阅读内容的多元化。所谓"萝卜青菜各有所爱"，由于信息渠道的快速畅通和娱乐消遣方式的多种多样，使得用户对手机出版内容的要求也是碎片化的。就以手机小说为例，有的读者喜欢穿越小说，而有些读者喜欢言情小说，大家不可能口味一致。"江山代有才人出，各领风骚三五天"成为手机出版的常态。手机出版再也不能故步自封，要不断细分用户市场，根据用户的喜好制定恰当的内容和服务。

1.3 阅读方式碎片化

手机出版的碎片化阅读，在阅读方式上以一点一滴的零散摄入为主要特点，由于阅读时间和阅读内容的碎片化，阅读方式也有别于深入阅读、专业学习时的严谨、系统，是一种"轻阅读""浅阅读"或"浏览式阅读"。[1] 因此，这种碎片化阅读是无压力或低压力、随意随性的阅读，读者对其阅读的效果没有过多、过高的期待，因此阅读具有一定的随机性、娱乐化倾向。

从传播效果来看，手机出版的碎片化阅读具有一定的累积效应。读者利用零散时间进行碎片化阅读，通过点滴积累，最终参与到读者的知识体系或认知体系建构中去。所以，这种碎片化阅读具有碎片化时间"回收再利用"的效果。通过累积效应，碎片化阅读的碎片化内容，有可能经过读者的咀嚼、消化与重新建构成为重要的知识创新的来源。因此，不能因为碎片化阅读方式具有随意性、浅阅读的特点，就认为碎片化阅读的内容只是轻松的娱乐的内容，而忽视了读者的学习需求。

2　碎片化阅读背景下手机出版内容的变革分析

2.1　碎片化阅读背景下手机出版内容题材的变革

题材本意是指构成文学和艺术作品的材料，即作品中具体描写的生活事件或生活现象。从这个意义上说，题材就是作品的内容。手机出版的内容题材也就是指手机出版的内容范围。显然，手机出版的题材范围不可能包罗万象，与传统出版的题材也有所区别。

碎片化阅读对手机出版内容题材具有一定的制约和影响。碎片化阅读的特征决定了手机出版的大众化特色。因此，手机出版的内容题材应该以娱乐、轻松、大众化内容为主，兼顾少量的学习内容（如工具书）。而长篇的学术著作则不太适合碎片化阅读。

就属性来说，手机出版属于大众出版的一种新形态。按出版的基本功能划分，传统出版可以分为三部分，即大众出版、教育出版和专业出版。三者在商业特性、产业集中度、营销方式、集团化、数字化和全球化等方面都存在着不容忽视的结构性差异。大众出版是指与大众的日常生活、休闲阅读以及文化体验相关的出版，是最活跃、最丰富、最有魅力、最经典、最多元、最热闹的出版。相应地，教育出版是指与学习、教育及培训有关的出版，专业出版是指与职业和行业有关的出版。[2] 显然，就读者群体的规模来看，大众出版是服务对象最多、最广的出版形式。

数字出版与大众出版关系密切。数字出版的本质就是为大众提供阅读服务。[3] 手机出版作为数字出版的有机组成部分，具有广泛的用户群体，丰富多样的阅读传播方式，手机出版是新时代大众出版的有效形式。

结合手机出版的碎片化阅读特征，手机出版的内容题材首先应该是大众化的。手机出版用户的特点和需求决定了手机出版要满足用户的休闲阅读、趣味阅读，无论图文还是音视频作品，无论是小说、传记、新闻，还是保健、科普、理财、励志等方面的内容，满足大众化的阅读需求是手机出版首要的内容定位。那些一本正经的严肃内容，循循善诱的道德教条，往往不适合手机出版。与大众化内容的大行其道相比，系统的科技信息、教育信息在手机出版中则居于从属和辅助地位。

由此，手机出版的内容题材具有一定的娱乐化特征，这是毋庸置疑的。从中国移动手机阅读排行榜上可以看出，排行榜前列多为娱乐化内容的网络小说。其分类排行榜的主要内容包括都市言情、穿越玄幻、武侠仙侠、游戏竞技、灵异悬疑等类型。传统出版物中占据重要地位的历史军事、名著传记等内容，因为相对刻板严肃，与娱乐化的网络小说相比，无论点击次数还是下载次数都未免相形见绌。[4]

读者利用碎片化时间，阅读碎片化内容，这一点在我们邻国日本、韩国的手机出版内容题材上也得到了体现。在日本，手机出版内容主要以漫画和一些轻松幽默的小说为主，漫画占据了手机出版内容75%以上的市场空间。而在韩国，手机出版内容也是以手机小说为主。这表明，碎片化阅读对于手机出版内容题材具有一定的影响和制约，也自然形成了市场细分。显然，希望从事系统阅读、深入阅读或学习的人，利用手机进行碎片化阅读难以满足他们的需求。

但从另一方面看，手机出版的内容题材不能仅仅局限于轻松、娱乐、大众化题材，还要关注适于碎片化阅读的学习内容。一些适于碎片化阅读的内容，如外语词典、理科公式、古典诗词、百科知识等，经过碎片化加工和标引，完全可以满足手机用户的学习需求。所以，手机出版的内容题材不能一味走入大众化、娱乐化的怪圈，不能仅仅看到手机出版内容娱乐化的表象，而应该结合手机出版碎片化阅读的特征，开发多样化的内容题材，满足用户多元化的需求。

2.2 碎片化阅读背景下手机出版内容体裁的变革

与题材不同，体裁的本意是文学作品的表现形式。手机出版的内容体裁，是指手机出版内容的表现形式。碎片化阅读不但对于手机出版的内容题材有一定制约和影响，对于手机出版的体裁也有相当大的影响。

碎片化阅读对手机出版内容体裁的影响，一方面体现在对手机出版内容长度的限制和制约。由于手机显示屏幕较小，再加上碎片化阅读是利用碎片化时间进行的，碎片化的内容比较适合手机出版和阅读传播的需要。从呈现方式来看，手机出版的内容要比纸质出版物要短小精悍。一般手机出版的内容每次呈现的长度以几十字、百字为主，最长不过千字，这是一种理想的状态。[1] 这种短小精悍的碎片化内容，适于用户随时随地地碎片化阅读。因此，手机出版不是单纯的数字化出版，其内容也不单纯是纸质出版物的数字化翻版。纸质出版物数字化后应该进一步碎片化，才能适合读者碎片化阅读的需要，比如，最简单的方式是分拆为以章节等为单元的碎片化内容。如果一部长篇出版物不经过碎片化处理，像一部长篇小说在手机上仅以一个文件存在，读者是难以有效阅读的。虽然现在手机的阅读软件一般会记录阅读进度，或者提供书签功能，但即使这样，长篇的内容也往往不能适应随机的碎片化阅读方式。

　　碎片化阅读对手机出版内容体裁的另外一个影响是改变了手机出版内容的表象结构。最适合碎片化阅读要求的是一种非系统、非线性的结构，每次呈现与下一次呈现之间并不需要严谨的逻辑关系或先后关系。也就是说，手机出版内容的每次呈现都是可以独立存在和阅读的单元，但在出版物整体内容上又是完整的、有机结合的。这种既相对独立又整体关联、"形散而神不散"的体裁结构，是一种类似于《论语》样式的"论语体"。[1]《论语》每一篇由若干段组成，每一篇或一篇内的一段都可以独立成篇，与相邻的篇或段之间没有严格的前后逻辑关系，篇与篇、段与段之间靠内在逻辑关联起来，成为孔子思想、学说的重要载体。像《论语》这样体裁的古代经典文献、诗歌、短篇散文、词典等，非常适合读者利用碎片化时间零散阅读，最终积少成多，为读者逐步提高人文素养打下基础。经过碎片化加工之后，既可以供读者自行下载阅读，也可以通过各种方式推送碎片化内容，两种形式都可以较好地满足读者碎片化阅读的需求。

　　碎片化阅读对手机出版内容体裁的影响是显而易见的。当然，凡事过犹不及。手机出版内容体裁在适应碎片化阅读需求的同时，也要考虑通过各种方式呈现不同内容间的逻辑关系。比如，可在手机出版内容每次呈现的起始部分概述前一次呈现的内容，结尾部分提示下一次呈现的内容。或者读者可以随时调用手机出版内容的目次，可随时查看阅读内容的整体梗概等。这些都便于读者在碎片化阅读结束后对阅读内容形成较为完整的整体印象，有利于读者知识体系或认知体系的建构，避免碎片化阅读的盲目性与随意性。因此，手机出版内容在碎片化的同时，也要适当注意适当提示内容间的逻辑关联，而不能过分碎片化，使读者感觉"一地鸡毛"，如堕五里雾中。

　　由上可知，碎片化阅读作为手机出版的重要特征，对手机出版内容的题材和体裁都产生了举足轻重的影响。手机出版的碎片化阅读方式影响了其内容呈现方式，其内容呈现方式最终又影响了内容的题材范围。手机出版由此必须不断革新，与传统出版在内容和形式上都有所区别，进而其内容生产加工方式也应该有所不同。从这个意义上说，手机出版不但是传统出版的延伸，而且是传统出版的升华。

参考文献

[1] 何明星.移动阅读的内容需求趋势[J].出版参考,2009(24):8-9.

[2] 程三国.理解现代出版业(一)[EB/OL].http://www.openbook.com.cn/lnformation/0/184_0.htm].2010-06-03.

[3] 李旭.数字出版是最大众化的"大众出版"[EB/OL].http://epaper.gmw.cn/zhdsb/html/2013-03/27/nw.D110000zhdsb.20130327_1-2l.htm.2013-03-27.

[4] 徐升国.数字出版,手机为王?[N].中华读书报,2012-2-29(21).

网络文学内容审读规范研究[*]

包韫慧　寇　驰[**]

摘　要：文章概括了网络文学内容审读流程，包括技术审核、人工审读、总公司监审及外部审查等几个主要环节。分析了在审读过程中存在的过度依赖技术手段，审读人员数量不足、质量不齐，审读流程滞后、缺失及缺乏统一审读标准等问题。在审读队伍建设、审读标准、经营方式、文化执法及作者引导等方面提出了建议。

关键词：网络文学；内容审读；流程；规范

2014年年底，国家新闻出版广电总局发布《关于推动网络文学健康发展的指导意见》，这对我国网络文学的发展具有重要意义。网络文学经过这些年的发展，已成为我国数字出版产业的重要组成部分和网络文艺的重要类型[1]，但其质量参差不齐、抄袭模仿、快餐式消费以及片面追求市场效益、市场监管不完善等也成为其发展过程中存在的突出问题。原新闻出版总署从2007年8月下发的《关于严厉查处网络淫秽色情小说的紧急通知》到近年开

* 本文原载《科技与出版》2016年第1期。本文系北京社会科学基金研究基地项目"基于媒体融合的北京地区出版企业版权资源管理与运营研究"（15JDZHB014）；北京高等学校"青年英才"计划项目；国家社科基金项目"全球化趋势下我国数字出版产业发展战略研究"（14BXW016）成果之一。

** 包韫慧，现为北京印刷学院新闻出版学院副教授，硕士研究生导师。主要研究方向：数字出版与传播、数字版权；寇驰，时为北京印刷学院本科生。

展的"扫黄打非·净网"等专项活动，各管理部门严把网络文学质量关，改善了网络文学的生存环境。各大网络文学网站也都加大监管力度，通过违禁词库筛查、编辑审读、专家评审、学生评审、聘用兼职编辑、开办网络作家培训班等方式提高了网络文学质量。但网络文学内容审读仍存在一些问题，成为制约网络文学发展障碍之一。完善网络文学审读规范，做好审读工作对提高网络文学整体水平有着至关重要的意义。

1　网络文学内容审读概述

目前，网络文学网站对内容的审查有"审读工作手册"之类的规范作为内容审读和编辑工作的主要依据。该类手册一般会明确指出必须严格遵守《出版管理条例》中关于"出版物的出版"的相关规定，要求网站作品不得含有危害国家主权、涉及民族问题、宣扬邪教、淫秽色情等内容，这是进行内容审读的基本原则。从这点上看，网络文学作品与传统出版物的要求相差无二。但由于网络文学内容产量巨大，时效性要求高，采用日更、连载的发布方式，在实际审读流程、审读方式和审读效果等方面与传统出版物又有较大区别。

一般来说，网络文学作品审读工作的具体流程，如图1所示。这一流程主要包含技术审核、人工审读、总公司监审（如没有总公司则没有这一环节）、外部审查等几个环节。

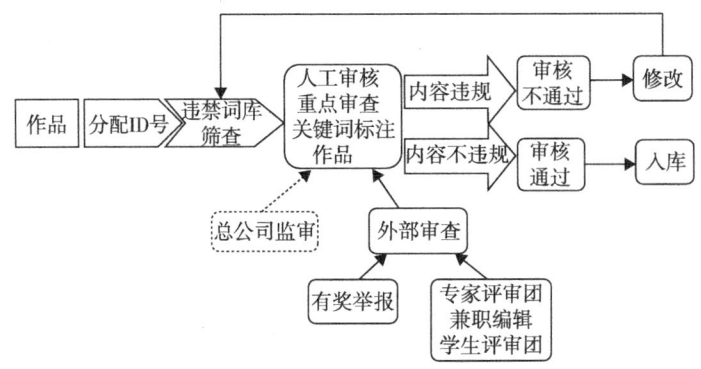

图1　网络文学内容审读流程

1.1 技术审核

网络文学网站一般都建立了违禁词库筛查制度。作者上传更新作品时必须通过违禁词库的筛查，否则不能上传。违禁词库筛查系统的主要功能是对涉及违禁字词的内容进行重点高亮标注，这是对作品的第一道审查。被重点标注的作品会自动被系统屏蔽并转入后台由人工对作品进行第二道审核，有问题的章节会被立即锁死，责任编辑要求作者修改；问题比较严重的作品会直接删除相关内容，甚至屏蔽全书、禁止更新。作者修改后可以提出复审申请，修改后的内容会再次经过系统过滤排查，没问题后方可发布，否则会再次进行第二轮人工审核。

网络文学处于快速扩张阶段，每日更新量巨大，完全依赖人工审查要付出难以想象的人力投入，较难实现。所以，依赖于技术手段来进行初步排查是目前网络文学内容审读的主要手段。并且，执法机关对网络文学进行日常监管也主要是通过违禁词库筛查。

违禁词库筛查可以节约人工成本，在很大程度上规避了违规内容刊登发布的风险，但是违禁词库存在过滤的机械性、易突破性以及更新的滞后性等缺点。

1.2 人工审读

作品入库并签约后开始进行人工审读，一般要求由专门编辑组跟进指导，并安排固定责任编辑对作品进行人工审读，原则上对每部作品的所有章节都应进行人工审读，但各网络文学网站很难做到这一点。如有的网站规定，如果目前确实无法做到对作品的全部章节进行人工审读，则至少应有专门责任编辑对作品的前一万字进行人工审读，并对重点章节进行人工审读。为保证作品更新的时效性，审查处理时间不得超过作者上传作品后的24小时。

此外，网络文学内容审查实行三级负责制。如有的网站规定了一审、二审和三审三个审级，分别指责任编辑、责任编辑组长及正副总编辑对作品的审查。三审制设置的初衷是严格把关网络文学作品质量，但限于人工力量不足、过度依赖技术手段和实时更新等原因，三审制有待于进一步完善。

1.3　总公司监审

一般情况下，经过违禁词库过滤和人工审核，内容就可以上传了。但对于有总公司监管审读业务的子公司来说，还需要经过总公司的审查后才能上传。如阅文集团专门设有审读室对旗下业务公司的审读工作实施监管，主要包括对旗下网站强推作品、网站排名前50名作品、百度搜索排名榜单前50名作品以及其他具有较高知名度的作品进行全面审查。除违禁词库审查外，必要时还要审读整部作品。对于其他非重点作品，集团审读室可进行抽查。如集团审读室审核出不良信息，则要求网站当日处理并将处理结果反馈集团审读室报备。此外，审读室还会不定期地对重点网站或重点频道进行集中抽查审核。

并不是所有的网络文学网站都有总公司的审读室监管，并且目前审读室的监管作用发挥亦略显不足，一是由于难以建立与之相匹配的审读队伍，二是因为子公司反对总部对他们的业务进行干预。因此，审读室抽查、监督的权利和职责逐步下放到学生评审团以及用户举报之类的外部评审机制中。

1.4　外部审查机制

目前，很多网络文学网站除内部审查之外，还积极引入了外部审查机制。外部审查主要包括两部分：有奖举报制度和外部评审团。阅文集团要求下属各网站必须设立网上有奖举报系统，接受用户举报[2]，并由专人专职在1个工作日内进行核实处理。所有举报内容会被立即锁定屏蔽，由编辑逐条进行审核和处理后用户才能浏览。举报经查实后，给予举报用户物质奖励或赠送点卡、阅读币等。

除了有奖举报制度，外部评审团制度是网络文学内容审读的有益补充，主要包括专家评审团、学生评审团和兼职编辑。2014年，三联出版社的总编辑黄韬、文艺出版社的副总编辑姜逸清、书画出版社的副总编辑徐明松以及上海作协的李伟长加盟盛大文学（现为阅文集团），成为审读顾问，助力网络文学审读工作[3]。不过，就目前来看，专家评审团对审读工作的作用略显不足，主要是因为网络文学作品基数太大，专家的指导和建议惠及面较窄，写作素养知识只能在小范围内传播，很难形成规模。

外部评审机制中的学生评审团已经初具规模，并逐渐显现出优势。学生评审团成员一般是该网站的资深活跃用户且有过创作经历的人。由个人提出申请，经审查合格后由责编分派评审任务，一般没有定量任务，也没有报酬或只有象征性报酬。这部分人员流动性强、难以约束，实际作用类似于用户举报。

此外，兼职编辑也是目前外部评审机制的重要组成部分。兼职编辑采用保底加提成的薪酬制度，多劳多得，主要工作是完成审读流程中的第二轮人工审查工作。大量兼职编辑的引入实现了在职编辑的解放，使他们有更多的精力投入到发现优秀作品、指导作品创作的工作中去。大力发展兼职编辑将是未来网络文学网站审读队伍发展的主要方向。

当然，外部审查特别是兼职编辑审查的缺点也是明显的，如审读人员难以把控、有资源外泄的风险、审读人员素质良莠不齐、审读质量难以保证等。

2　网络文学内容审读存在的问题

尽管目前网络文学网站和政府监管部门都十分重视网络文学作品的内容审读，但依旧存在一些问题。

2.1　过度依赖违禁词库

违禁词库是进行网络文学内容审查的第一道屏障，也是网络文学的主要审查手段。违禁词库一般分为两级：一级是绝对禁止出现的，主要涉及政治、宗教、民族、敏感人物一类的禁词、敏感词，如果作品中出现一级禁词、敏感词则无法上传；二级主要是涉及色情、情色一类的违禁词，被标红后提交给责任编辑判断，如确定要屏蔽则以"*"替代。违禁词库会实时更新，各网站也可以根据业务特点自行添加。

违禁词库排查可高效、准确地防止、屏蔽疑似违规信息的出现，技术简单，可操作性强；还可节约大量的人力成本，也是文化执法部门检查网络文学作品的主要手段。因此，网络文学网站主要依赖于违禁词库进行内容监管。

违禁词库虽然为网络文学审读工作提供了一定保障，但其不智能、机械化的缺点也是十分明显的。违禁词排查不能根据文章语境判断是否违规，经常会出现因为屏蔽不当影响阅读、理解的情况。而作者为逃避违禁词库的筛查，也经常通过在违禁词的字与字之间添加不影响阅读的符号例如"*""."".""/""~"等，或者将违禁关键字按偏旁部首进行拆分来躲避词库检查。

违禁词库对网络文学内容的审读起到了不可忽视的作用，但它需要及时更新和维护，也需要技术改进，如果单纯依赖违禁词库，则不能保证网络文学作品的绝对健康，也可能会带来"严重过敏"，屏蔽掉很多合乎规范的内容。

2.2　审读队伍数量不足、质量不齐

面对每日庞大的作品更新量，审读队伍数量不足是内容审读中存在的另一主要问题。规模较大的网络文学网站优势资源频道一般有10~20名人数不等的全职编辑，非优势资源频道一般只有4~8人，而有些网站甚至只有一两个人负责一个频道，编辑数量不足是普遍问题。

审读编辑的受教育程度一般为大学本科，以文学、新闻、出版等相关专业为主；有写作经验或优势作者资源的可放宽到其他专业，这类编辑往往来源于社会招聘。还有一类编辑是由网站的资深作家转型而来的，这类作家型编辑比一般编辑更了解受众的阅读偏好，对作品的驾驭能力和对结构的掌控

能力要高于一般编辑；另外，此类编辑在网站已经拥有一定的作者资源和庞大的粉丝群体，方便开展组稿、宣传推广活动。

一般来说，网络文学网站对于责任编辑的选拔没有一定之规，对于编辑的职业技能也没有系统培养。在职编辑往往也不被要求持有出版职业资格证、网络编辑资格证等国家认证，更不用说兼职编辑的职业素质了。相较于传统出版行业来说，网络文学的编辑审读队伍不仅数量不足，在质量上也有欠缺。

网络文学作品每日更新量巨大，每位编辑每天需审稿80万字左右，数量庞大难以完成。因此，责任编辑把大量审读工作下放给兼职编辑，而兼职编辑素质良莠不齐且稳定性较差，审读质量难以保障。

2.3　审读工作的滞后与缺失

责任编辑的审读工作大体可以分为日常审读和重点审读两种。日常审读工作已逐步转移到兼职编辑手中。重点审读工作主要是针对新作者作品、新书或重要作者的重点作品，由责任编辑负责审查指导。为保证网站的付费阅读量，对这类作品的审查主要集中在情节发展、写作风格是否违规、如何迎合读者和市场等方面，而对作品质量如错字、病句、逻辑错误、文章结构不完整等问题往往不甚关注。除了上述作品，还有大量处于中间层面的作品并未受到关注，网站对作品的审查存在缺失和断层，这也是影响网络文学质量的原因之一。

此外，网站全天候开放，作者可以在任意时间更新作品，而责任编辑受制于工作时间的限制，不能24小时进行审读工作，因而有些作品是未经过审查直接上传与读者见面的。对于这部分内容，虽然责任编辑可以后续追踪完成审读，对有问题的内容进行审查处理，但在这一时间段中违规内容已经被阅读、转载、传播了，造成的负面影响不能忽视。

2.4　内容审读未制定相应标准

对网络文学作品的审读，特别是对情节描写的把控和监管不能纯粹依靠技术手段完成，还需要依靠编辑的主观判断。目前，网络文学消费群体偏好于情色内容，国家对内容审读又未制定统一标准，导致责任编辑为提高网站付费阅读量就会对这类情节放松要求，甚至在故事情节有需求的时候要求作者描写该类情节。

中国互联网信息中心发布的《中国网络文学用户调研报告》显示，网络文学用户的年龄结构遍布各个阶段：15岁以下占5.9%，15~19岁占21.4%，20~24岁占29.6%，25~29岁占17.4%，30~39岁占18.4%，40~49岁占5.5%，50岁及以上占1.8%；其中，青少年是网络文学的主要用户群。含有情色内容的作品将对未成年人的身心健康造成影响。此外，各网站现有的审读标准没有为网络文学的内容划分等级，审读标准一刀切，也危害到了青少年的网络阅读环境。

3 网络文学内容审读建议

3.1 加强审读队伍建设

为保障网络文学质量，要尽早建立一支人员数量充足、素质较高的审读队伍。就目前的审读工作现状来看，人力不足是无法实现每一部作品都经过人工审读的最根本原因。但从网络文学网站的角度考虑，节约人员雇佣成本也是重要的经营问题之一。所以，要想加强审读队伍建设，必须大力引入外部审查队伍，并进一步完善外部审查规则，注重外部审查人员的资格审核和前期的审读技能培训，以提高外部审查质量，有效发挥作用。如与外部审查人员签订合同，按工作量支付报酬；把大学生评审团以爱好为主的监督工作变成兼职工作，以保障审读人员的稳定性和可靠性。这样可根据外部审读人员工作习惯、工作时间和工作特长分配需要审读的作品，建立24小时在线审的审读机制，解决审读工作的缺失和滞后问题。

3.2 建立适当的审读标准，考虑分级评审制度

网络文学作品的审读标准一般由各个网站制定，国家并未出台统一标准。各个网站对内容的把关在很大程度上取决于国家对这一市场的监管，遇松则松，遇严则严。在政府主管部门整治网络环境的时候，各网站则会制定过高的审读标准以"度过危机"。例如在2014年4月的"净网行动"中，有的网站就要求编辑大量屏蔽乡村作品，对接吻情节描写要控制在15个字以内等。而在监管相对宽松的年份，编辑对作品内容的尺度就放得过于宽松。改善网络环境不是一朝一夕的事，雷霆突击不如细水长流。政府主管部门应当制定统一的审查标准，将监管常态化。

此外，网络文学的受众相对年轻化，有相当数量的未成年人，通过建立网络小说审查分级制度可以避免未成年人接触到不适宜的内容，网站可以通过注册实名制信息对用户进行分类。在审读中的人工环节，责任编辑可以以章节为单位对内容进行分级，再通过后台操作实现部分章节内容对未成年人的屏蔽。

3.3 变"节流"为"开源"

网络文学网站对审读中存在的问题视而不见、对市场迎合的主要原因之一是为了盈利。但要实现盈利不能靠节约审读人员成本，不能为吸引眼球提高阅读量而降低审读标准。网络文学网站需要开发多元化的盈利模式，降低订阅收入在总盈利中的比例。目前，我国网络文学的付费阅读还有相当大的市场空间，相当数量的网络文学用户尚没有付费阅读的经历。网络文学因内容以消遣为主、阅读价值不高、盗版作品易获得、单本作品付费标准较高等原因导致用户不愿付费。但这些用户都是网络文学潜在的付费用户，如何引导读者付费阅读、培养读者的付费阅读习惯是开拓市场的关键。

因此，为提高网络文学作品质量，既要开发多元化的经营模式获得营收以解决人力不足问题，还要通过加强作者写作培训和编辑指导来逐步提高网络文学的阅读价值，吸引用户付费阅读。

3.4　加大文化执法力度，建立创作引导机制

文化执法部门要加强对网络文学网站的监管和查处力度，改变以违禁词库排查为唯一评价标准的工作方式，引入人工监督抽查机制，并且长期设置专职人员对重点内容进行审查，尽快建立一套完善的适合网络文学特点的审读标准和工作机制。

提高网络文学质量的根本问题还在于创作者的创作，提高作者修养、提升作品质量是关键。目前，中国作家协会与各大文学网站都建立了合作关系，不定期举办网络文学书评会、专题征文活动、优秀作家作品评选活动以及网络作家培训班等。这些措施旨在于支持、鼓励、引导网络作者创作出符合社会主义核心价值观的、代表我国优秀文化的、有阅读价值的网络文学作品，通过一些优秀作者的作品引导读者阅读，以树立优秀的网络文学价值标准。

参考文献

[1] 国家新闻出版广电总局.关于推动网络文学健康发展的指导意见[EB/OL].(2015-01-05)[2015-11-20]. http://www.gapp.gov.cn/news/1663/236795.shtml.

[2] 李淼.网络文学网站"宣战"不良信息[N].中国新闻出版报,2011-3-23(3).

[3] 上海市新闻出版局.上海4位传统出版单位专家结对助力网络文学审读工作[EB/OL].(2014-07-08)[2015-11-20].http://www.bkpcn.com.

Tolino电子书发展模式探析*

王京山　彭　柳**

摘　要：Tolino电子书立足德国，逐步向欧洲各国扩展，走出了一条开放发展的新道路。Tolino电子书阅读器注重开放兼容，Tolino电子书平台成为兼有电子书销售平台的集成和电子书售书的总入口。这些发展模式对于我国电子书的发展具有重要的借鉴和启示意义。

关键词：Tolino；电子书阅读器；发展模式

在电子书产业的发展历程中，包括电子书阅读器在内的电子书阅读设备占有核心和关键的地位。在德国，Tolino电子书从电子阅读设备开始，建立了新型的电子书平台，形成了新的电子书发展模式，对于我国电子书的发展不无借鉴。

1　Tolino电子书的发展背景

德国人酷爱读书是举世闻名的。在德国，不论是在柏林、慕尼黑等大城市，还是在小山村，随处都能看到人们认真阅读的身影。他们可以在购物中

---

* 本文原载《科技与出版》2016年第8期。

** 王京山，博士，现为北京印刷学院新闻出版学院教授，数字出版专业负责人，硕士研究生导师。研究方向为数字出版和数字传播；彭柳，时为北京印刷学院研究生。

心的座椅、公园的长椅、公交车、机场的候机大厅等各种场所手捧图书认真阅读。[1] 德国官方数据表明，28%的德国人是爱书成癖的"书痴"，35%的人每年阅读图书超过18本。[2] 历史上德意志民族涌现了无数的思想家、文学家、艺术家、科学家，近代德国从四分五裂的无序发展到世界先进发达国家水平，全民阅读功不可没。正因为如此，纸质图书出版在德国的发展势头良好。基于德国民众的阅读喜好和阅读习惯，人们有理由相信德国电子书市场蕴藏着巨大潜力。

电子书是技术驱动的一种新媒体。电子书阅读器首先在美国出现并逐步推动读者阅读习惯的改变，之后进入欧洲市场并引起公众和出版商的注意。其中有代表性的是美国亚马逊的Kindle和苹果公司的iPad。Kindle利用电子墨水（E-ink）技术保持和延伸了读者阅读纸质图书的阅读习惯和阅读体验，并可无线接入亚马逊的在线书店购书。iPad作为平板电脑显示效果更为丰富多彩，也很快引起出版商和市场的追捧。[3] 电子书成为2010年法兰克福书展的热点，预示了电子书阅读器和平板电脑对于电子书发展的重要驱动作用。

但与美国相比，德国电子书发展显得有些"慢热"。据德国书商协会估计，截至2009年德国电子书大约只占整个图书市场营业总额的0.4%，仅有4000万欧元的营业额。截至2010年，才达到5000万欧元营业额以及0.5%的市场份额。[3] 上述数据显示，德国电子书不但营业额小，发展速度也较为缓慢，德国在世界电子书市场上只是一个后起的追随者。电子书在德国发展缓慢，原因是多方面的。首先是德国人不愿意改变其阅读习惯，执着于阅读纸质图书的视觉和触觉感受。[4] 数字阅读已经在科研和教育培训领域广泛运用，但是普通的大众阅读仍愿意使用纸质图书。其次是德国图书发行方式的独特性导致大众对电子书的替代需求不那么强烈。德国图书发行体系十分健全有效，4000多家实体书店遍布城乡，购书十分方便快捷，缺货图书可以由图书批发商快速补充，这为读者购书提供了极佳的购书体验，也就不需要电子书来填补纸质图书的供应缺口。[3]

　　但是，电子书的发展已是时代潮流。2010年之后，伴随电子书阅读器和平板电脑等显示终端设备的迅速发展，英美等国电子书市场发展进入快车道。德国也不能置身于世界发展潮流之外。由于电子书阅读器较好地延续了纸质图书阅读的体验，德国人更倾向于使用电子书阅读器进行数字阅读。从2012年下半年开始，德国电子书产业发展逐步提速[5]，Tolino电子书由此步入历史舞台。

2　Tolino电子书现状与发展回顾

　　对于电子书的内涵和外延目前还没有公认一致的说法。具体到Tolino电子书，它既是指包括电子书阅读器在内的电子书阅读设备，又包括支持电子书阅读设备的电子书平台系统。作为电子书阅读设备，Tolino电子书从外观和功能方面与亚马逊的Kindle系列和其他平板电脑类似。Tolino电子阅读设备无论是基于电子墨水技术的电子书阅读器还是安装了阅读APP的平板电脑，都具有购买、存储和阅读电子书的功能。Tolino电子书阅读器的外观也与Kindle类似，初始界面上半部分是个人书架，下半部分是通往电子书购买页面的入口，[6]如图1所示。

图1　Tolino Shine 电子书阅读器外观[7]

Tolino 电子书平台是由德国多家大型出版集团与德国电信联合打造的。[8] 作为一个电子书平台，Tolino 是一个拥有多种功能的复杂系统。该系统可以支持各种电子书阅读设备，如 Tolino 电子书阅读器、各种 APP、PC 端的网页阅读器，同时为读者和出版商提供云服务。除了支持电子书购买销售之外，Tolino 系统也支持图书馆向读者提供电子书的借阅服务。[9] 2015 年 4 月，Tolino 建立的自出版平台 "Tolino Media" 正式上线，为作者提供自助出版及销售作品的服务。与亚马逊自出版平台 Kindle Direct Publishing（KDP）相比，Tolino Media 具有更广阔的市场前景。作者自助出版的作品可以很快发布到 Tolino 各加盟书店的销售平台上，所以它很快就成了 KDP 在德国最强有力的竞争对手。[6]

Tolino 电子书阅读器由德国电信公司研发，在德国多家实体书店进行推广和销售。[10] 2013 年 3 月第一代基于电子墨水技术的 Tolino 电子书阅读器 Tolino Vision 和 Tolino Shine 正式发布，同时还发布了两种规格的基于安卓系统的平板电脑。2014 年，Tolino 发布了新版的电子书阅读器和一款 8 寸的平板电脑。2015 年，Tolino 最新一代电子书阅读设备在法兰克福书展上发布。

Tolino 电子书阅读器立足德国，面向欧洲，一步一个脚印稳步发展，市场表现良好。目前，Tolino 电子书阅读器通过德国的 1300 家实体书店发售。德国捷孚凯市场研究集团（GfK）数据显示，2014 年第三季度 Tolino 电子书阅读器市场占有率达 45%，超过其竞争对手亚马逊 Kindle，后者以 39% 的市场份额位列第二，[11] 之后双方差距不断拉大。Tolino 电子书阅读器销售的同时带动了电子书和纸质图书的销售。德国人每年下载 700 万册电子书，其中有一半通过 Tolino 系统下载。[10] 除德国外，Tolino 电子书已打入奥地利、荷兰、瑞士、意大利、比利时等欧洲国家的多家书店，其业务也在不断拓展。可以这样说——Tolino 电子书初战告捷。

3 Tolino 电子书发展模式分析

Tolino 电子书取得了不小的成功。当然，电子书市场风云变幻，最终鹿死谁手还难下定论。在其发展过程中，Tolino 电子书逐步形成了独特的运作模式。可以说，Tolino 电子书的成功得益于其开放的运作发展模式。

3.1 开放协作建设电子书平台

面对亚马逊 Kindle 的步步紧逼，诸多出版商、图书销售商和书店不甘心德国被亚马逊 Kindle 一统天下，于是在 2013 年，德国塔利亚（Thalia）、胡根杜贝尔（Hugendubel）、Weltbild 等几家图书连锁店和贝塔斯曼书友会及德国电信公司组成财团，协作共同开发了 Tolino 电子阅读器和电子书平台。在电子书阅读器和电子书平台开发中，德国电信公司承担技术研发和技术支持，而各加盟图书连锁店承担 Tolino 电子阅读器的市场推广。几方协同开发 Tolino 电子阅读器和电子书平台，保证了电子书阅读器和电子书平台的开放兼容，为 Tolino 电子阅读器和电子书平台的发展奠定了基础。比如，Tolino 电子阅读器可以支持不同格式的电子书文档，尤其是亚马逊 Kindle 不支持的 ePub 格式电子书。这样，读者不用进行烦琐的电子书格式转换，即可轻松阅读各种格式的电子书。[11] 由于 Tolino 电子书阅读设备的优越性，Tolino 系列电子书阅读设备很快在市场站稳脚跟，截至 2015 年年底已售出超过 200 万套。[6]

3.2 开放加盟实现市场扩张

由于 Tolino 电子书的开放兼容，Tolino 电子书在原有加盟出版商、图书销售商和书店的基础上很快吸引更多出版商、图书销售商和书店加盟。2015年 10 月，德国两大图书零售商——北威州连锁书店 Mayersche 和巴符州图宾根连锁书店 Osiander 宣布加盟 Tolino 售书联盟，使 Tolino 联盟书店达 1800 家之多，占德国书店总数的 1/3 左右。通过开放加盟，Tolino 电子书联盟日益强大。现在，Tolino 电子书联盟可以提供包括 180 万本电子书的销售目录，每月产生 150 万次交易。[12] 通过开放加盟，Tolino 电子书不但在德国电子书市场主动出击，而且业务逐步扩展到欧洲若干国家。在未来，Tolino 电子书走出欧洲成为全球化的电子书品牌也不是不可能的事情。这证明，Tolino 电子书的开放兼容有利于实现有效的市场扩张。

3.3 开放包容的电子书销售模式

Tolino 电子书能够吸引众多出版商、图书销售商和书店加盟，是因为 Tolino 电子书建立了开放包容的电子书销售模式。Tolino 的电子书销售模式与亚马逊截然不同。亚马逊的系统是封闭的，读者登录亚马逊网站购书，系统的技术和信息都由亚马逊提供，所购图书由亚马逊配送，读者信息完全由亚马逊掌握。亚马逊由此继续向图书出版业上、下游扩张，开展自助出版等各种业务。这也就意味着，亚马逊在传统的图书出版和发行销售体系之外建立了一套新的完整的独立的出版发行系统，这个系统既售卖纸质图书，也售卖电子书。但是，已有的图书发行体系几乎完全被排除在外，出版商如果通过亚马逊网站售书，只能获取有限的收入和微薄的利润。

Tolino 电子书与亚马逊大为不同，它建立了一种开放包容的电子书销售模式。Tolino 电子书只是集成了既有的电子书销售平台，提供了一个总的入口，并未建立新的电子书销售平台。这样读者通过 Tolino 阅读器进入的仍然是一些实体书店或图书销售商的电子书销售平台，读者资源并未流失，反而进一步集聚。传统的图书销售商仍然可以利用他们原有的电商平台继续售卖电子书，加盟 Tolino 后读者的黏性进一步增强，甚至可以带动纸质图书销售量的增加。无论是纸质图书销售还是电子书销售，图书销售商都能从中获益。[6] Tolino 电子书平台注重合作共享发展的利益，只从交易中获取有限的提成，实现图书销售商和 Tolino 电子书联盟的共赢。

在此基础上，Tolino 电子书为读者和加盟图书销售商提供云服务。读者注册使用 Tolino 电子书平台后，就可以享受该系统提供的云服务，用户将获得一定的云空间来存储购买的电子书和阅读信息，而这些信息可以实现不同终端的同步更新，大大提升了阅读体验。同时用户也可以将自己的文件存储在云空间。对于图书销售商而言，云服务为他们提供了一个可销售电子书的

"总书目"，图书销售商可以据此非常容易地生成自己的电子书销售书目；同时，用户购买电子书的请求也通过云服务处理并记录汇总相关信息。[6] 这样，Tolino电子书集成了各图书销售商的书目和服务，成为德国电子书销售模式的总入口。

4 Tolino对我国电子书发展的启示与借鉴

Tolino电子书的成功不是偶然的，其发展模式对于我国电子书发展有如下的启示与借鉴。

首先，要高度重视电子书阅读器的开发与推广。电子书阅读器可以增强用户的黏性，促进电子书的销售；同时，作为一种电子书阅读显示终端，电子书阅读器具有确立标准和示范的效应。电子书阅读器是电子书发展的关键，对其具有重要的推动作用。因此，我国电子书的发展也不能寄希望于国外品牌的电子书阅读器，应该开发与推广具有自主知识产权的电子书阅读器。

其次，要构建具有中国特色的电子书销售模式和体系。亚马逊构建了一个封闭的电子书销售模式，"肥水不流外人田"，在获得长足发展的同时也破坏了既有的出版生态。我们应该借鉴Tolino电子书的发展模式，注意利用既有的出版发行体系构建开放包容的电子书销售模式，实现出版生态的良性发展。

最后，要统筹技术支持和出版发行体系发展，规划电子书产业宏观发展的策略。电子书产业发展既包括内容建设，也包括技术支持，要统筹协调二者发展，鼓励出版发行行业和技术服务提供商合作，努力探索适合我国国情的电子书产业发展策略。

电子书是我国数字出版产业未来发展的重要一环。数字出版业界应该精诚团结，充分借鉴吸收Tolino电子书等国内外的先进经验，结合国情为我所用，经过努力开拓才能不断取得新的成功，迎来电子书产业的更大发展。

参考文献

[1] 田园.书中自有强国之路—德国全民阅读扫描[N].光明日报,2016-04-30(4).

[2] 阅读在德国—阅读让精神生活更殷实[N/OL].(2014-02-09)[2016-07-20].http://
news. xinhuanet.com/zgjx/2014-02/09/c_133101175.htm.

[3] 尹琨.全球电子书市场该怎样锁定读者[N].中国新闻出版广电报,2015-09-10(7).

[4] 乌苏拉·劳滕堡.德国电子书与电子书阅读器的现状及未来发展[J].邹莉,译.出版科
学,2011(1):11-13.

[5] Thurmann F. Gutenberg and the digital Evolution:Highlights of a Trend-Follower Market
from a Distributer's Perspective[J]. Publishing Research Quarterly,2013,29(3):238-
243.

[6] 灰土豆.众志成城的可能性:Tolino 的电子书生态系统[EB/OL].(2015-10-26)[2016-
07-20].https://www. douban.com/note/522104817/.

[7] 客户展示区:德国电信 Tolino Shine[EB/OL].[2016-06-10].http://cn.eink.com/custom-
er_showcase_tolino_ shine.html.

[8] 杜都.媒体融合时代新媒体企业的崛起与传统出版单位的转型应对[J].出版广角,
2015(11):26-28.

[9] 渠竞帆.国际高管预测2016出版走势[N].中国出版传媒商报,2016-01-01(9).

[10] 陶心荣.德国电子书"Tolino"本土吃香未来瞄准海外市场[EB/OL].(2015-09-23)
[2016-07-20].http://news.china.com.cn/world/2015-09/23/content_36659758.htm.

[11] Der Preisleistungssieger-tolino shine[EB/OL].(2016-06-10)[2016-07-20].http://myto-
lino.de/ tolino-shine/uebersicht/.

[12] 德国 Tolino 联盟新添两店[N/OL].乐毅,编译.(2015-11-09)[2016-07-20].http://www.
chuban. cc/gjcb/201511/t20151109_170870.html.

澎湃新闻客户端内容生产分析

何　静　包韫慧*

摘　要：澎湃新闻客户端是上海报业集团新媒体转型的首个产物，是澎湃新闻旗下最主要的产品之一。它以"时政新闻"为主要报道内容，定位于精品阅读和新闻专业主义，在内容采编、审核、发布等环节上具有创新点，被业内看作是纸媒转型的典型案例。本文对澎湃新闻客户端内容生产环节进行分析，以期为澎湃新闻的发展提供有益的见解，并为传统媒体与新媒体融合带来借鉴意义。

关键词：澎湃新闻客户端；报网融合；内容生产

随着新媒体技术的发展和移动互联时代的到来，用户的新闻阅读习惯呈现出即时性、互动性、碎片化的特点，信息的产生、发布、流传也都在经历巨大的变化。作为报网融合的典范，澎湃新闻客户端在内容生产各环节中，融合纸媒与新媒体，取长补短，既规避了互联网新闻信息同质化的问题，又保证了新闻内容的时效性与海量化。

1　澎湃新闻客户端概述

随着移动互联时代的到来，报纸的发展陷入困境。中国报业协会公布的

---

* 何静,现为北京印刷学院研究生;包韫慧,现为北京印刷学院新闻出版学院副教授,硕士研究生导师。主要研究方向:数字出版与传播、数字版权。

《2015年度全国报纸印刷量调查统计报告》显示，2015年全国报纸总印刷量连续第四年下降，并且下降幅度进一步显著增大。[1] 与此同时，截至2016年6月，中国网民规模达到7.108亿，其中手机网民达6.56亿人，有92.5%的网民通过手机上网。[2] 互联网的出现，促使社会信息传播方式和传媒格局开始发生改变，传统媒体处境愈发艰难。

速途研究院发布的《2015年移动新闻客户端市场报告》显示，人们获取新闻信息的习惯由报纸、广播、电视开始向互联网尤其是移动互联网转移。2012年国内移动新闻客户端的用户规模为2.1亿人，2015年升至5.2亿，预计2016年将达到6.4亿人；由于庞大的用户基数，2013年至2015年用户增长率连续下降，而2015年中国的内容市场全面爆发，到2016年增长率将有所上升。[3] 在信息交互时代的背景下，新闻客户端被越来越多的用户使用并成为获取新闻资讯的主要途径。

澎湃新闻客户端是上海报业集团新媒体转型的首个产物，是澎湃新闻旗下最主要的产品之一。它以"新闻与思想的最大平台"为标识，着眼于时政新闻的深度报道与挖掘，生产并聚合移动阅读的优质时政思想类新闻，是互联网技术创新与新闻价值传承的结合体。

2014年7月22日，澎湃新闻CEO邱兵发表发刊辞《我心澎湃如昨》，标志着澎湃新闻正式上线，短短几天内澎湃又以多篇高质量原创时政稿件进入新闻客户端红海，获得业界广泛关注。澎湃新闻的英文译名是"The Paper"，它既没有使用与《东方早报》相关的英文名称，显示了品牌独立性，又以英文单词"paper"暗示其为纸媒转型的产物，可谓一语双关。

2 澎湃新闻客户端的内容采编

2.1 内容采编特点

（1）针对性与专业化。在澎湃新闻客户端上线之前，其产品部通过运营三十多个不同领域的微信公众号，结合用户反馈，最终抓住新闻报道中反馈度较高的"时政新闻"作为精准定位,并锁定了"时政爱好者"这个用户群体。在客户端上线后,一些认可度较高的公众号如"中国政库""一号专案"则直接成为客户端的栏目之一,实现了微信公众号到新闻客户端的读者对接与转移,也成功地保留了已有读者。值得一提的是,虽然全面化的内容是用户获取新闻资讯主要考虑的因素之一,且专业化的报道内容不可避免会带来用户的窄众化进而丢失部分受众流量,但随着智能手机的普及和应用,很多用户手机中不只安装一款移动新闻客户端来满足自己多样的新闻需求。由于不同的新闻客户端对报道内容的侧重点不同,澎湃新闻客户端才能在其定位的领域处于有力的竞争地位。

(2)原创度高。在互联网现有的转载机制下,一稿多用现象十分普遍,这就让"独家报道"显得格外重要。澎湃新闻凭借纸媒前身《东方早报》,不仅具有时政新闻的采编权和政府央企的采访资源,并且掌握全部的财政类、重大突发事件、调查监督等新闻采访权。[4] 所以面对时政新闻和突发事件时,当大部分新闻网站只能转发央视、新华网的文章时,澎湃则能够派出记者立即调查采访、撰写文稿,从而避免信息同质化,在内容的深度上出彩。在澎湃新闻客户端刚刚上线之时,它就已经凭借数篇原创时政大稿获得了业界的广泛关注。

(3)文风通俗。在策划选题和撰写稿件时,澎湃新闻客户端避免使用晦涩艰深的词语,尽量以通俗的文风进行权威解读和深度报道,最大程度上考虑不同职业、年龄、身份的社会特点和文化水平,以平民视角和大众角度出发,满足了专业人士和普通白领、学生等各阶层对时政新闻的阅读需求,实现了资源的最优配置,吸引更多的用户关注。

2.2 内容采编来源

(1)中央厨房式采编。中央厨房式采编指的是"一次采编,多次传播"的编辑模式,即打破传统媒体与新媒体各行其道的独立采编系统,将采编内容变为共享资源。具体来说,就记者采集的一份内容进入后台数据库后,报业集团内部的各种子媒体对其进行"再加工"并发布到各终端，实现同一内容的多次传播、多元开发。在这种模式下，后台的数据库就像一个中央厨房，对前线的新闻资讯进行加工处理，并为读者奉上"一鱼多吃"的"美味"。这种采编模式可以节约采编成本（尤其是人力成本），提高传播效率，最大限度实现新闻内容的集约化。[5]

"澎湃"项目作为《东方早报》的重点项目之一，从创办之时就是举全报社之力，而不是仅仅成立一个新媒体部。《东方早报》原采编团队的2/3人员都被吸纳进澎湃新闻项目中，并且整体共享记者资源。大部分纸媒编辑在进行相关新媒体操作培训后就正式成为澎湃新闻和客户端的网络编辑，原早报也大大缩版；纸媒记者则拥有东方早报记者和澎湃新闻记者的双重身份，其采写的稿件可适用纸媒和互联网两个平台，并将优先发于互联网以保证时效性，再遵循以往流程印发在报纸上。目前《东方早报》和澎湃新闻是一个采访团队+两个编辑团队，也就是中央厨房式的采编。

除了原有纸媒的编辑团队外，澎湃新闻还新增了130名有新媒体工作经验的互联网编辑，并扩充了全国各新闻站的记者队伍。澎湃新闻的采编团队是原创稿件的主要撰稿来源，需要完成绝大部分的内容生产。未来，这个团队或将壮大至400人的规模，以缓解原创文章带来的稿件压力。

在被严格管控的时政报道领域，能够恰如其分地拿捏尺度是验证该团队水平高低的标杆。《东方早报》作为中国较为优秀的都市报之一，是最先披露三鹿奶粉事件的媒体，它在新闻报道方面有着十多年的专业基础和成熟经验，有力保证了新闻内容的高质量产出。

（2）其他媒体报道转载。其他媒体的新闻观点与文章也会成为澎湃使用的内容，比如在澎湃新闻客户端上会出现来源为新华网、中国新闻网、《人民日报》等媒体的稿件。尤其是在热点事件和专题报道中，其他媒体稿件的数量会增多，弥补了单一媒体解读事件的局限性，也避免了因记者对某领域的不熟悉而错失新闻的情况。这些新闻客户端之间的内容共享与转载也是澎湃内容来源的重要部分，其稿件量甚至与澎湃的原创稿件量持平。

（3）专业生产内容（PGC）。专业生产内容，也称 PGC（Professional-generated content），起源于视频网站中专业影视制作人员或机构的视频发布，在新闻领域可以理解为由行业专家或权威机构运用其专业知识撰写的内容。澎湃新闻的"思想"板块中汇集了大量的专业生产内容，其中的"专栏"板块邀请了林行止、陈文茜、科尔姆·托宾等一批知名学者入驻并发表文章，"请讲"栏目整理记录了行业学者在讲座中的发言稿，"思想湃"则组织了专家与普通大众面对面交流的线下活动。在这些栏目中，专业人士既作为客户端的用户，也以专家身份为澎湃贡献具有高水平和高质量的内容，站在不同视角提高了内容的思辨性与专业性，使新闻思想更丰富更自由。

（4）用户生成内容（UGC）。用户生成内容，简称 UGC（User-generated content），指用户将自己原创的内容通过互联网平台进行展示或者提供给其他用户。澎湃新闻客户端创新设计的一种用户交互形式——"追问"就是用户生成内容的重要渠道。用户在感兴趣的新闻界面中，通过点击客户端右上角的对话图标即可进行评论和追问。"追问"不仅可以提出对某一观点或事实的疑问，也可以回答网友的提问，依靠自己的知识与经验为广大网友答疑解惑。该功能与知乎的 UGC 模式十分相似，最初设想是集结所有用户的智慧，通过多人的回答形成"信息池"，为不同角度不同看法的交流和碰撞打造平台，在抽丝剥茧中力求还原事实真相，并承诺将追问中体现的问题核实查清，实时更新。"追问"功能激发了用户生产内容，加强了核心用户和重要用户的使用黏度，把专业记者力量与网民力量很好地结合在一起。但在实际操作中也出现了一些问题，如评论与追问的功能划分不够清晰。

3 澎湃新闻客户端的内容审核

3.1 审核流程

一般情况下，新媒体类新闻客户端（如今日头条）与门户网站类新闻客户端（如腾讯新闻客户端），自身平台上原创内容较少，稿件大多来源于其他媒体平台，主要通过爬虫技术自动抓取内容。为了追求新闻海量性与信息时效性，他们在不了解作者创作意图甚至不确定文章真实性的情况下就将文章传播出去，因此文章质量参差不齐，这就要求新闻客户端必须有庞大的审核队伍进行初审、复审与实时监测。而澎湃新闻客户端的稿件来源大多为原创，撰稿人为特派记者，能够有效把握文章质量。因此，澎湃新闻的内容审核与其他客户端审核相比有其独特之处，如图1所示。

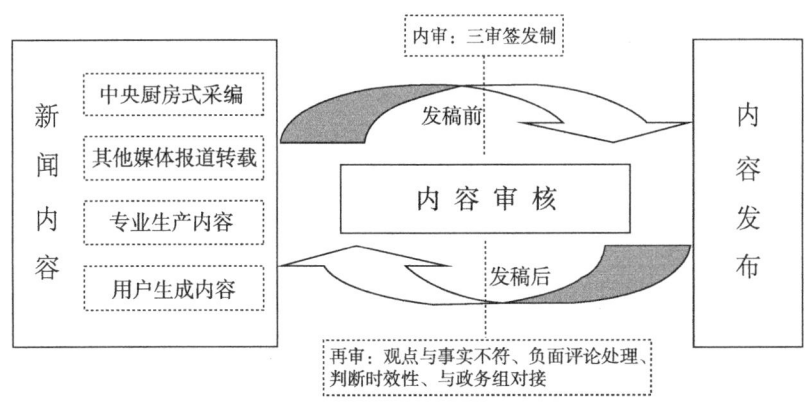

图1 澎湃新闻客户端审核流程图

3.2 内审机制

在发稿前澎湃新闻采取的是"三审签发"的内审机制，这也是与其他新闻客户端的不同之处。在审核把关方面，澎湃新闻客户端与《东方早报》共同执行"三审签发制"，如图2所示。

图2 澎湃新闻客户端内审机制

三审签发制正好与澎湃新闻客户端的三级栏目相对应，具体如图3所示。

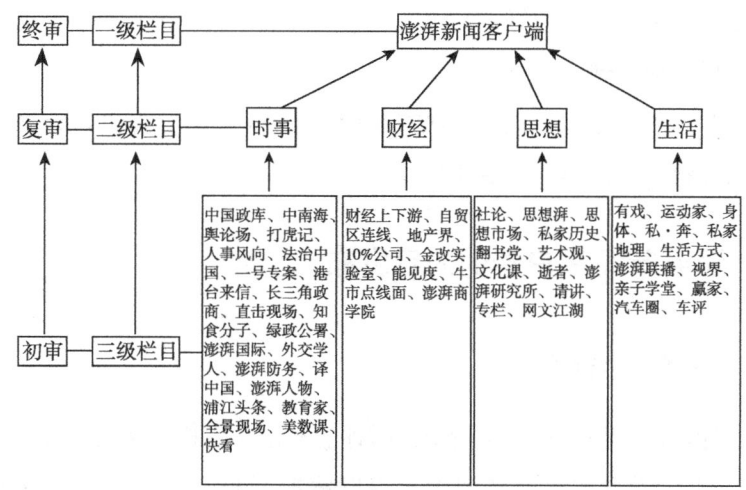

图3　澎湃新闻客户端栏目划分

以"中国政库"栏目为例，记者在写完稿件后要先报送给"中国政库"栏目组长审查，文章通过后进一步报送给时事新闻中心主编审查，最后交给澎湃新闻值班主编三审。这样既保证了每组团队的小规模与扁平化，便于内部交流沟通，又实现了层层分级、层层递进的审查结构。澎湃新闻的内审时间是早上6点至晚上10点，在此时间段的稿件随到随审，随审随发。

3.3　发稿后的再审机制

再审机制主要指稿件发出后对其进行的二次审核，由于网络的可修改性，客户端相较于《东方早报》灵活性稍大，可在文稿发出后结合用户反馈和新闻发展判断其新闻价值，拦截有害、低质内容并做事后的相应处理。再审主要涉及如下4方面。

（1）观点与事实不符。对不实内容进行核实，进行下架处理。

（2）反馈处理。实时监测评论走向，对稿件评论中涉及攻击性、侮辱性、扰乱公共秩序等部分进行删帖处理；对评论中提出的疑问与看法进行收集并反馈等。

（3）判断时效性。对新闻稿件的最佳阅读时效性进行判断，分为一天、三天、七天、半月、一月等，对于过时新闻不推荐、不上首页，但能保证用户在搜索栏中搜索到。

（4）与政务组对接。接受国新办的指令，依照相关规定对含有敏感词语、敏感内容的文章进行下架处理。

4 澎湃新闻客户端的内容发布

4.1 内容发布特点

（1）标签划分与栏目定位清晰。时评、言论、专栏、文化新闻等是东方早报的强项，这点在澎湃新闻中也得以体现。澎湃新闻仿照《赫芬顿邮报》，把原来刊载在报纸上的文字分为新闻和评论两大类，其中评论就是《东方早报》优势的转变。

截至2016年5月30日的最新版本3.6.0，客户端共有时事、财经、思想、生活四大板块，内容涵盖方方面面，下属有53个栏目可供订阅（如图3所示），每一个栏目即为一个标签，标签的划分聚合了同一类文章，方便用户阅读、订阅，也便于用户搜索。有些栏目如"中南海""一号专案""直击现场"已经吸引了大多用户的关注，其中"打虎记"更是在反腐倡廉的社会风气下顺风而设，成为中国反腐报道第一平台。用户可以根据自己的喜好和需求自行添加，订阅后的栏目内容会出现在自己的订阅池里，从而避免在首页庞杂的信息中挑选新闻，实现个性化首页的私人定制。

（2）注重社会化分享与互动。新媒体相比传统纸媒更加侧重渠道、用户体验和互动分享，下面从内外两方面对澎湃新闻客户端的互动与分享作分析。

内部互动：即用户在澎湃平台上的互动，从客户端来说主要是指评论、收藏、点赞、追问与问吧。评论、收藏、点赞三项是在各大资讯客户端普遍存在的互动功能。追问是指对文章中的某个观点或事实提出疑问，由其他用户或知情人做出解答，它与评论不同，评论倾向于就该新闻发表自己的见解和看法，是表达自我观点的一条途径，而追问倾向于提出问题并解决问题，在交流中得出事情真相和社会共识，留给用户充分讨论的空间。问吧是在澎湃2.0版本更新后设置的新功能，在这一栏目中邀请各界专家、名人来回答网友提问。专家们开启话题并回答用户的提问，在与用户一来一往的交流中切实解决问题，使其有面对面的参与感，提升用户使用体验。在最新版本的问吧中又开放了普通网友申请当嘉宾的功能，凡是拥有某一方面专长——如烘焙达人、理财达人、夜跑达人、电视剧达人，或某一种经历与体验，都可以主动申请建立话题，回答其他网友提问，成为"澎湃红人"。可以说，追问与问吧是澎湃新闻客户端异于其他竞品的特点，同时也是用户生成内容的基础。

外部分享：社会化分享使得澎湃客户端上的新闻资讯可以一键转载到其他平台上，满足了用户的传播需求。本文归纳了澎湃新闻、今日头条与腾讯新闻的一键分享适用平台，见表1。

表1　三类新闻客户端一键分享适用平台

	微信朋友圈	微信好友	新浪微博	QQ空间	QQ好友	腾讯微博	支付宝好友	支付宝生活圈	豆瓣网	印象笔记	有道笔记	pocket	系统分享	复制链接
澎湃新闻	√	√	√	√	√	√			√	√	√	√	√	√
今日头条	√	√	√	√	√		√						√	√
腾讯新闻	√	√	√	√	√	√							√	√

这三类新闻客户端一键分享适用平台重合率高达57%，都覆盖了微信、微博、QQ等常用的社交平台，由此也可以看出用户的使用习惯。进行对外

分享的用户往往是对该文章有一些看法，有些人甚至在转发时会加上几句自己的评论，而利用社交平台的朋友圈可以将该文章传递到各好友的阅读终端上，用户的好友不用下载澎湃APP也可以看到内容，这无疑扩大了客户端的知名度，而用户在个人朋友圈等社交平台的分享宣传也具有一定的说服性效果。

除此之外，澎湃新闻还可以分享到印象笔记、有道笔记、pocket等文章管理应用上，这三类APP从某种程度上可被归为学习类应用，方便于用户对新闻进行标记、阅读和学习，这也与澎湃着重时政新闻与定位精英主义的理念紧密相关。

内外系统的互动形成了澎湃新闻客户端与民间舆论场的健康运转，由新闻看客向新闻参与者转变，活跃了用户的阅读状态。

（3）持续跟踪报道与全媒体展现。"烂尾新闻"是指对事件后续跟进的报道较少、使读者只知其因不知其果的一类新闻。为了杜绝新闻烂尾现象，澎湃设置了"跟踪"功能，即点击文章下方的"跟踪"按钮进行该新闻事件的订阅，当该事件出现新报道、新进展时系统将自动推送至用户终端，相当于对该新闻进行了实时跟踪。随着报道的深度挖掘和讨论态势的扩大，某一热点事件的跟踪栏里会有数十篇新闻报道，包括事件起因、过程、影响、社会舆论、调查等方方面面，相当于对该新闻事件进行了专题整理。而这种专题整理省去了策划专题的人力物力，完全是用户自选和系统推送的结果，大大提高了新闻推送的准确度，把握了用户的阅读需求。如对"魏则西事件"进行跟踪后，自2016年5月3日至5月11日共有15篇相关报道，其中涉及的栏目有"舆论场""10%公司""绿政公署""澎湃国际"等，可见其报道广度。

随着多媒体技术和智能手机的发展，用户对图片、音频、视频的关注度和需求量持续上升，全媒体内容将成为新闻客户端的竞争热点。澎湃设置了"全景现场"和"快看"功能，前者是将现场进行360度全景视角的预览，以三维动画的展现形式使人有身临其境之感，尤其适用于场馆、会展等新闻内容中；后者主要提供短视频和图集，相对于其他栏目的文字较少，表现形式生动，满足了读者全媒体阅读的需求。此外，澎湃也顺应了当下数据新闻蓬勃发展的潮流，设置了"美数课"栏目，把传统新闻的描述性文字与数据信息的海量精准相结合，为新闻的全媒体展现创造了新的可能。

4.2 用户人群与反馈

（1）用户人群分析。从用户结构上看，根据 CNNIC 发布的第38次《中国互联网络发展状况统计报告》，我国30岁以下网民占比达到53.4%；网民中具备中等教育程度的群体规模最大，大专及以上学历占比达到88.5%。[2] 而澎湃新闻客户端瞄准的是精英阅读，其目标受众是社会精英、知识分子与都市人群。这表明澎湃新闻的受众范围将"小而精"，如果仅仅依靠这一用户群而忽视了占绝对数量优势的普通网民的需求是不太现实的。既要符合澎湃的产品定位，又要与大多数网民的知识文化水平相匹配，这就要求澎湃处理好二者的关系，以通俗易懂的写作手法和丰富多样的报道方式表达艰深晦涩、科学严肃的新闻内容。

从用户规模上看，2014年年底，澎湃新闻客户端下载量已超400万，日均活跃用户约80万。截至2016年4月，客户端下载量近3000万，日均活跃用户约200万。相关数据显示，澎湃不仅拥有较高下载量，其用户黏性也很高。澎湃新闻客户端的次日留存率达50%以上，月留存率也接近30%，用户日均使用时长为27分48秒。[6]

从用户地区分布上看，2015年6月的统计数据显示，澎湃用户主要集中于北京、上海、广东、浙江、江苏等发达省市，其中北京用户数占比最高为12%，其后为上海（9%）和广东（8%）。[7] 可以说，澎湃新闻客户端的用户地区并不局限于长三角地带而是辐射到了全中国。

（2）用户体验与反馈。互联网思维的核心是用户体验。在澎湃新闻客户端的"更多"界面中有用户反馈一项，专门收集用户对客户端提出的改进建议以促进优化，基于用户的反馈意见，澎湃先后调整了详情页底色，增加了阅读历史，正文页可以直接切换夜间模式，支持分享精彩评论和问答至外部平台。这些看似细微的更新都是不断优化用户体验的结果，使用户的阅读更轻松愉悦。

比如澎湃新闻客户端的默认字体是宋体，在最初的版本中用户对使用衬线体的反馈褒贬不一，一种观点认为阅读衬线体有更加严谨的视觉感受，是澎湃异于其他新闻客户端的标志性特色，而另一种观点认为虽然衬线体用在报纸、杂志等纸质媒介上会有较好的阅读感受，但受分辨率、屏幕大小等诸多不可控因素影响，用于客户端阅读时会产生各种各样的问题。澎湃团队在听取了用户反馈后将客户端的字体进行了个性化设置，在更新后的版本里用户既可使用默认宋体，也可选择跟随系统字体，这一改变无疑是传统媒体在新媒体转型中尊重用户体验，听取用户反馈的典型事例。

此外，几乎所有的新闻客户端在新闻推送中都采取了图片+标题+提要的形式，而澎湃却没有新闻提要，只是将标题写得更详尽，使用户凭图片与标题来选内容，无疑提高了用户在首页浏览筛选的效率。

考虑到用户在户外阅读新闻需花费流量的情况，澎湃提供了"离线阅读"与"阅读模式"的选择。离线阅读指用户可在有无线网络的环境下预先下载新闻内容的缓存，等断网或离线后依然可以阅读已下载的新闻。阅读模式则分为图文模式（总是加载图片）、文本模式（不加载图片）、智能模式（仅WIFI环境下加载图片）三种，一方面满足了用户不同情况下的需求、节省了移动流量的花费，另一方面也延伸了客户端的使用范围，使用户可以随时随地都能够使用。

5　澎湃新闻客户端内容生产建议

5.1　从业人员构建互联网思维

以报纸为代表的大众传播以信息传播单向性为主，虽然也有反馈机制，但这种反馈一般是滞后的。而在互联网尤其是移动互联时代，传播速度的实时性、信息形态的多媒体性、传播过程的交互性越来越突出。澎湃团队是以《东方早报》为基础演变而来的，是纸媒进行新媒体转型的典型案例，原班人马大多已经拥有了丰富的传统媒体工作经验，在思维方式和实践操作中难免带有纸媒的刻板印象（上文中提到的客户端字体由宋体改变为系统字体就很好地说明了这点），如果把这种惯性带入新媒体内容生产中，则表现为一味地上传下达而忽视用户反馈，可能造成转型失败。

互联网即"互联互通"，内容资源的共享带来了新的行业规范和运作方式，作为一个新媒体平台，澎湃新闻客户端的互动社交和全媒体效果不够明显，移动互联的环节相对较弱。这就要求传统媒体人打破传统的束缚，构建互联网思维，对内容、用户、产品进行重新审视和思考。

首先从人员分布上，培训原有传统媒体编辑、引进新媒体人才。新媒体人才的引进，一方面可以为澎湃注入新鲜血液，在策划组织数据可视化与沉浸式多媒体报道项目上有丰富的经验，能够以开放的视角为纸媒转型提出有益见解，避免因传统思维局限而带来的错误弊端，帮助澎湃新闻客户端顺应互联网时代潮流、走在媒体融合前列；另一方面还可以作为有经验的从业人员为纸媒编辑培训，讲解纸媒与新媒体在编辑方式上的区别（如降低对版面排版的设计要求、统一后台的文章发布格式等）、数字编辑的工作要求（包括选题、数据收集与分析、数据报道的写作等），使他们的工作内容有更平稳的衔接。

其次从内容采编上，保持科学严谨的报道内容、增加语言的亲和力与人情味。时政报道常常因其语言风格晦涩难懂给大部分受众的阅读理解带来障碍，如果采编人员在策划选题和撰写稿件时避免使用专业性过强的词语或在必要位置做出注释，最大程度上照顾到不同职业、年龄、身份的社会特点和文化水平，从平民视角和大众角度出发，可能会争取更多受众的关注，扩大传播效果。如在此之前澎湃发布的一篇时政大稿《令政策的平陆往事》，是一篇通俗易懂的精品文章，用户对其认可度相当高并且乐于分享至自己的朋友圈讨论，于是这篇资讯经过二级传播，赢得了广泛关注。

最后从内容发布上，加强用户交流、注重用户体验。发挥网络媒体实时互动的特点，建立高效的互动反馈机制，加强与用户的交流，提高追问回应的效率，与网民一道揭开事实的真相。注重用户体验，切实考虑到用户的阅读需求和信息碎片化、海量性的呈现特点，不断改进优化系统界面，在终端问题上也要考虑到用户终端的适配性和流量花费等问题。

5.2 强化技术服务能力

据笔者统计，2016年5月13日澎湃新闻官网的19个在招职位中，技术类工程师占据很大比重，从开发到前端、从软件测试到运维都需要技术人员的补充。另外，澎湃新闻在2013年年底就完成了技术招标，然而等到8个月后才正式与用户见面，这也从一个侧面暴露出传统媒体在进军新媒体领域中技术支持的缺位和产品开发经验的不足。如果澎湃新闻可以自己解决技术问题，更早一些上线，不论对用户反馈还是产品本身的长远发展都是有利的。而把技术外包给其他公司，一定程度上增加了澎湃的支出。长期的技术外包未来可能成为发展的瓶颈。

在技术应用方面，今日头条具有较强的优势。今日头条并不生产内容，其运转核心是一套由代码搭建而成的算法，工程师甚至占到了公司员工的三分之一以上，他们搭建的算法模型会记录用户在今日头条上的每一次操作，从而推测出用户最感兴趣的内容并进行推送。[8] 今日头条利用大数据为推荐算法带来强大动力，截至2016年3月，其日活跃用户已经超过4500万，在同类产品中为最高的日活数据。由此可见，在移动互联网、大数据、云计算的背景下，一部分移动新闻客户端已经开始了对数据思维的培养和数据库的搭建，有针对性地投递新闻内容，提升用户体验并取得了较好的效果，而澎湃新闻要做到这点则需要强化技术服务能力，将优质内容与互联网技术相结合。

首先在内容采编方面，强化多媒体技术能力、丰富多媒体的呈现形式。如"全景现场""快看"栏目的开发需要依靠强大的多媒体技术支撑，需要技术人员与编辑、记者、设计师一起参与数据新闻的策划，完成数据新闻的可视化和大型互动产品的开发。

其次在内容推送方面，强化算法技术能力、借鉴今日头条的精准投递，借鉴今日头条的个性化推荐主页内容、机器筛选的优质内容、主动推送时刻更新的内容，让用户手机里的澎湃成为"私人定制"，达到"千人千面"的效果。

最后在内容发布平台方面，强化研发与前端技术能力、搭建多平台终端。澎湃新闻APP目前拥有iPhone版、iPad版和Android版三个版本，截至2016年5月13日最新版本的更新时间分别为2016年1月27日、1月29日和5月5日，并且iPhone版与Android版的界面并无差别，可见澎湃在iOS平台上急需技术支撑，也还有较大的提升空间。

5.3 保证原创产出，依法维护版权

因澎湃记者在时政新闻上拥有采访权和优势资源，撰写的文章得以在移动新闻客户端中大放异彩，展现出了高度的新闻专业水平，同时也受到一批时政爱好者的追捧。本文对2016年5月12日至5月20日澎湃新闻客户端的所有文章进行了统计，见表2。

表2　5月12日至5月20日文章来源统计

日期	原创文章数	非原创文章数	文章总数	原创率
5月12日	92	91	183	50.3%
5月13日	89	108	197	45.2%
5月14日	38	58	96	39.6%
5月15日	22	67	89	24.7%
5月16日	82	126	208	39.4%

日期	原创文章数	非原创文章数	文章总数	原创率
5月17日	102	88	190	53.7%
5月18日	33	65	98	33.7%
5月19日	29	77	106	27.4%
5月20日	76	95	171	44.4%
日均	63	86	149	42.3%

注：原创率=原创文章数÷文章总数×100%。

在9天共1338篇研究样本中，澎湃日均原创文章数为63篇，占文章总数的近一半，虽然这个数字与澎湃新闻上线之初的120篇日发稿量相比有所下降，但从样本数据中也可以看出其中4天的原创文章数达到了80篇以上，这说明澎湃新闻有着生产内容的潜力。原创内容的需求和随之而来的人工成本都对澎湃新闻的持续发展提出了挑战。

速途研究院调查显示，2015年移动新闻客户端市场中，腾讯新闻客户端（32.7%）和今日头条（19.8%）占据了过半的市场份额，其他互联网经验丰富的门户网站类客户端如网易新闻、搜狐新闻、Flipboard等又占了40%多的份额，而剩下5%的市场份额的竞争主要由两部分构成，一部分是传统媒体的转型，一部分是新媒体的创业项目，澎湃新闻属于前者。[3]

面对激烈的竞争，作为纸媒转型代表的澎湃新闻客户端最大的特征就是高质量的原创稿件，但是原创内容很容易被模仿和复制，新闻门户网站不断地对澎湃稿件进行转载，利用自己的平台优势赚取用户流量，澎湃一定程度上成为这些网站的稿库。

面对大量原创内容的需求和侵权问题，澎湃新闻可从以下两方面解决。

首先，应保证优质内容的持续高产和供给，保持一定数量的精英用户，吸引其注意力以提高用户黏性，树立品牌。

其次，依法维权。澎湃新闻发表声明称，自2015年1月1日起对所有无协议无授权的转载、抄袭以及肆无忌惮的篡改新闻来源登记入档，并适时向

具有管辖权的法院提起诉讼。当占据市场份额较大的移动新闻客户端也同样
转载了澎湃新闻稿件时，当深度报道也在腾讯新闻客户端、今日头条等竞品
中出现时，澎湃的用户群体可能会较大程度地流失。所以，如何维持原创、
原创内容如何经营，以及如何维权是澎湃把握内容优势的关键。

5.4　提高用户生成内容的质量

澎湃新闻致力于新闻问答功能的实践，创新的交互形式"追问"与"问
吧"是用户生成内容的重要渠道，澎湃的本意是让媒体新闻与UGC共同成为
新闻来源，然而从具体应用上看并没有达到预期效果。"追问"功能的缺点
是没有和评论划清界限，用户对追问的设置意图并不了解导致其使用率不
高，即使有疑问也会在评论区中提出，所以文章的追问数量远低于评论数
量，且有接近95%的文章追问数为0，使追问功能成了摆设。评论区的设置是
为了像网易评论那样攒人气，追问区的设置是模仿了知乎与Quora的UGC，然
而究竟该往哪条路走，是要热闹还是要高质量内容，要讨好民粹还是坚持理
性客观，怎样提高追问区的使用率等都是澎湃新闻所要思考的问题。

"问吧"是在澎湃2.0版本更新后设置的新功能，各领域的行业专家和生
活达人对网民的提问做出解答，一是传播了专业知识和生活经验，二是促进
了用户互动、增加用户黏性。截至目前虽然已经取得了比"追问"稍好的效
果，但依旧存在一些不足。在"问吧"下属的分类中有时政、商业、思想、
明星、投资、百科、运动等，本文通过统计发现，从点赞数和提问数来看，
用户最感兴趣的板块是明星、百科与投资，最不感兴趣的板块是运动，对时
政与商业的关注度也相对较低。从回复率来看，商业、投资、百科的回复率
较高，达到了70%以上，而最受关注的明星板块回复率仅有2.7%。由此可
见，用户对不同板块关注度差别较大，对明星、百科等贴近生活的话题最感
兴趣；但明星板块的高关注度与低回复率形成巨大反差，这可能会影响用户
的使用感受，容易造成用户的流失。

面对问答效果不明显的现状，提高用户生成内容的质量可以从以下两方面改进。

首先，扩大问答入口，增加互动通道。一是把追问与问吧的入口链接设置在明显位置，如首页新闻、首页问吧标题栏、新闻尾部、问吧页面等，用户可以在不同地方看到话题并进入提问。二是进行问答推送，后台采集用户的浏览记录和用户注册时填写的个人资料等并建立数据库，推测用户对哪些问题感兴趣、能解答哪方面领域的问题，并进行精准的问答推送。

其次，调动用户的问答积极性。一是设置用户回答的奖励机制，如积累积分兑换奖品、领取不同徽章、参加线下讲座等活动；二是问吧的嘉宾要多样化，从知名人士到新闻当事人、从专家学者到草根博主、从网络红人到生活达人等，嘉宾的身份越有趣人气越高、越能带动用户的提问，问吧的内容才会越丰富；三是保证嘉宾的回复率，减少提问数与回复数相差悬殊的情况，以免打击用户积极性。

参考文献

[1] 中国报业协会印刷工作委员会.2015年度全国报纸印刷量调查统计报告[J].印刷杂志,2016(5):22-24.

[2] 中国互联网络信息中心.第38次《中国互联网络发展状况统计报告》[EB/OL].http://www.cnnic.net.cn/hlwfzyj/hlwxzbg/hlwtjbg/201608/P020160803367337470363.pdf.

[3] 侯长海.速途研究院:2015年移动新闻客户端市场报[EB/OL].http://www.sootoo.com/content/660903.shtml.

[4] 吴洋.浅析"澎湃新闻客户端"的新闻报道策划[J].大观,2015(5):75.

[5] 陈国权.四问报业"中央厨房"[EB/OL].http://media.people.com.cn/n/2015/0327/c40628-26759279.html.

[6] 朱春阳,杨海.澎湃新闻再观察:融合发展路径的探索与经验[J].电视研究,2015(2):10-12.

[7] 孙翔.澎湃新闻之路[J].新闻与写作,2016(4):75-77.

[8] 王悦.基于大数据的新闻客户端运营模式分析[J].青年记者,2015(23):62.

全媒体出版的媒介矩阵建构研究[*]

崔恒勇^{**}

摘　要：随着互联网技术与数字技术的发展，媒介的形式与功能发生了巨大的改变。媒介内容、渠道与功能等层面的融合，使得人们开始重新审视全媒体出版的发展方向。全媒体出版使得其在生产创作与推广发行等所有流程环节中出版模式与媒介功能形态不断地深入融合，围绕出版活动及延展服务消费需求构建媒介矩阵，不仅增强了用户体验、提高了用户的群体基数和黏合度，而且能够全面提升出版活动的效果和出版品牌的整体价值。

关键词：媒介融合；全媒体出版；媒介矩阵；出版品牌

进入移动互联网时代后，传统强势媒介的垄断壁垒不断被削弱。媒介形式与功能的日渐丰富与融合不仅给受众带来了更多人性化的用户体验，也给出版业注入了新的活力。

1　媒介融合下的全媒体出版

随着互联网技术与数字技术的不断发展，"媒介融合"慢慢地渗透到人们的日常生活当中，并对传统媒体行业产生翻天覆地的影响。"媒介融合"

---

* 本文原载《出版发行研究》2017年第4期。

** 崔恒勇，现为北京印刷学院新闻出版学院副教授，硕士研究生导师。主要研究方向：网络文化传播与版权问题(网络视听方向)、品牌传播的媒介体系建构、数字音乐业态体系与版权问题等方向。

（media convergence）这一概念最早由美国马萨诸塞州理工大学的浦尔教授提出，其本意是指各种媒介呈现出多功能一体化的趋势，在媒介融合的过程中，各种媒介打破壁垒以合作的方式共同传播。进入移动互联网时代，三网融合不断深入、新媒体的衍生层出不穷，融合媒介在原有融合特性的基础上融入了互动性、即时性、可逆性等新媒介的特性。

媒介融合在数字技术、网络技术和电子通信技术的融合推动下，在社会需求和产业组织的利益驱动下，通过合作、并购等形式实现不同媒介的内容融合、传播渠道融合和媒介终端融合。从阿里巴巴并购 UC、收购中国万网、注资新浪微博，腾讯收购科菱航睿、联手京东等业界动态不难看出在社会需求和产业优化的驱动下媒介融合的演变进程。

在互联网大发展与媒介融合的时代背景下，出版业也在不断地融入时代变革的浪潮中。传统出版在各种新媒介不断涌现并空前发展的冲击下正经历着艰难的转型，以网络小说、网络游戏、视听音像等形式为代表的，全媒体出版尝试开启了数字时代下的模式探索。就现状来看，全媒体出版仍然拘泥于传统出版形式的外延模式探索上，如现有全媒体出版定义强调的复合出版和跨媒体同步出版等。

进入移动互联网时代，媒介的深度融合使得媒介间的壁垒不断削减；同时互联网也在潜移默化地改变着人们生活消费与交往方式；信息大爆炸的背景下，社会对出版的需求也在发生着巨大的变化。全媒体出版的内涵应在媒体属性与出版属性对等融合的基础上来重新审视。

媒介矩阵不仅是互联网与媒介大发展的必然产物，更是全媒体出版的重要特色。在互联网时代，围绕着出版核心活动及用户群体延展的周边服务需求建构媒介矩阵，不仅能够营造有利的媒介环境，满足用户多维度的消费需求，而且能够优化出版效果，取得长尾效应，提升出版品牌的整体价值。

2 全媒体出版媒介矩阵的建构

2.1 全媒体出版的媒介分类

根据用户的多维度需求与出版服务的流程与环节，媒介矩阵中的媒介类型主要分为以下三种类型。

2.1.1 角色媒体

在去中心化的新媒体发展大潮中，自媒体以其平民化、个性化、低门槛等特点而被大众追捧。为区别于全媒体出版平台构建的其他自有媒体，本文引入了角色媒体概念，以具有社会人的角色属性的公民媒体来界定角色媒体。在全媒体出版平台中包含了以下三类角色媒体。

（1）作为创作主体的角色媒体。作为创作主体与受众接触和互动的首要媒介接触点，角色媒体可以有策略、多方位地展示媒介环境中的创作主体的角色特点，构建对受众的典型印象。这样不仅能够拉近与受众的距离，增加信任感；同时也为提供增值服务、设置数据入口、拓宽营销渠道发挥作用。微信公众账号"罗辑思维"便是典型代表。在此需要强调的是，具有同类创作主体属性的众多角色媒体的互动将会对受众以及全媒体出版的生产和流通产生明显的叠加效应。

（2）作为受众的角色媒体。在互联网连接一切的时代里，跨地区、跨时间的交流与消费需要受众通过媒体入口与网络相连。在全媒体出版平台中，内容信息的流通与再创作、平台中受众与创作主体的互动、受众的社交娱乐等活动都需要受众以角色媒体来参与到线上线下互动和消费等活动中。

（3）生产环节外的传播角色媒体。话题的关注度、舆论的可信度、受众的参与度等问题需要所谓的"公正、客观"的权威角色来给予评判和指引，生产环节外的传播角色媒体便应运而生。在全媒体出版平台中游离在生产环节外的传播角色媒体包含了权威专家和知名人士两类角色媒体。

2.1.2　内容类媒体

内容类媒体出版品以多介质形式呈现，涵盖了微出版品和常规出版品两种类别。从传播方式上来看以单向推送形式为主，在满足用户出版消费的同时，也为全媒体出版平台提供了广告投放界面和数据入口等功能，为数据入口的设置和全媒体出版平台价值的提升拓展了空间。

2.1.3　服务类媒体

在互联网思维热议的今天，企业的经营模式也由经营产品向经营用户转变。将用户通过平台聚合从而产生更加旺盛的消费能力，如何培养用户的归属感、存在感和参与感，让用户参与到出版品的创作和流通中去，参与到平台的品牌传播中去，在出版品消费活动之外融合长尾经济和粉丝经济，是服务类媒体的首要任务。

服务类媒体主要为出版活动周边的用户需求提供服务。从用户需求角度，服务类媒体可以分为娱乐休闲类、社会交往类、展示交流类等。也可依据用户群体的属性细分服务类别，以已婚女性群体为例，可以围绕家居装饰、厨艺交流、时尚购物、自我修养、家庭情感等维度来设置服务类媒体出版品的类别，其宗旨就是为用户群体提供更好的体验与互动服务，在提高用户黏合度的同时，拓宽平台的赢利方式和品牌价值。

2.2　全媒体出版的媒介矩阵结构

随着互联网技术与应用不断深入地融入大众的日常生活，网络的部落化将会到来。大众将在网络世界中被分解为不同维度的部落群体，具有特定的网络群体特征，如爱好、兴趣、需求领域等。全媒体出版的媒介矩阵以满足用户多维度需求为中心，以角色化媒体建构网络社交与归属的虚拟的社会化角色，以多样化媒体形式丰富用户在内容类出版品消费中的体验与互动，以媒体的多功能整合为出版活动提供周边延展服务平台，不仅为用户群体提供满足多维需求的跨时空的整合平台，而且将出版与媒体的优势整合，拓展了出版品牌的整体价值。媒介矩阵的建构不仅能有效持续地汇聚用户群体，同时为内容的生产创作、用户群体价值的延展、各类媒介出版品牌的建设、营销与推广的高效提供积极主动的媒介环境。

3 全媒体出版媒介矩阵的作用

3.1 多维度出版服务需求

互联网技术与通信技术的迅猛发展不仅使得媒体市场繁荣起来，同时也在改变着现实社会的虚拟分层。大众对网络的依赖越来越重的同时，社会群体网络部落化的步伐正在加快。全媒体出版的媒介矩阵在互联网浪潮的牵引下，也将由传统全媒体出版界定的媒体承载形式功能和营销功能转变为以用户为中心，满足群体的认知需求、娱乐需求、社交需求、群体归属需求、自我实现需求等多维需求的跨界服务。基于互联网思维中的流量思维，媒介矩阵的形成不仅使信息内容的形式多样，也使其可以满足话题选择、互动方式、产品形式、用户创作等多样化功能需求。

3.2 全方位数据搜集与分析

大数据技术来势汹汹，不仅牵动着互联网行业的整体格局，同时也在迅速蔓延到传统行业之中。国内的互联网巨头早已开始了大数据布局，并且已将触角伸向了文化创意产业市场（包括传统意义上的出版与影视等行业）。

在当前互联网与媒体发展环境下，入口之争是最重要的竞争手段。媒介矩阵可以搜集目标群体的购买力、群体喜好、参与习惯、互动形式等多维度海量数据，为准确决策提供可靠依据。媒介矩阵在主动聚合受众的同时也是对受众数据解析的过程，实时的动态数据模型可以全方位地获得目标受众相关数据，为创作主体的内容选题与表现形式、平台的产品生产与服务方式、关系管理等全媒体出版生产运营与风险管控提供及时有效的数据支持。热播美剧《纸牌屋》和热播韩剧《来自星星的你》均被公认为是得益于海量用户数据累计和分析的典型案例。

3.3 积极主动的媒介环境

附加价值的产生源于在某一系统中消费者的认同及对权威的服从。在跨时空连接世界的互联网时代中，人们对外部世界的了解更多的是通过媒介信息的获取来实现。媒介营造的拟态环境成为大众对客观世界认知及群体价值观取向的主要途径。

全媒体出版的媒介矩阵围绕具有特定出版消费及延伸需求特征的群体建构，从创作主体的角度来看，积极的媒介环境可以主动建立有利的刻板印象，构建有价值的明星印象与权威地位，提升创作主体的议价能力；从创作生产的角度来看，积极的媒介环境可以进行选题的测试与决策，在全媒体出版模式中，创作生产并非是刻板的阶段性任务，而是适时动态的持续过程；从营销推广的角度来看，积极的媒介环境可以为用户提供积极主动的关系管理与人性化服务，提高用户群体覆盖率和黏合度，全面提升出版主体的议价能力；从危机管控的角度来看，积极的媒介环境可以为出版平台各环节提供危机预警、危机决策、危机处理等危机管控功能。

3.4 用户培养与互动

用户的培养是一个潜移默化的过程，全媒体出版的媒介矩阵通过提供"象征性现实"对群体认知客观世界，形成共识性价值取向发挥着巨大的作用。用户的培养不是一两拨积极营销就能成形的短期过程，而是一个长期的渐进的影响过程。在自媒体和社交媒体盛行的当下，用户对于群体内互动与自我实现的需求也更为积极。全媒体出版媒介矩阵的建构不仅能够满足用户的认知需求、娱乐需求、归属需求等，提高用户参与度，而且能够更好地多维度多层次地提供与用户的互动方式与内容，提升用户体验感和用户黏合度。

3.5 出版效果优化

全媒体出版的媒介矩阵不仅为用户参与全程的出版活动提供路径，而且为出版生产与营销提供了连续动态的数据模型。在全媒体出版的媒介矩阵中，出版主体与用户并非单纯的买卖关系，出版生产的内容与定位既来自媒介入口所搜集分析的数据支持，同时又来自用户群体的关注与创作，从而使得出版内容定位与生产得以准确有效地满足用户群体的喜好。全媒体出版的媒介矩阵的建构与运营的过程同时也是有效用户群体聚合的过程，用户群体具有明显的出版消费特征，其参与出版活动及延展服务的积极性更强，对于相关话题动态的关注度更高，消费意愿更强烈。媒介矩阵在对用户群体进行广泛有效的覆盖，满足群体消费需求与体验的同时可以对出版生产与营销等过程进行风险管理，从而使得出版效果更加优化。

3.6 自有渠道的形成

目前出版行业的营销渠道主要包括传统线下渠道和电商渠道，而随着电商模式与新媒体技术的不断成熟完善，尤其是B2C、社交平台、APP、网络支付等模式的成熟，为全媒体出版自有渠道的建构提供了有效且成熟的技术与模式保障。

与其他行业的生产与营销模式不同，出版行业本质上是将信息产品通过媒介传播给消费者。而媒介矩阵的形成丰富了出版产品与服务的维度、聚合了目标受众，为用户群体提供了个性化、精准化的消费渠道，对出版主体之外的传统渠道形成有力补充，既压缩了内容的生产与发行周期，又降低了渠道成本。

3.7 出版品牌价值的提升

出版品牌价值的提升需要解决出版核心活动的价值及出版活动周边服务价值。在大互联网时代里，用户群体基数与活跃度是品牌价值实现的基础。全媒体出版品牌通过提供出版消费及周边延展服务能有效提高用户群体基数与活跃度，提升出版品牌的价值。全媒体出版的媒介矩阵为创作主体在创作生产、自我品牌价值的建构等方面提供有力支持，有利于打造明星品牌，提升创作主体的认知度与权威性。多样化的出版内容产品在全媒体出版的媒介矩阵中能高效推送给目标受众，同时数字化的呈现形式不仅丰富了出版内容的表现形式，而且也提升了出版品的媒介价值。全媒体出版中的服务类出版媒体能够有效主动地聚合与培养用户，提高全媒体出版的整体用户流量，不仅能有效提高全媒体出版品牌的营销价值，而且能够拓展用户的周边消费需求，从而提升出版品牌的整体价值。

随着互联网连接世界的步伐不断加快和新媒体的不断发展，人们了解世界的途径越来越依赖多样化的媒介，媒介矩阵成为品牌构建自我形象与价值，建构积极主动的媒介环境，满足用户需求与体验的重要阵地。

参考文献

[1] 张志勇.全媒体战略中资源融合的路径——证券时报跨媒体平台运作的尝试[J].中国出版,2010(11).

[2] 刘社瑞,程继忠.数字出版平台多维价值探析[J].湖南社会科学,2013(2).

[3] 张志林.全媒体出版的概念理解与前瞻[J].今日印刷,2010(8).

[4] 秦崭崭.我国全媒体出版的传播学解析发展初探[D].南宁:广西民族大学,2011(4).

[5] 张冬娟.全媒体出版浪潮来袭[J].今日印刷,2013(5).

[6] 张雨晗.全媒体出版:现状与未来[J].现代出版,2011(3).

[7] 靳徐进,石磊.全媒体——出版业的方向和趋势[J].东南传播,2009(12).

[8] 崔恒勇.互联网思维下全媒体出版的内涵[J].现代出版,2014(11).

[9] 崔恒勇.全媒体出版的数字延伸结构探析[J].出版发行研究,2015(2).

产业观察

—— 数字出版前沿 ——

数字出版产业创新模式分析与展望*

陈　丹　张志林**

创新不仅仅是一种理论研究，更是一种实践活动，它为经济发展方式转变和产业结构升级提供可能性。以提供出版物产品和知识服务为主要特征的数字出版产业，成为当今出版产业科技与经济结合过程中发展最快、最活跃的领域。本文通过分析数字出版产业链上典型企业的创新特点，提出数字出版创新要素，构建数字出版创新体系，并对几种典型数字出版创新模式展开差异化分析，由此对未来我国数字出版创新走向进行展望。

1　产业创新及其相关理论

首次提出国家创新系统的是英国经济学家克里斯托夫·弗里曼（Christopher Freeman）。他（1987）认为，产业创新是一个系统概念，系统因素是产业创新成功的决定因素，产业创新主要包括技术创新、产品创新、流程创新、管理创新和市场创新。[1]王明明、党志刚、钱坤（2009）分析了产业创新系统理论发展轨迹，将产业创新系统划分为三大类，即以国家创新系统理论、以国家创新系统和技术系统相结合的理论、以进化经济学为根基的理

* 本文原载《中国出版》2011年第13期。本文是2010年北京市科委科学研究课题"北京数字出版产业创新模式研究"的成果之一。

** 陈丹，北京印刷学院新闻出版学院执行院长，教授，硕士研究生导师。研究专长：数字出版、数字传播；张志林，博士，现为北京印刷学院新闻出版学院教授，硕士研究生导师。主要研究方向：数字出版传播、版权产业。

论。[2]进化经济学为研究产业创新系统提供了一个清晰的理论框架，该理论认为，产业创新系统有自己独特的知识基础、技术、供给和需求，通过信息交流、合作、竞争、支配等各种因素，各种行为者相互影响，共同进化得以演变。[3]我国学者侧重从企业是技术创新主体角度出发，强调政府通过制定政策与制度直接作用于企业，激励企业主动把握技术机会，充分利用外部资源，认清中国市场特性，从而提高企业的技术能力、管理能力和市场能力，实现中国产业自主创新。[4]

在经济全球化和市场激烈竞争的冲击下，出版产业也正在经历创新资源的重组和创新方式的变革。在内容形式、服务平台、技术手段、传播手段等方面进行的创新，[5]深刻地影响着出版企业运行机制的改革。而伴随经济发展和产业结构演进，必然会出现以数字出版为典型代表的出版产业创新模式和创新格局。

2 数字出版产业的创新要素及其创新体系构建

2.1 数字出版产业创新要素

通过以上产业创新的理论梳理，本文将数字出版创新的核心要素进行提炼，主要体现在技术、产品、渠道、服务及终端五个方面。其中，技术创新是数字出版产业创新发展的关键、基础性要素，由此形成的创新要素体系之间的关系，如图1所示。

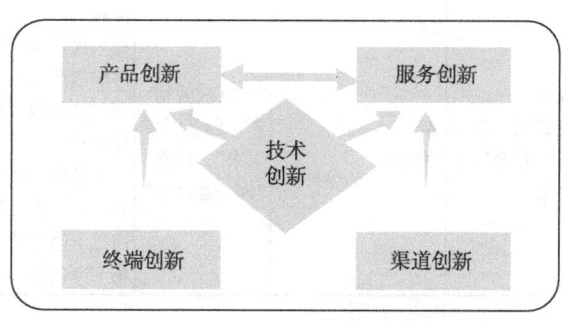

图1 数字出版主要创新要素

2.2 典型数字出版创新主体的创新结构分析

数字出版企业在创新过程中表现出创新主体、创新形式、创新过程上的差异化特点。我们通过对典型企业的主要创新要素及其创新形式的分析，可以提炼出由数字出版产业主体和创新要素构成的创新网络，见表1。

表1 典型数字出版创新主体及创新要素分布

创新要素 \ 创新主体	技术创新	产品创新	服务创新	渠道创新	终端创新
内容提供商——商务印书馆	▲ 辞书语料库及编纂系统、辞书数据库排版、按需印刷等	▲▲▲ 工具书在线、《东方杂志》数据库、历史资源按需印刷等	▲ 品牌、分类主导	▲ 成立北京商易华科技有限公司专司数字出版产品服务	创新特征不鲜明
产品集成服务商——中国知网	▲▲ 以知识元、知网节等为关键技术的知识搜索	▲▲ 中国知网数据库、学术期刊优先数字出版平台、创新与创新管理型数字图书馆、学术不端检测系统、吾喜杂志网等数十种产品	▲▲▲ 知识内容集成服务、知识增值服务、个性化服务提供手机版、大众阅读版及学术不端检测等产品	创新特征不鲜明	▲ 从网络拓展到手机（移动）
产品版权运营商——中文在线	创新特征不鲜明	▲ 与中国移动阅读基地合作，专门提供正版图书阅读内容	▲▲ 全媒体出版版权管理体制；注重版权，实现版权价值最大化	▲▲▲ 图书、报纸、期刊、广播、电视、电影、网络、手机等全媒体出版整合营销	▲▲ 从网络拓展到手机（移动）并占主要业务份额
阅读器生产商——汉王科技	▲▲▲ OCR识别、电子纸等，有多项专利技术	▲ 电纸书	"专注成就精彩，创新引领未来"，成立"创新委员会"	▲▲ 在央视黄金广告时段推销电纸书；全面展开与传统发行渠道——新华书店的合作；占据了国内电子阅读器市场95%的份额	▲▲ 终端+内容，与各方机构建立起紧密的合作关系

注：▲为作者评价的典型创新主体的创新程度。

从上述创新要素的分布分析中，可以看出，上述四个典型企业的创新要素分布存在差异。为了更加直观地进行表述，通过归一化处理得到雷达图，如图2所示。

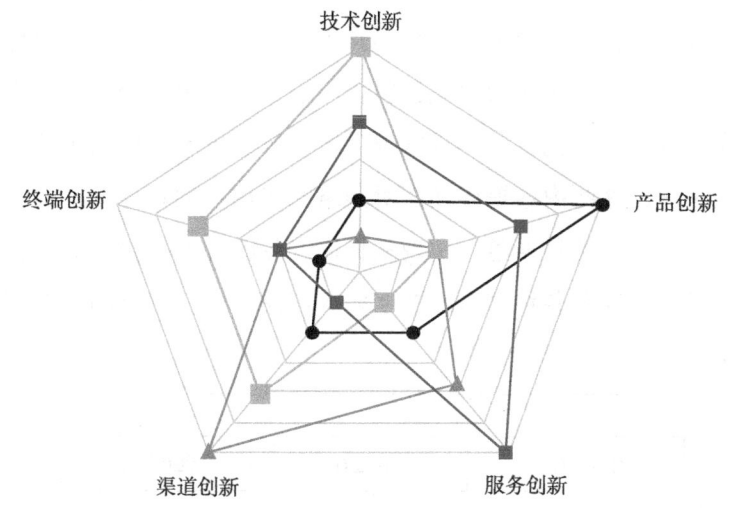

图2 典型创新主体创新要素结构分布

观察图2，数字出版产业中的四个类型创新主体的代表性一目了然。商务印书馆在产品创新上更有特色，是传统出版单位将自有品牌资源产品成功实现数字化转型的代表；中国知网在服务创新上表现更为突出，采用一系列信息技术为用户提供多样化的增值服务；中文在线在渠道创新上有新特点，全媒体整合营销实现了跨媒体、跨平台、跨界的同一内容同一时间、不同渠道不同载体的产品传播；汉王科技拥有的原始创新技术帮助实现从工业应用领域向文化传播领域的拓展，从终端生产向"终端＋内容＋渠道"的数字出版产业链全面推进的战略。

3 数字出版产业典型创新模式分析

通过上述分析，可归纳总结出以下几种典型的数字出版创新模式。

3.1 内容产品主导的创新模式

以传统出版机构为主要代表的创新主体，在从内容提供商向服务提供商转型的过程中，其创新模式可以概括如下：以成立专门的数字出版与运营公司的方式，引入社会资本，特别是企业资本，建立全新的运行机制和管理模式，从而实现企业的组织创新。同时，数字出版企业广泛应用数字技术，充分重视技术创新，实现编辑手段、排版技术、印刷工艺和发行手段等的数字化。这些内容提供商面对网络时代用户的新特征，大胆进行服务理念创新，开拓各种渠道，实现从提供产品跃升到提供服务的转型，从而最终提供满足读者各种需求的数字内容产品。产品主导的创新模式，如图3所示。

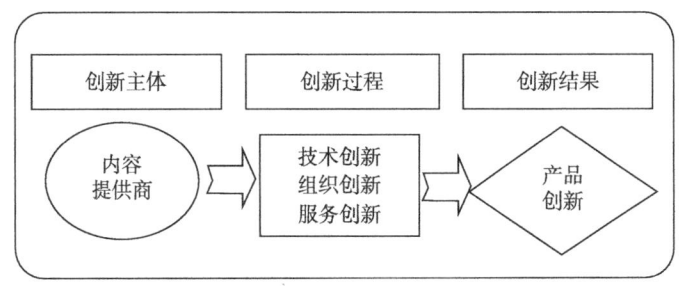

图3 产品主导的创新模式

3.2 知识增值服务主导的创新模式

以新兴的IT企业为主要代表的内容集成商，利用自己在技术上的优势，形成对内容强大的集约整合能力，整合各种内容资源，并对其进行数字化和结构化，通过对内容资产的有效管理，针对不同用户，提供具有不同产品形式的高度结构化的数据服务。知识增值服务主导的创新模式，如图4所示。

3.3 版权运营主导的创新模式

以数字出版运营商为代表的新媒体企业，以读者为中心，充分发挥个性化定制、一次创建多次使用、强大而准确地搜索、链接和交互等各种功能，积极拓展对接各种渠道，开展立体营销，通过互联网平台、手机平台、手持阅读器等终端数字设备，构建起用户与媒体之间、用户与用户之间的紧密联系，实现立体营销渠道。版权运营主导的创新模式，如图5所示。

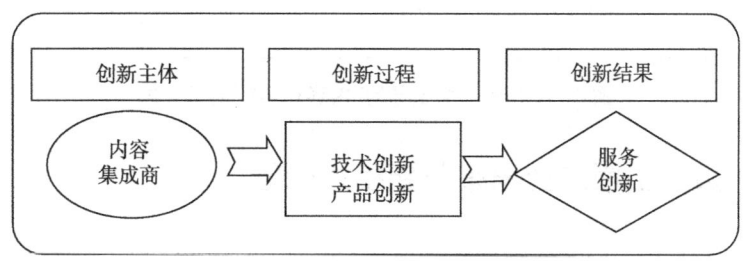

图4 知识增值服务主导的创新模式

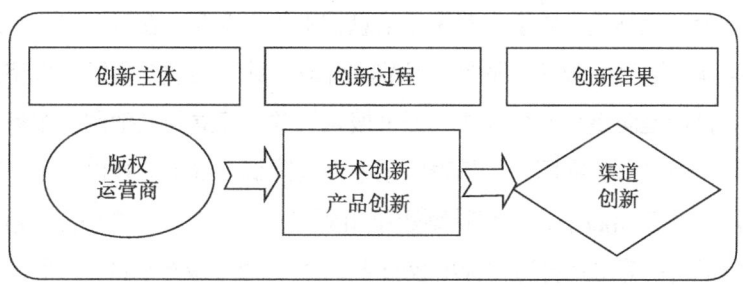

图5 版权运营主导的创新模式

3.4 设备生产商主导的"内容+终端"创新模式

以技术提供商为代表的终端设备提供商充分发挥技术优势，加强集成研发，开展数字产品防盗版技术方面的合作，对数字内容进行统一编码和处理，实现出版物产品数据格式的一致性；同时广泛结合内容资源，将内容与终端绑定，使终端成为"活"的数字化阅读设备和信息处理终端，进一步增加产品对读者的吸引力。设备生产商主导的创新模式，如图6所示。

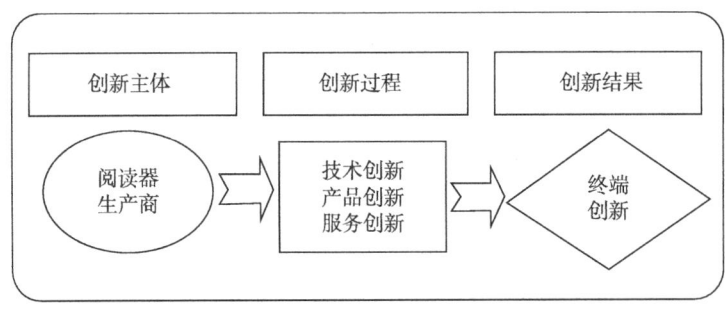

图6 设备生产商主导的"内容+终端"创新模式

4 数字出版产业未来创新模式展望

4.1 数字出版内容平台将成为重要形态

国际上，亚马逊、谷歌、苹果等信息技术领先企业，在数字出版中最明显的表现是建立数字出版内容平台。谷歌将开放、共享的理念贯穿于数字出版各项业务。目标是向整个网络开放其图书搜索资源，建立与其他网络服务互联互通的数字出版平台。在国内，随着电纸书毛利降低，汉王科技以汉王书城为基础打造网络数字出版平台，将转型数字出版平台商。方正阿帕比、盛大网络、移动电信运营商等也在打造"云出版服务平台"。通过服务平台，出版单位可以对社内资源加密，并且可以选择发行渠道进行授权、安全分发；运营商也可以打通各种渠道的终端应用，方便获取出版单位授权的资源进行运营。由于一切流程都通过云出版服务平台进行，因此渠道的销售数据随时反映在平台上，出版单位可以随时掌握，甚至通过数据挖掘分析用户的查询、点击、购买等行为。因此，数字出版平台将成为未来数字出版产业重要的形态。

4.2 数字出版产业链各方呈竞合关系

随着数字内容的融合、行业边界的模糊和信息的充分共享，信息、资源不对称和行业分割的产业链将被彻底打破，以著作权人、内容提供商、内容（信息）服务商、技术（设备）提供商、平台运营商、第三方服务商、内容消费者为相关利益者的产业链正在形成，产业链的每一个环节都面临新的竞争。纵观国内外数字出版市场，如汉王、方正等IT企业正力图强势进入并主导内容提供和服务环节；如亚马逊书店试图通过终端设备Kindle主导内容、服务、消费的整个产业链；国外出版集团如汤姆森、爱思唯尔等大举进军高附加值的信息服务环节；中国移动等电信运营商凭借平台优势进军内容提供和服务领域。产业链各方之间的竞争不可避免，但也必须进行合作，数字出版产业链的建设必然是一个多元合作的过程。扬长避短、合纵连横的竞合关系应该是未来数字出版产业发展的理想模式。

4.3 数字版权保护与数字资源共享互为补充

在数字出版中实施版权保护的技术措施，在给权利人带来保障的同时，也给合理使用者带来诸多不便；作者在受到严格版权保护的同时，也担心在海量信息中被用户忽略；内容的严格限制与以共享为特征的互联网精神背道而驰。更为困难的是，没有哪一种版权保护技术是不可被破解的。因此，版权的保护和信息资源共享将会结合，技术和法律互为补充，数字版权保护中，个人用户和商业目的适度区别将成为必然的选择。国际上许多大的数字出版公司已开始尝试在放弃版权保护的同时，转而通过扩大产品的传播度，增加在网络广告、无线增值等业务上的收入。未来数字出版创新模式，如图7所示。

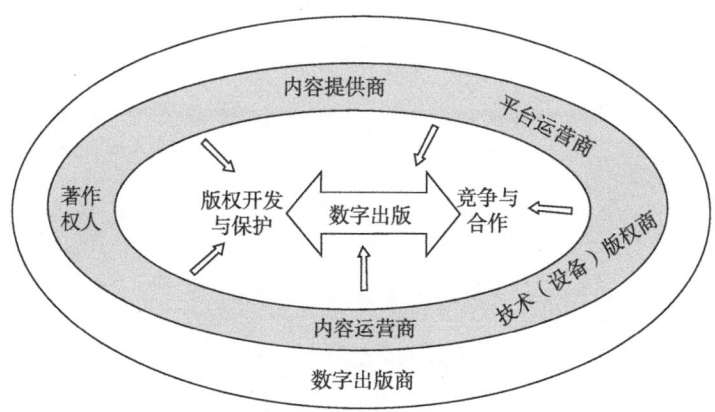

图7　数字出版平台创新模式

结语

在数字出版发展中，产业的创新主体对创新要素运用以及创新模式选择具有多样性，国际上数字出版创新形态，对国内数字出版产业的创新产生了影响，具有借鉴价值。由于所处的创新环境和制度的不同，我国数字出版产业的创新模式仍在快速的演进中，需要继续跟踪进行观察和评价。

参考文献

[1] 王明明,党志刚,钱坤.产业创新系统模型的构建研究[J].科学学研究,2009,(2).

[2] Nelson R. Recent evolutionary theorizing about economics change[J].Journal of economics literature,1995,(33)

[3] 中国科技发展战略研究小组.中国科技发展研究报告 2005-2006[M].北京:科学出版社,2006.

[4] 柳斌杰.2011年新闻出版业全力推动八大创新[N].中国新闻出版报,2011-01-12.

出版与科技融合　加快产业转型升级[*]

——国家数字复合出版系统工程推进转型的路径观察

张志林[**]

摘　要： 互联网深刻地改变着人类社会的生产方式和产业组织形式，融合创新驱动技术经济方式更迭，出版技术体系进入新一轮范式转换时期。国家数字复合出版系统工程采用先进技术，推进产业数字化转型升级，在创新出版方式、提高出版效能，搭建运营平台、服务用户需求，以及开展知识服务、构建出版生态等密切联系的层面，进行整体性部署、融合性实践和创新性探索，体现顶层设计、逐层规划、梯次推进的路径实现特点。

关键词： 转型升级；范式转换；复合工程；路径分析

1　出版产业升级范式转换需要强大技术支撑

1.1　出版技术体系进入新一轮范式转换期

科技创新驱动产业转型升级是一种国际性的趋势，产业升级包括产品升

---

[*] 本文原载《科技与出版》2015年第8期。

[**] 张志林，博士，现为北京印刷学院新闻出版学院教授，硕士研究生导师。主要研究方向：数字出版传播、版权产业。

级、效率提升和活动转换，体现为工艺流程、产品形态、产品功能和产业链条等的升级[1]。技术进步带来了媒介技术的趋同，技术趋同又促进不同类型媒介之间功能的交叉渗透，同时还促进着媒介自身的结构调整。纵观国内外传媒业，互联网信息技术毫不例外地促使其进行结构调整，实现产业升级。按照国家对传统媒体和新兴媒体融合发展的要求，2015年，国家新闻出版广电总局和财政部下发了《关于推动传统出版和新兴出版融合发展的指导意见》，提出"以内容建设为根本，充分运用新技术，创新出版方式、提高出版效能，进一步掌握网络空间话语权，提高出版业的影响力、传播力和竞争实力"。

出版物生产流通的技术包括编辑技术、复制技术、提供复制介质的技术以及传播技术等方面的内容，技术构成要素相互渗透、相互作用，随着人类科技进步而不断更新，成为由多个技术集合而形成的出版技术体系[2]。出版技术体系首先表现为物化的工具、机器设备等物资装备；其次体现为组织生产的工艺流程规范和标准体系等；最后凸显为网络形态的软件、系统和平台开始替代传统的工具和装备，以适应出版业数字化、网络化的现代信息组织理念和管理水平。以1985年激光照排系统通过国家鉴定为标志，出版业与计算机、通信、影视、广告、金融等行业不断融合，出版技术体系向信息化、网络化、智能化、社区化的方向发展，不仅促进出版产业建立起全新的组织形式，而且增强了用户对高品质出版内容生产传播数字化、移动化、实时化、体验化、定制化的意识与需求。

技术经济范式理论认为，由各种相互关联的技术组成的主导技术群，构成不同时代经济增长的技术基础，它随着科技的发展而发生变化，导致一国乃至世界范围的技术经济范式更迭[3]。从古代的甲骨、简牍到近代的雕版、活字铅排，再到计算机、互联网在出版业的应用，出版技术随着经济、社会发展进行着范式转换。出版范式转换，可以概括为从"告别铅与火，迎来光与电"的模拟与数字技术范式转换，到当下"走进0和1，融入数与网"的实虚互联、共享互通的技术范式转换。尤其是后者体现的范式转换,正处在推进出版产业结构调整和转型升级的重要阶段。

与工业时代产业升级路径不同,基于互联网基础设施的出版业转型升级,表现为信息技术的价值链重构,以及价值创造环节的再造。出版企业逐渐应用新型的互联网复合采编体系、协同编纂体系、运营服务支撑体系、知识服务应用体系等,形成不同于工业时代的产业升级模式[4]。在新一轮的出版范式转换中,表现出如下动向:一是从产业纵向提升转向基于网络化、智能化的产业跨界融合重组。互联网信息技术的高倍增性、强渗透性和深度关联性,催生数字出版技术与传统出版深度融合,出版业与相关产业的跨界融合。二是出版业竞争的制高点,将是数据和平台,拥有创新能力的平台型、社区型企业,正在主导形成新的出版产业生态系统。以大数据和社区化为标志的出版平台产业生态,既大大拓展了传统出版转型升级的边界,又有力地推动了出版产业的集群升级。三是出现以产业价值链重构为核心的企业重组升级模式。这些动向,有些已经看得很清楚,有些还需要深入观察。

1.2　出版产业转型升级需要技术体系强大支撑

产业转型升级的关键举措是掌握先进生产力,在引进先进技术的基础上消化吸收,并加以研究、改进和创新,建立属于自己的技术体系。在这一方面,出版行业有清晰的认识,并矢志不移地加以推进。人民日报社、中国日报社、高等教育出版社、人民卫生出版社、知识产权出版社、人民法院出版社等一些出版单位,较早推进出版技术范式的转换,成效较明显。实际上,一些数字出版技术以工具、系统甚至平台的形式,已经渗透到出版领域的业务流程之中。但总体来看,出版行业系统研发能力较薄弱,平台系统不完备,有的系统购买后使用价值不大;开发的系统技术上相互封闭,难以对接;有的功能单一,支持产品类型局限性大;有的资源库简单,不能实现知识的关联,加密技术太弱[5]。目前,传统出版单位利用新技术的能力还比较弱，相关的财政项目完成还没有量化评价，成果转化与生产力的衔接还没有及时到位见到成效，转型升级的措施尤为必要，任务尤为紧迫[6]。

当今，在以云计算、大数据、移动互联网、物联网为代表的信息时代，我国出版业要跟上世界先进国家的发展步伐，需要解决转型升级中遇到的体制机制、商业模式、标准、资本、用户、人才等诸多短板问题，尤其是要补齐互联网信息技术这一最关键、最严重的短板，需要研制强大的技术装备体系，为出版行业的范式转换提供强大的技术支撑。

2 复合出版科技工程加快出版转型路径观察

国家数字复合出版系统工程（简称复合工程）是出版行业最重要的科技创新工程，旨在研发具有自主知识产权的、世界一流的系列化重大技术装备，推进传统出版和新兴出版融合发展，推动出版产业转型升级[7]。笔者有幸参加复合工程的方案修订，置身于方案实施的科学性、实用性与可推广性的研究评审活动中。笔者认为，复合工程担当了促进新一轮出版范式转换的大任，在创新出版方式、提高出版效能层面的技术支撑，搭建运营平台、服务用户需求层面的技术支持，以及开展知识服务、构筑出版生态的技术探索三个相互衔接、逐层递进的层面，有整体性部署、创新性探索和前瞻性思考。

2.1 创新出版方式，提高出版效能层面的技术支撑

2.1.1 支撑出版业务的过程整合

互联网信息技术带来的影响在出版过程前端、中端以及后端等方面全面展开。目前，出版单位的普遍现象是：不同出版单位的编辑和审校业务流程，同一出版单位不同产品生产的业务流程，以及纸媒产品和数媒产品生产的业务流程等，未能有效整合和融合；采编系统与相关的编辑工具软件，与内容资源管理系统的衔接不紧密；采编系统应用不够友好等。这些导致内容

生产效率低，出版周期长，产品复用率低，生产成本高。

相比传统出版，数字环境中出版的信息采集、价值判断、素材筛选、制作加工以及发布传播等环节并没有改变。复合工程着重提高出版的效能，将传统出版的离散过程集成为一体，即支撑出版流程的数字化、网络化，实现复合、协同采编，统一资源管理等高级应用。一方面，面向单体图书社、报社和刊社，研发满足通用需求的三类复合采编系统。围绕数字内容这一核心资源，通过优化出版的生产链，进行多形式、多方式、多格式、多样式的加工处理，使出版内容适应数字环境下的应用。另一方面，面向出版业分布式的业务单元，研发书刊协同、报业协同的工作平台系统。搭建跨地域、跨媒体、多岗位、出版单位内外协作的协同采编系统，实现基于云平台的一体化新闻稿件采编处理、辞书工具书编纂等；实现数据共享、多岗位协作选题与专题联合报道；实现广告资源共享、发行及物流资源、全媒体受众资源共享；实现与网络化印刷工作流程、多渠道发布系统的衔接等。这两类技术系统的研发，在提高出版效能方面将发挥支撑性作用。

2.1.2 研发编辑制作的相关工具

复合工程研发相关的编辑制作工具，为新媒体采编提供便捷的操作工具，以弥补传统采编系统采集和处理素材能力、工具应用能力的不足，提高内容生产效率和内容质量，节约数字出版成本。一是编辑工具包，包括版面理解技术、编辑工具集和 XML 编辑工具集，帮助作者和编辑更加高效地完成稿件创作、编辑等工作；二是 XML 排版系统，为 XML 结构化复合文档套用统一的版式模板，实现自动化排版和组刊、组稿，还能在自动排版的基础上做精细的调整；三是富媒体电子书制作工具，制作、管理和发布富媒体互动电子书，让读者有更佳的阅读体验并辅助出版单位的决策工作；四是智能检校系统，为管理机构、出版单位及用户提供方便的出版物内容校检辅助服务。

2.1.3 促进出版方式的变革创新

复合工程支撑业务流程的整合，不是简单堆砌，而是产生系统新质，表现在以下三方面。

（1）从种册件管理到素材碎片化的全媒体资源管理。复合工程中的全媒体资源管理系统，研制具有自主知识产权的复合出版资源基础管理装备，帮助出版单位清晰地梳理和甄别有运营价值的全媒体资源，并有针对性地进行管理。出版单位开展的数字出版工作，是从存量资源的数字化加工开始的，将种册件的成品内容碎片结构化，同时增量资源一起进入内容的拆分标引。拆分标引的图文声像影、动画、脚本软件等素材，按照标准规范建立内在的关联，进入全媒体资源管理系统。这个系统是整个生产流程的资源存储管理中心，为出版单位的资源长期保存、资源检索、加工、发布、服务提供数据支撑，该系统实现产品复用，内容动态重组，满足用户对内容的个性化需求，进而提高出版的效能。

（2）解决"样书—库存"的版权与版权资产管理。目前，出版单位的信息化管理应用中还缺乏相对成熟、专业的版权信息和版权资产管理系统。复合工程中的版权和版权资产管理系统，一方面，帮助出版单位管理版权信息，并甄别可运作版权中的优质资源，进行规范化管理和精细化运营；另一方面，解决"样书—库存"的问题。纸质出版物的运输仓储环节对于用户阅读出版物来说没有增值。现在，用户通过各种途径检索到需要的样书电子版，进行查询甚至试读，确定要购买下单后，出版单位再从全媒体资源管理系统中调用文件，实现数字化购买或者按需打印购买，调用文件的版权状况信息由版权资产管理系统提供，同样也提高了出版效能。

（3）支持多类型复合产品的生产应用。传统出版中，出版物是纸质或者是封装的，难以实现复用和交互。复合工程支持复合型产品的生产，且产品种类形态不断增加。例如，主要用于教育和少儿出版领域的互动型产品，主要用在教育和专业出版领域的复用、动态重组型产品，主要用在工具书、专业出版领域的需要理解用户行为的知识工具型产品；主要用于报业领域的全媒体信息采编发布产品；还有少数民族文字的双语甚至多语种数字化出版物，等等。

2.2　搭建运营平台，服务用户需求层面的技术支持

复合工程的用户需求既包括终端消费者，也包括出版机构和行业。复合工程研发了出版社服务运营系统，以及打通出版产业链的各种应用系统，为改变出版社市场主导的弱势地位提供服务用户需求的技术支持。

2.2.1　研发出版机构服务运营系统，提升自主能力

大部分出版单位缺乏数字出版运营支撑平台。尽管出版单位努力通过发行销售、微博、微信、电商、专业数据公司等多渠道收集用户信息，但受技术和运营能力的限制，缺乏用户的多方位属性和行为数据。因此，在加强与用户的互动沟通，挖掘新的产品和盈利点，进行选题策划、产品优化，实现精准营销方面非常困难。复合工程的出版机构服务运营系统，搭建出版单位自主运营的数字出版平台，支持面向多终端的展示服务，方便用户浏览、购买、使用各形态数字产品；支持出版机构运营数据采集和用户访问数据的收集、统计和分析，为出版单位"优化选题、优化产品结构、优化面向用户的精准服务"等"三个优化"，提供数据积累和数据分析的支持。

2.2.2　研发外源数据分析系统，辅助出版决策

满足"三个优化"的数据支持，是传统出版最薄弱之处。近年来，这个不足导致传统出版社遭遇营销需求下降、图书库存积压等严重问题。尽管出版业对大数据技术应用及出版舆情的分析研究起步较晚，但需求强烈，可靠数据的供给和决策分析能力受到业界瞩目。除了自身服务运营产生的内源数据外，还需要尽可能地采集外源、多路数据。有了内外源数据的聚合分析，才能较为完整地实现对"三个优化"的数据支持。复合工程中借助于云计算、大数据技术，通过外源数据信息的采集分析，辅助出版单位"三个优化"的研判和决策。①图书选题及发行分析系统，旨在及时了解产品市场反应和评价，聚焦特定出版领域或相关出版事件的发展动态和趋势，实时抓取读者、媒体以及业内专家等的反馈信息，为后期生产计划的制定和出版战略部署提供参考；②新闻内容选题及评价系统，旨在为报业提供新闻报道选题

策划、报送和审批的数据和信息支撑，为新闻产品和报道内容的评价、传播效果的监测以及绩效考核提供有效支撑；③出版信息采集及策划服务系统，旨在通过购买学术期刊、硕博学位论文、会议论文、图书等数据库资源服务，与图书馆馆藏资源、出版单位的书目资源相结合，进行读者行为分析、选题策划、印数、出版物营销等的辅助决策。④全文相似性分析系统，旨在为专业、教育和学术期刊等出版单位的编辑，提供学术出版内容质量保证的相似性辅助分析服务，对学术不端、写作不规范或使用未授权内容等进行重点把控。上述系统的应用将极大提升出版单位的选题质量和出版决策水平。

2.2.3 提升服务品质，研发多种服务应用

在面向终端用户的运营服务过程中，研发相关系统支持整个产业链的信息贯通、业务增值和与其他领域的数据交换与共享。①复合出版数据传递系统，旨在依据国家和行业相关标准及参考国际标准，采集贯穿出版物生命周期的传统图书、数字图书和音像电子出版物的元数据，提供数据传递服务和数据转换工具，解决上下游出版数据信息的共享，支持全产业链的数据传递。②数字资源标识管理与解析服务系统，旨在为作者、读者和出版者提供数字资源应用的服务便利。作者可以利用数字资源标识服务引用参考资料，读者可以在互联网环境下找到相应的数字资源，出版单位可以利用该系统，验证已经获得数字资源标识的内容是否存在，提高参考资料引用的准确率。③文件分发与按需印刷系统，将按需出版与按需印刷融为一体，旨在解决库存、退货及坏账等困扰出版机构的三大难题。为上游出版单位实现出版零库存、降低印刷浪费；为用户提供短版书、断版书就近印刷和配送服务；为下游印点带来印刷业务，实现出版生态链的信息流、数据流、业务流、物流安全管理，实现绿色环保印刷；④多形态广告发布系统，旨在为出版广告业务提供一种便捷的管理工具及工作方法，帮助出版单位更好、更高效地管理出版社的广告机构，提高广告营收入，提升出版单位的品牌。

2.3 开展知识服务，构建出版生态层面的技术探索

复合工程所研发的知识服务辅助工具和管理系统，是出版技术体系范式

转换更高级的应用形式。

在互联网信息技术引领产业及创新生态系统重构的热点驱动下，知识资源服务展现出广阔的市场前景。在专业出版、工具书出版、教育出版等领域，沉淀并继续生产着大量的非结构化专门知识，现行的出版生产服务模式，仅能提供信息文献查询服务，无法满足用户知识消费的高级需求。因此，充分发挥出版内容资源优势，将新闻出版业内的非结构化数据知识转化为计算机可以识别、理解和处理的结构化数据知识，基于高质量内容资源的知识挖掘与知识汇聚，提供按需、可信、规范的知识服务，这对整个产业的未来发展具有决定性影响。基于语义的信息组织和按需重组的知识服务，有别于"篇章节段"的传统出版内容组织形式，为探索基于"知识、思想、话题"的出版新业态开辟了更广阔的出版产业领域。构建知识服务新模式，实现内容资源的知识价值提升，将树立起整个出版产业转型升级的新标杆。

复合工程中有开展知识服务探索的两个创新技术研发包。①领域词表构建与管理系统，主要借鉴主题词表构建的方法和相关标准，为出版单位提供领域专业词表构建所需的辅助工具，支持领域专业词表的协同编纂工作；②领域本体构建与管理系统，针对数字出版知识服务的需要，利用知识主题或领域本体，对数字内容进行结构化组织管理，同步生成"多种媒体、多种形式、多种渠道"的成品，快速形成不同表现形式和内容的产品及服务。与两个创新包连接的是内容动态重组系统。该系统基于知识组织和规则，旨在将碎片化的素材进行关联，快速完成个性化产品内容的生成，从而缩短出版周期，为读者提供个性化服务。复合工程进行的创新包和动态重组系统的研发，将为新闻出版行业进一步开展数字内容资源知识服务模式的探索，提供先期试验，为出版生态的构建积累技术资本。

3 展望

产业升级与技术经济范式转换有密切的联系。复合出版工程"以技术应用推动需求实现,以行业需求引领技术应用",在研发思路上凸显求实创新的特点:整合市场上已有的成熟技术,改造升级正在使用的现有技术,研发面向行业未来发展需求的创新技术,以此形成三个相互联系的技术集合与应用层级。首先,瞄准数字化出版的复合采编、资源管理、制作加工、多元发布、运营服务等各环节,实现技术在出版业务全流程的覆盖,重点解决提高出版效能问题;其次,根据网络形态的软件、系统和平台快速取代传统工具、单一装备的现实,加大内源数据积累和外源数据汇集,弥补传统出版数据应用的短板,重点提升产品供给的多样性、便捷性、针对性和丰裕性,实现复合出版产品的增值服务;最后,把握技术引领产业及创新生态系统重构的趋势,着手研发满足用户高级消费需求的知识服务辅助工具系统,试验知识服务的主题词表、领域本体构建的规则和工具,为面向未来提升内容资源知识价值的知识服务提供技术探索。

复合工程已经进入研发迭代的过程,它所体现的助力出版转型升级的作用正在凸显,它所担当的推进出版技术范式转换的重任也将持续开展。

参考文献

[1] 胡列曲.波特的竞争优势理论述评[J].经济问题探索,2004(12):21-23,137.

[2] 匡导球.中国出版技术体系及其发展历程[J].南京社会科学,2009(6):61-67.

[3] 眭纪刚.结构调整、范式转换与"第三次工业革命"[J].中国科学院院刊,2014(6):723-732.

[4] 封卫强.以价值创造为导向的现代产业价值链重构[J].商业经济研究,2015(8):127-128.

[5] 杨西京.如何推进传统出版与新媒体融合发展[J].科技与出版,2014(11):8-10.

[6] 张新新.融合发展的现状认知与路径思考——以传统出版单位为视角[J].科技与出版,2015(5):18-21.

[7] 刘成勇.实施创新驱动推动转型升级实现融合发展——国家数字复合出版系统工程总体架构[J].科技与出版,2014(11):4-7.

数字革命催生的英美出版产业链融合与出版服务业的繁荣*

孙万军　　朱曙光**

摘　要：数字技术的飞速发展对传统出版业的生产组织方式形成了强力冲击。在数字革命大潮的冲击下，出版产业链上下游的四个环节——信息采集或制造、信息加工、信息加载和信息发布开始逐步融合。传统出版业中本来界限清晰的编辑、印刷和发行之间的分界也日渐模糊。英美众多的出版服务公司应运而生，空前繁荣。它们凭借其规模不大、容易转型的优势，在这种产业链融合过程中发挥着重要的作用。

关键词：数字革命；产业链；融合；出版服务业

数字技术的飞速发展对生产方式产生了巨大影响，"对于许多人来说，数字技术给出版业所带来的革命是自从出版诞生以来最为强烈的"。[1]发生变革的不仅仅是具体的生产技术和工具，生产的组织形式和流程也悄然出现了变化。传统的出版产业链上下游开始重新整合，不同环节之间原本清晰的边界趋于模糊，甚至消失。美国和英国信息技术的发展处于世界领先地位，其传统的出版产业受到的冲击也最大。为了应对数字革命的挑战，英美出版

---

* 本文原载《科技与出版》2015年第4期。本文受北京印刷学院北印学者培养与选拔办法资助（BYXZ201303-002）。

** 孙万军，博士，现为北京印刷学院新闻出版学院教授，硕士研究生导师。多年从事国际出版传播及英语语言文学的教学与研究工作；朱曙光，时为张家口学院教师。

产业链的各个环节开始了紧密协作，甚至融合。在产业链融合的过程中，英美的出版服务业找到了自身的发展机遇，森威欧（Cenveo）出版印刷公司、意得辑（Editage）出版服务公司、查尔斯沃思集团公司（The Charlesworth Group）、Crimson Interactive 公司、Inera 公司、eGloo 技术服务公司、eXtyles 公司、Westchester 出版服务公司、Datamatics 数据服务公司、Publishers Press 印刷公司等出版服务商在为出版提供服务的过程中发展壮大自己，成为推动出版产业链融合的重要力量。

1 出版产业链的4个环节

一般来说，出版产业链大致是由信息采集或制造、信息加工、信息加载和信息发布4个环节构成[2]，如图1所示。

图1 出版产业链

信息采集或制造环节是编者或作者对出版内容的生产过程。这个过程主要分为两种形式，一种是信息采集加工，如新闻报道、教育类或者工具类的出版物；另一种是创作，如学术论文、著作和文学作品等出版物。信息加工环节主要指编辑工作，现代出版业中，编辑工作除了传统的质量控制、内容编辑、包装设计和校对排版之外，还包括市场调查、选题策划、寻找作者、内容延伸、市场推广等流程。信息加载环节主要指将信息加工之后的内容加载到特定的介质中。电子介质出现之前，这个环节就是指印刷。而在数字出版初露端倪的今天，信息加载方式就变得多种多样了，可以指印刷，也可以指光盘的刻录，还包括适用于网络下载的数字化加载及各种格式的电子书或电子文件的制作。信息发布环节主要指出版物的发行过程。这个过程主要分为两个部分：第一部分是出版机构的发行，包括直接向消费者或向发行商提供产品；第二部分则是发行商的销售过程。

2 出版服务商推动的出版产业链融合

传统出版业中，信息采集或制造、信息加工、信息加载和信息发布4个环节基本上泾渭分明，各行其是。出版行业中编辑、印刷与发行的界限清晰。但是由于数字技术的出现，出版发行的流程以及市场的需求和客户的期待都发生了变化。为了顺应数字时代出版市场的要求，英美的出版商采用了产业链上下游紧密协作甚至融合的办法来应对变化、迎接挑战。

2.1 信息采集制造与信息加工环节之间的协作更加紧密

在传统的出版行业中，作者的创作和编辑的加工是泾渭分明的。作者完成文稿并交付编辑出版部门，就标志着信息采集或制造环节的结束、信息加工环节的开始。然而随着数字出版的兴起，编辑工作不再仅仅是职业编辑的任务了。数字出版网络平台的应用使得出版成为国际化的行为，许多作者不得不使用非母语写作。许多作者为了稿件能够适应数字出版网络平台的要求，亲自做一些编辑工作，对已经创作好的稿件进行加工和修改，特别是学术出版数字平台对语言风格和文章格式的要求较高，这令很多使用非母语写作的作者头疼不已。于是，像美国的意得辑这样的学术论文发表咨询服务企业就应运而生了，他们专为研究学者及各类学术单位提供服务，帮助他们在学术期刊平台上发表论文。意得辑的业务主要面向英文学术出版平台，他们聘请了母语是英语的各个专业的专家为作者提供学术论文翻译、语言润色和校对、学科专业内容审查以及格式编辑等服务，并根据作者的文章内容及风格，向他们推荐可能发表的学术期刊，还根据期刊对论文的要求，指导并帮助作者对文章进行加工。意得辑公司所做的工作有点类似于出版经纪人，不过他们的领域是学术期刊论文的发表，而不是图书出版。这种公司的工作把作者和期刊紧密地联系在了一起，深受作者和刊物的欢迎，目前意得辑公司的客户遍及116个国家，达6万多人[3]。在美国类似的公司较为知名的还有Crimson Interactive Inc （USA），这家公司旗下拥有Enago Ulatus ™和Voxtab ™

3大品牌，是一家致力于为非英语母语的专家和学者提供英文文稿编辑、多语翻译以及英文录音撰写的专业英文编辑公司。他们为作者提供的编辑业务涵盖了遣词用语、期刊风格与格式、文章结构逻辑、内容与术语、参考文献等类别[4]。正是意得辑和Crimson Interactive Inc （USA）这类公司的出现，使得出版产业链上的信息采集制造与信息加工之间的协作更加紧密，促进了这两个环节的融合。

2.2　信息加工和信息加载环节出现了融合

出现融合的不仅仅是信息采集制造和信息加工环节，在产业链的中游，信息加工和信息加载这两个环节的界限也不再分明了。信息加工环节主要是编辑环节，而传统的信息加载环节是印刷环节。随着数字出版的发展，许多期刊文章在编辑好之后就可以直接加载到互联网媒介上，对外发布。这样编辑就把信息加工和加载的工作都做了，信息加工和信息加载环节也就合二为一了。即便要把信息加载到传统的纸介质上，许多出版印刷企业也正在利用数字标准化将印刷环节与编辑出版相融合，美国赫斯特出版集团和时代杂志就利用数字技术做附加服务、增值服务。行动的不仅仅是出版商，许多印刷企业也开始积极行动，他们和出版商配合，把许多编辑业务移到了印刷部门，印刷企业也有了文字编辑的业务。美国著名印刷企业森威欧在美国的公司就有500多名编辑人员，其在印度的公司也有200多名编辑，公司开发了一套收稿系统叫作Cenveo Mobile dPub，可以从出版商那里的各种电子终端接收PDF、XML、InDesign、Word、QuarkXPress等格式的文件，也可以接收纸质的手稿，系统会根据情况把各种格式的文件都转化为出版终端所需要的格式输出[5]。

编辑出版和印刷环节的紧密协作甚至融合，要求数字语言的标准化。经过多年的发展，XML语言以其文档格式定义清楚、语法简明严格等优点，逐步成了期刊和出版社用来进行排版或数据加工的标准语言。如今，基于XML

出版的价值已经得到了出版界的广泛认同，其清楚的文档格式定义为其在公开的共享数据接口的使用提供了方便；简明严格的语法一方面使其读取和写入非常方便，另一方面也保证了数据的安全和唯一[6]。eGloo 技术公司（eGloo Technologies）很早就意识到XML语言的应用前景，早在1988年就组织技术力量开发XML语言的应用工具，2002年开始提供技术咨询和服务，如今在英国的出版服务市场上，eGloo技术公司的XML语言技术已经占据了重要的地位[7]。

XML标准语言的出现和应用方便了各种电子终端的信息加载，也加速了信息加工环节和信息加载环节的融合。

2.3　信息加载和信息发布环节的界限开始模糊

出版产业链的融合使得信息加载和信息发布环节的界限开始模糊。传统出版业中信息加载主要就是印刷和光盘刻录。然而，随着数字技术的发展，信息加载的形式除了纸质媒介和光盘外，还有手机版和网络版等新的加载形式。在这些新型的媒介上，信息加载和信息发布合二为一，信息加载的过程也是信息发布的过程。

总部设在英国的查尔斯沃思集团公司经营在线期刊和数据库业务，在美国和中国都设有分公司。他们与英美许多医学类期刊和出版社都有合作关系，包括新英格兰医学杂志、美国医学会、美国生理学会、美国微生物学会、美国临床肿瘤学会、美国科学院院报、美国糖尿病学会、美国神经外科医师协会、美国内分泌学会、美国精神病学出版社、独立学术出版集团、洛克菲勒大学出版社、美国儿科学会、加拿大医学协会等。他们还代理经济类数据库，如美国会计学会（AAA）、国际货币基金组织（IMF）、新兴市场信息服务（ISI EMIS–ISI）、经济合作与发展组织（OECD）、世界银行（World Bank）等。很多在线期刊上线的过程既是信息加载也是信息发布的过程，在这种情况下信息加载和发布环节就融为一体了。

美国康涅狄格州的 Westchester 出版服务公司为了适应这种产业链的融合，推出了"组合业务"，所谓"组合业务"就是把编辑、信息加载和发行等环节组合起来。Westchester 公司设立了"客户业务代表"（CSR）这一职位，客户业务代表负责和客户沟通，了解客户需求，并且按照客户的需求，在整个信息加工、加载和发布过程中做跟踪协调工作，目的是让所生产出的出版物更加符合客户的要求，比如，出版物可以按照客户的需求加载到不同的介质上，并以各种不同格式发布，仅电子书就可以根据需要发布 APPle、Kindle、Nook 和 Pdf 等各种不同的格式[8]。客户业务代表所提供的服务涉及客户提出的各种个性化需要，包括帮客户制作文字样稿、胶片、印版、印刷，以及胶片输出、胶片分色等。像 Westchester 这样的出版服务公司提供的业务强化了出版物生产销售的纵向联系，促进了出版产业链的融合。

面对发生变化的形势，从事传统发行业务的服务商为了在市场上占据一席之地，也在寻求与出版商以及消费者更紧密的合作。学术期刊出版服务商 JournalsXpress—Cierant/SCI 一方面推出在线期刊平台，另一方面认为有必要保留印刷期刊。不过数字技术的应用使得按需印刷成了可能，JournalsXpress 可以根据客户的要求来印刷小批量的纸质期刊，从而做到了零库存，降低了印刷成本，增加了盈利。

在生产方式的变革中，参与其中的不仅仅有直接参与编辑业务、技术服务和信息加载业务的服务商，甚至从事外围服务的物流服务商也参与其中。比如，APC 邮政物流公司开发了专门针对国际期刊的发行业务。一方面，它与国际邮政组织以及美国邮政部门紧密协作，缩短刊物的投递时间，提高服务质量；另一方面，利用自己多年来在发行市场所占据的优势地位，扮演出版商和消费者之间信息传递者的角色。收集消费者的需求数据，反馈给出版商，使得出版商能够更好地掌握市场动向和需求。根据 APC 邮政物流公司这类服务企业提供的数据和资料，出版商可以联系某些有特殊需求的团体，然后根据客户的需求，对于某些出版物按需出版。

结语

在数字时代，英美的出版市场上涌现出了一大批出版服务公司。这些出版服务公司一般规模都不大，运作灵活。他们以市场为导向，从客户的需求出发，为客户提供一条龙服务。出版服务公司的业务往往以出版项目为核心，承揽从出版项目的稿件接收、修改指导、语言润色到文字编辑、插图、版权许可代理、数据核对、校对、索引等一系列服务。这种以出版项目为核心的业务运作模式适应了数字时代出版市场的需求，改变了传统的出版流程，促进了出版业产业链的融合。反过来，出版产业链的融合也催生了更多出版服务公司的诞生、成长和壮大。

一个行业的升级改造，依赖的不仅仅是几个核心企业的技术升级。英美出版业的数字化变革表明，当处于产业链边缘的众多中小企业都参与到数字化进程中来的时候，整个行业的数字化革命才真正到来。原来处于产业边缘的出版服务企业发挥的作用越来越明显，它们推动了整个出版产业的数字化进程，同时也促使整个出版产业链发生了变革。

参考文献

［1］ Hall F.The Business of Digital Publication［M］. Routledge：London & New York，2013.

［2］ Smith K. The Publishing Business［M］.UK：AVA Publishing SA，2012.

［3］ Editage. Editing-Services［EB/OL］.［2015-01-26］. https://www.editage.com/editing-services/ manuscript-editing.html.

［4］ Crimson Interactive Inc［EB/OL］.［2014-12-28］.http://www.enago.com/editing-services.htm.

［5］ Cenveo. PRODUCTS & SERVICES［EB/OL］.［2015-01-27］.http://www.cenveo.com/labels.

［6］ Inera Inc.NLM DTD XML and InDesign Workflows for Scholarly Publishers［EB/OL］.［2015-01-15］. http://www.inera.com/ wprequest.shtml.

［7］ Eglootech［EB/OL］.［2014-12-28］.http://www. eglootech.com/xml-technologies.html.

［8］ Westchester Publishing Services.Composition Services［EB/OL］.2015-01-27.http://www. westchesterpublishingservices.com/composition/.

新闻出版职称制度改革沿革探析*

侯欣洁**

摘　要： 出版产业在国内经济格局中占有重要位置，国家相关行政管理部门构建了四大准入制度。随着出版行业管理体制发生的新变革和新技术带来的机遇与挑战，原有准入资格和用人制度的衔接性面临新的变化要求，在这种背景下，对新闻出版职称制度的历史沿革和发展现状中遇到的新问题进行梳理，具有一定紧迫性和重要性。

关键词： 职称制度；媒介融合；社会化

1　新闻出版职称制度的历史沿革

新闻出版领域是一个国家文化繁荣、思想汇集、意识安全的重要领域，具有有别于其他领域的文化属性、政治属性、思想属性和专业属性。这就对建设新闻出版人才队伍的方式以及宏观行政管理的途径提出了较高要求，既要释放建设新闻出版人才队伍的活力，又要把控人才队伍准入的关键问题。

* 本文系北京市博士后工作经费资助项目:新媒体背景下出版产业发展与规制革新互动研究(项目号10000200358)和北京印刷学院博士启动金项目:新媒体环境下出版法律问题研究(项目号27170116005/30)成果之一,北京印刷学院教改项目:数字出版专业认知实习体系探索与实践(项目号22150116007/021)成果之一。

** 侯欣洁,博士,现为北京印刷学院新闻出版学院讲师。

在这种情况下，借鉴和比照其他国家的经验，我国也采用职称制度来进行人才准入管理与晋升通道的把控。而要想了解新闻出版职称制度的历史沿革，首先需要回到对职称本身的理解以及新中国成立后职称内涵的演变情况。

1.1　职称内涵的沿革对职称内涵和性质理解的演变

新中国成立以来，职称内涵实际经历了由职务到学衔、学衔到职务、职务到资格的演变过程。从政策演变历程看，职称概念有"大""小"之分，其功能作用有着根本的不同。

1.1.1　从"职名"到"学术称号"（1949—1977 年）

新中国成立初期，国家有关政策文件关于职称的提法包括"职名""职称""职务名称"等，从内涵看即专业技术职务的名称，本质上是指专业技术职务、职位或岗位。

但受历史条件限制，新中国成立初期，专业技术人员职务晋升实际处于停滞或随机状态，甚至出现了"实际已担任讲师或副教授的工作，却没有取得讲师和副教授的学衔"这一突出问题。

1956年和1962年的研究，给人们带来了对职称内涵和性质理解的第一次根本性变化，即职称脱离职务变成了单纯的"学术称号"，这对以后的职称工作产生了重大影响。

1.1.2　从学衔称号到职务（1977—1993 年）

改革开放初期，在恢复职称的实际工作中，仍然沿用了20世纪60年代的研究思路，即将职称从职务转化为学衔或学术称号。如1979年12月，国务院科技干部局《关于做好科技干部职称评定工作的通知》中就有规定：技术职称是衡量科技人员的技术工作成就、技术水平和业务能力的标志；评定不应限制年限和晋升比例。这实际导致了评审范围肆意扩大，不管是否在专业技术岗位工作，只要具备能力条件都可晋升，造成了人人成"师"的混乱局面。

1986年1月，中共中央、国务院转发了中央职称改革领导小组《关于改革职称评定、实行专业技术职务聘任制度的报告》，指出改革职称评定制度的中心是实行专业技术职务聘任制度。1986年2月，国务院《关于实行专业技术职务聘任制度的规定》中明确规定，专业技术职务是根据实际工作需要设置的有明确职责、任职条件和任期，并需要具备专门的业务知识和技术水平才能担负的工作岗位，不同于一次获得终身拥有的学位、学衔等各种学术、技术称号。

1986年的职称改革实际是在混乱局面下对职称内涵的理解向职务而非学衔的本能回归。这在一定意义上表明，超越管理需求，由政府主导而颁定学衔称号是不符合管理规律的，在实践上也是存在弊病的。

1.1.3　大职称和小职称（1994年以来）

1993年11月，党的十四届三中全会通过的《中共中央关于建立社会主义市场经济体制若干问题的决定》中指出，要制定各种职业资格标准，实行学历和职业资格两种证书制度。职业资格制度的实行带来了职称内涵的又一次重大变化。

他们认为可将职称区分为大职称概念和小职称概念——小职称，即指职称（资格）；大职称则包括：专业技术职务、职称（资格）、执业资格等。大职称包括小职称。我们讲的深化职称改革，各级政府人事部门的职称司、局、处，均指大职称。而当我们讲专业技术职称（资格）时，则指小职称。它是指称号（title），即专业技术水平（能力）的标志。"[1]

1.2　新闻出版职称制度的演变过程

1.2.1　中华人民共和国成立初期至20世纪50年代末出版专业的技术职务任命制度

这一时期，出版专业按照国家的相关规定，划分了统一的技术职务级别，各级出版单位依据实际用人需求和机构编制，确定出版专业人才的技术职务。如果职务提升，就具备了增加工资的基本条件。当时主要的技术职务包括如下几类：新闻出版人员、工程技术人员、高校教师、科研人员、卫生技术人员。职务也分等级，如教授、副教授、讲师、助教等。

1.2.2 1977—1983年的技术职称评定制度

这一阶段，国家为了尊重知识、尊重人才，开始推进出版专业的职称评审制度改革，并实行技术职称评定制度。其中的主要内容是，工作人员若是评上相应的职称，一般不需聘任职务，也不用履行职责。当时，技术职称是一种荣誉，代表了工作上取得的成就，也是个人学术水平和业务能力的重要体现。

1.2.3 从1986年开始实行的专业技术职务聘任制度

我国当时对出版专业的职称评审制度做出如下改革：出版专业的相关企事业单位，要在上级主管部门核定的专业技术职务结构比例范围内，通过合理考察分析本单位的专业技术工作需要，设置专业技术岗位。出版专业的技术人员，需要通过评审委员会的评审，才可以取得相应的专业技术职务任职资格。[2]

1.2.4 从2002年开始实行的专业技术职业资格考试制度

早在2000年，新闻出版总署会同中宣部、劳动部、人事部四个部门的领导进行协商，确定了大的方针，之后开始广泛调研，2001年新闻出版总署重点出台了几项制度和实施细则，组织专家成立考试大纲审定委员会、教材编写委员会、考题专家委员会等，开始筹备2002年的考试。

过去实行职称评审制，专业人才资格条件的认定是通过专家评审委员会进行的。而专家评审委员会各地、各部门"各自为政"，虽然有评审条例，但掌握的标准因地，因部门、单位，因人而不同。通过考试制度，我们可以建立一种社会化的，更客观、科学的专业人才评价体系。当下必须先持证再上岗，必须先有中华人民共和国颁发的持业证书才能就聘于出版单位工作，没有证书就不行。实际上这就是一个门槛。

通过实行职业资格考试制度，有利于加强对出版从业人员资格条件的管理，对出版从业人员从事出版活动的管理，持证资格证书的管理。[3]

国家人事部和新闻出版总署联合下发了关于《出版专业技术人员职业资格考试暂行规定》（以下简称《暂行规定》）及《出版专业技术人员职业资格考试实施办法》的通知，要求凡在图书、期刊、音像、电子等出版单位（包括出版社、期刊社）中从事编辑、出版、校对、发行等专业技术工作的人员必须通过全国统一的职业资格考试方能上岗从业。

《暂行规定》中明确规定，国家对出版专业技术人员实行职业资格制度，纳入全国专业技术人员职业资格制度的统一规划。出版专业技术人员职业资格实行全国统一考试制度，由国家统一组织、统一时间、统一大纲、统一试题、统一标准、统一证书。

从2002年起，先实行初级和中级职业资格考试。高级资格（编审、副编审）实行考试与评审相结合的评价制度，待条件成熟再实施。出版专业资格考试合格者，由各省、自治区、直辖市人事（职改）部门颁发人事部统一印制，人事部、新闻出版总署共同用印的"中华人民共和国出版专业技术人员职业资格证书"，该证书在全国范围有效，实行定期登记制度，每3年登记1次。如有严重违反出版工作纪律者，将被收回资格证书，取消出版职业资格。[4]

以上四个阶段的新闻出版职称制度的变化，其实融合了各个时代的历史原因以及对职称管理方式手段的不断革新。最初从类别和等级的角度，对新闻出版从业人员进行工作属性的初步划分，具有一定的管理界定意义。但由于特殊历史原因，职务与待遇以及上升通道之间存在一定的不对等性，于是更倾向于用学术称号和荣誉称号。为了真正发挥人员队伍建设作用以及管理的对位性，才开始不断地回归职务、资格的根本内涵。而且，不断改革采用复合行业人才发展规律的科学准入机制，并保持动态和弹性的管理方法，利用年检、社会监督等方式将从业、执业以及任职统一在一起，形成我国的新闻出版职务制度。

　　而2008年颁布的《图书出版管理规定》《出版专业技术人员职业资格管理规定》，将分别于当年5月1日和6月1日起施行。《图书出版管理规定》指出，出版辞书、地图、中小学教科书实行资格准入制度；对在报纸、期刊、图书、音像、电子、网络出版单位从事出版专业技术工作的人员实行职业资格制度。《图书出版管理规定》对图书出版单位设立条件和程序、图书的出版、监督管理、法律责任等做了细化、明确的规定。例如，"图书"的范围，不仅包括书籍、地图、年画、图片、画册，还包括含有文字、图画内容的年历、月历、日历等。关于设立图书出版单位应当具备的条件，《图书出版管理规定》明确：法定代表人或者主要负责人必须是在境内长久居住的具有完全行为能力的中国公民；有与主办单位在同一省级行政区域的固定工作场所。值得注意的是，作为企业（法人）准入、资格准入、市场准入、人员准入四大准入的资格准入制度正式写入《图书出版管理规定》。因此，新闻出版职务制度是四大准入制度当中的重要组成部分。

2　我国新闻出版职称制度发展应遵循的基本原则与制度构成

2.1　我国新闻出版职称制度发展应遵循的基本原则

2.1.1　社会效益与经济效益统一原则

　　我国的新闻出版工作担负着弘扬社会主义核心价值体系，传播一切有益于经济和社会发展的科学技术和文化知识，丰富人民的精神文化生活的重大任务。出版工作的性质决定了出版专业人员必须将社会效益放在首位。与此同时，专业职称改革中，也要正确认识和处理市场经济与出版业发展之间的关系。新闻出版专业人员要注意社会效益与经济效益统一的原则，而专业职称改革中也同样要把好这两关，既要有市场活力，又要保有市场经营底线；既要有社会效益的追求，又要认识到经济效益与社会效益的协调性问题。

2.1.2 职称制度与学科的发展水平密切相关 [5]

出版是一个操作性较强的文化产业，但与此同时，近几年来，学科发展也呈现出多元化、技术化、融合化的态势。出版专业的学科边界也在不断地被打破，新兴技术影响下新的能力要求与资格要求在不断地被容纳进来。数据分析能力、计算机编程能力、艺术设计能力、采写编播能力，新型营销能力都需要在职称制度当中有恰如其分的表现。

2.2 当下新闻出版职称制度的构成

出版专业职业资格是国家对出版从业人员从事出版专业技术工作（编辑、出版、校对）所必备的素质和能力的认定。

2.2.1 出版专业职业资格制度的要求

凡新进入出版单位担任社长、总编或主编（均含副职）职务的人员，应当具备中级及以上出版专业职业资格，否则要在到任后的两年内通过该级别考试。

凡在出版单位工作的专业技术人员，必须具有中级及以上出版专业职业资格，才可担任责任编辑（校对、技术编辑）。

凡新参加工作并进入出版单位从事出版专业技术工作的大学专科和本科学历毕业生，应当在到岗2年内通过该考试（初级）。

新调入出版单位的在职非出版专业技术人员，要在到岗2年内通过该考试（规定级别）。

2002年6月之前已在出版专业技术岗位上工作的人员，应在5年内通过该考试。

2.2.2 出版专业职业资格证书实行定期登记制度

持证人每三年到指定机构办理登记手续。

（1）缓登一年的情形。

脱离出版专业技术岗位1年；有1次年度考核不合格；不能按要求提供参加继续教育的有关证明。

（2）取消出版专业职业资格的情形。

脱离出版专业技术岗位2年以上；有2次年度考核不合格。

2.2.3 吊销出版专业职业资格、收回资格证书

两年内不准参加出版专业职业资格考试的情形：（1）伪造学历和出版专业工作资历证明；（2）考试期间有严重违纪违规行为。

获得出版专业职业资格的人员，若因违反有关出版工作的规定而受到严重警告以上行政处分，取消其出版专业职业资格并收回资格证书。该类人员5年之内不得从事出版工作。

获得出版专业资格的人员，若因违法而受到刑事处罚，取消其出版专业职业资格并收回资格证书。该类人员永远不得从事出版工作。

2.2.4 不同领域资格要求

报纸期刊出版领域，新闻采编业务部门及其工作人员不得从事报纸发行、广告等经营活动；经营部门及其工作人员不得介入新闻采编业务。采编人员应持有新闻记者证。同时实行职业准入和岗位准入制度。

2.2.5 不同机构人员设置需求，以出版领域为例

根据2005年9月30日新闻出版总署令第32号公布的《报纸出版管理规定》，报社、报纸出版单位设立条件：需要有适应业务范围需要的组织机构和符合国家规定资格条件的新闻采编专业人员。

期刊社、期刊出版单位设立条件中明确规定：有适应期刊出版活动需要的组织机构和符合国家规定资格条件的编辑专业人员。

2015年8月28日新闻出版广电总局令第3号修订的《音像制品出版管理规定》，音像出版单位设立条件作了明确规定：有适应业务范围需要的组织机构和取得国家出版专业技术人员资格的编辑人员，其人数不得少于10人，其中从事音像出版业务2年以上并具有中级以上出版专业技术人员职业资格的不得少于5人。

根据2015年8月28日新闻出版广电总局令第3号修订的《电子出版物出

版管理规定》，电子出版物出版单位设立条件：有适应业务范围需要的组织机构，有两人以上具有中级以上出版专业职业资格。

3　我国新闻出版职称制度发展面临的问题

3.1　新的技术变迁带来的产业格局变化

数字化技术、微型芯片和网络技术等的发展正在打破不同媒体之间原有的界限，并为出版物带来互动、超链接的特点。出版业自身也无法保持"独立王国"的状态，而被卷入庞大的多元组合的新兴产业格局中。曾有业界人士这样描述：未来的出版再也不是"纸上谈兵了"。这很显然带有一语双关的意味：一方面应当突破原有的纸质载体的思维惯性，一方面多少带有点五味杂陈的探索味道。既然是探索，就有成功和失败，就有生与死，但有一条原则很有意思，"学我者生，似我者死"。

台湾出版人陈颖青认为，应当认清我们的敌人，侵犯纸书市场的，不是电子书，而是电视、电影、电子游戏……对于年轻人，我们需要挽救他们的图书阅读习惯。电影、电脑、电子游戏等热媒体，容易让我们在快感之后一无所有。

图书业也许是所有内容产业中，受数字冲击较小的。但冲击毕竟无法避免，纸张百科全书已经差不多消失了，字辞典产业也感受到强烈的竞争，许多资料库形式的内容产业，例如法律判例库、医学药品库等，在店销书业者尚未知觉之际，就已经离开纸张媒体，直接进入数字时代了。对于我们的出版产业范畴来说，形成了改良派和原生派两条道路，也许未来殊途同归。

这就使得国内出版产业出现了一种奇特的新角色，就是闯入的外来者们。从微观产业环境角度来看，数字出版产业链条中的各个环节出现了主体身份单一化和多元化同步的情况。这与新技术背景下产业边界模糊以及企业市场竞争渗透力差异有关。

内容采集、制作、分发、售卖各个环节渠道纵横联合，具体产业链条涉及内容提供商、内容集成商、技术研发商、技术服务商、数字印制服务商、版权运营商、终端设备提供商、营销平台集聚商和网络服务商。而更多时候，这些环节主体的身份并不单一，出现了两种截然不同的情况。一方面，企业开展垂直一体化战略，获得产业链的多元身份提升企业竞争能力，例如内容提供商组建销售平台渠道、售卖自制电子阅读器；另一方面，则可能出现凸显企业优势的专业化操作，其他环节可利用外包公司完成；也有在竞争过程中，原有一体化优势削弱，主体身份单一化或边缘化的情况。

3.2　新的经济方式带来的出版产业重组问题

随着科技进步，移动通信设备、互联网的日益普及也为其出现和发展提供了基本条件。如今，共享经济大有颠覆传统消费模式之势，甚至有学者称，"未来经济是共享的"。[6] 这种新型的经济形态，使得传统出版机构面临管理的"扁平化"、经营的"平台化"和用户关系的"社群化"。另外，未来的新经济形态趋向于轻资产经济、影响力经济和低碳经济的重合部分，这就使得新闻出版产业要从组织机构上、用户关系上、经营理念上、产业链位置上在传承既有优势的情况下发展新的突破口。而这些都将对新闻出版人才的准入、选用、聘用、流动带来全新的变化。

3.3　新的内容生成方式带来的人才需求变化

当下在计算机、互联网技术的推动之下，数字化浪潮席卷各个产业领域。当下的内容生产方式也在随之发生巨大的变化，UGC 模式内容和 PGC 模式内容并行。并且，新兴技术方式的引入，例如搜索引擎，对内容基因进行抽取从而进行内容再生产与营销。此外，利用 RSS 聚合手段集合内容，或者，利用算法的形式进行大数据内容生产。这些都将改变内容生产的既有方式。一些技术公司已经开发了引入机器人写作的部分，这也对原有人才资源分配产生一定革新性影响。虽然，二者并不存在着替代关系，但是在某种程度上说，这将大大改变原有人员资格、能力、配位流程对应情况。

3.4　新的资本环境对人才职务认定的影响

互联网时代已经从 PC 端时代转向移动互联时代。当下各种资源融入互联网经济业态当中。由于行业边界的打破，资源必然会重新组合。在资源重新组合的过程中，一方面要释放转企改制后国有经济的活力，通过混合所有制形式和股权激励方式对所有制以及用人方式进行革新；另一方面，对于专门的少数民族和其他意识形态安全机构，应该仍然保有既有的管理思路。但与此同时，也要探讨新型的政府补贴机制。经营人才以及人才多样化，可能会成为新闻出版人才职务认定的新问题。

3.5　新的融合趋势对职务制度的影响

2014 年 8 月，中央出台了《关于推动传统媒体和新兴媒体融合发展的指导意见》，习近平总书记发表了重要讲话，这是迄今中央高层对媒体融合的"最高指示"。数字出版在技术形态、知识结构、出版形态、出版流程、出版模式、市场营销等方面都不同于传统出版，对人才能力提出了更高的要求，目前最急需的是对传统出版流程和数字技术及经营管理都比较熟悉或精通的复合型人才。[7]

3.6　政府在职称管理中缺位和越位的现象并存

所谓政府缺位，一是指本应由国家统一设置管理的职业准入由于监管不严，过多过滥；二是对职业水平评价市场监管不力，资格泛滥；三是对国有事业单位职称晋升直接参与过多，而行政监督不够。

所谓越位，就是政府替代用人单位和社会组织，成为职称和职业资格（水平评价）评价的主要组织和参与者。

因此，在厘清职称内涵的基础上，切实转变政府职称管理职能成为职称制度改革需要认真解决的根本问题。

关于未来的职称制度改革，《国家中长期人才发展规划纲要（2010—2020 年）》提出，要加快推进职称制度改革，规范专业技术人才职业准入，依法严格管理；完善专业技术人才职业水平评价办法，提高社会化程度；完善专业技术职务任职评价办法，落实用人单位在专业技术职务（岗位）聘任中的自主权。这是职称工作方针的重大突破和创新。

4 建议

4.1 职称管理的法制化、社会化

职称管理法制化、社会化的基本思路就是要厘清职称内涵，根据职业准入（执业或从业资格）、职业水平评价（职业资格认证）、职务（岗位）任职资格评价的不同性质和特点，针对公共部门和非公共部门的不同需求，明确国家、社会（市场）、用人单位等不同主体的职责和权限，转变政府职能，实行分类管理，推进职称管理的法制化。

职业准入也可称为职业许可，是指为了特定的社会目的而对公民从事某种职业或专业技术工作的限制。公民只有通过一定的评价程序获取从业或执业资格，才能从事特定工作。

职业水平评价或认证是指通过考核、考试、评审等方式，对公民职业能力、资历和水平进行测评和认定的行为，认证和评价机构可根据评价结果授予代表其能力水平的学衔、学术或技术称号。职业能力水平评价本质上属于一种市场行为，不同的社会组织特别是专业组织，可以根据用人单位或个人的认证需求，提供认证服务，认证机构属于单位和个人之外的第三方，不应像职业准入一样实行强制认证。

职务（岗位）任职资格评价是指用人单位在职务或岗位聘用、晋升过程中，根据岗位的任职条件和要求，对其工作人员业绩、资历、德才表现等进行的考核与评价。其评价结果是职务晋升和岗位聘任的主要依据。

传统或本原意义上的职称评聘，实际就是用人单位对其工作人员的评价和使用过程。职称作为专业技术职务，其设置和聘用本质上是用人单位的内部管理行为，单位在聘用人员的过程中，可以承认和采用第三方的认证结果，也可不予承认。单位和个人可根据自身需要，对不同的认证机构进行选择。

所谓国家的归国家，主要是指职业准入的设置和管理属于国家特权。职业准入作为国家行政许可和公共管理行为，是国家为了公共利益而对就业权进行的准入限制，是国家对专业技术人员和其他劳动者从事特殊职业的特别授权，是对特定职业权利的法律保护。

所谓社会的归社会，指职业水平认证本质上属于市场行为，应注意发挥社会中介组织等的作用，推进职业能力认证的社会化。职业水平认证制度改革的重点是社会化。

所谓单位的归单位，指专业技术职务的聘任或任职评价本质上是用人单位内部管理行为，制度改革的重点是落实单位用人自主权。[8]

4.2 职称评审适用范围的确定化与流动化

更加明确申报新闻职称评审的适用范围对于新闻传媒运营、发展等战略性工作类型，新闻节目运营、媒资管理等支持性工作类型，地产等含新闻性和广告性的工作类型，在适用范围中给予明确表述。[9] 由于当下对新闻出版领域提出了更多的复合型要求，对全流程性的能力提出了更高的要求，也就对不同岗位之间流动化的资质认定提出了制度要求。

4.3 职称制度与企业规模对应性的科学考量

报业、书业、刊业、音像电子出版以及跨界组建的新媒体等单位，在具体设立条件中，都对需要的人才资格有明确的数量与职务要求。目前，随着企业规模的动态变化和产业扩张与调整的具体情况，职称制度应与企业规模进行对应性的科学量化参考分析。

4.4 专业技术职务资格考试的加减法问题

专业技术职务资格考试内容涉及出版基础、政治、历史、经营、管理、计价和法律案例分析等多方面知识，可谓文理皆有，包罗万象。对于编辑人员来说，想通过考试，确实存在一定的难度，因为许多期刊编辑都毕业于非编辑、出版专业，没有接受过系统的编辑出版专业培训，基本上都是跟随有经验的老一辈编辑人员学习的，普遍缺少系统的编辑、出版专业理论知识。因此，出版专业职业资格考试，对于出版行业从业人员在增强责任意识、规范职业行为、提高工作能力等方面都起到了极为重要的培训和指导作用。

对于期刊编辑来说，首先会发现教材中有关图书出版的内容比较陌生，因为期刊编辑注重的主要是提高稿件质量和刊文质量，而图书编辑的经营意识更强，除了稿件质量外，成本与利润也是重点。

这里就出现了一个现实问题，就是专业技术职务资格考试的统一性问题和差异性问题。随着媒介融合趋势的愈演愈烈，对于新闻出版人才不断提出更高的要求。这里需要做好专业技术职务资格考试的加减法。既要注重考试内容的统一化和与时俱进，又要注意实际工作情况操作的难易程度。

参考文献

[1] 李建钟.论职称制度改革[J].中国人力资源开发.2010.11：72-76.

[2] 周艳.浅析出版专业职称评审制度改革[J].科技风.2014,16：201.

[3] 肖武.出版人才管理制度的重大改革与创新——访新闻出版总署人教司司长李敉力[J].出版参考.2002.12：7.

[4] 陵彤.出版专业职称评审制度的重大改革[J].编辑学报2001.5：274.

[5] 徐怡明.出版专业职称改革初探[J].中国出版.1996.3：13.

[6] 褚国飞."共享经济"或颠覆传统消费模式[EB/OL].http://www.qstheory.cn/freely/2014-08/25/c_1112215699.htm

[7] 张淑芳. 传统出版单位如何解决数字出版人才匮乏问题[EB/OL].http://www.qstheory.cn/tbzt/gjzcqrcfzgy/rcdwjs/glyzmrc/201006/t20100621_33681.htm,2010-06-21.

[8] 李建钟.论职称制度改革[J].中国人力资源开发.2010.11：72-76

[9] 重庆市委宣传部新闻职称制度改革调研组.新闻职称制度改革总体取向：他省镜鉴与重庆个案[M].重庆社会科学.2014.9：102-108.

管窥台湾数字出版产业及高校数字出版教育之概况

李德升　梁箬妍*

摘　要: 随着数字化的来临,数字出版已经成为世界范围内出版产业的趋势与潮流。而台湾地区早在2002年就通过了《加强数字内容产业推动方案》,以期能够在全球化的数字浪潮中占领先机,赢得发展机遇。数字出版产业的蓬勃发展离不开数字出版人才的配合,协助传统出版产业转型升级,发展数字出版产业,以提升产业竞争力。各大专院校设计、传播、资讯等相关专业学生都将是未来数字出版产业的中坚力量。本文以台湾地区数字出版产业为对象,简述数字出版产业现状,并探讨台湾高校数字教育及人才培养。

关键词: 台湾地区;数字出版;产业现状;高校教育;人才培养

引言

信息科技发展日新月异,信息产品的研发将民众带入了数字化时代,由最早的笔记本电脑、iPad、手机到现在的VR、虚拟世界等,使得数字化成为当今社会发展的趋势。台湾素有"科技之岛"的美称,应数字化时代的要求,台湾当局于2002年将数字内容产业列为《新世纪两兆双星产业发展计

---

* 李德升,博士、博士后,现为北京印刷学院新闻出版学院副院长,讲师;梁箬妍,现为北京印刷学院本科生。

划》之一，其中一类由数字内容产业推动办公室主导数字出版典藏。而"台湾新闻主管部门"也将2004年定为"数字出版年"，足以证明其对数字出版产业的重视。数字内容产业的领域包括数字游戏、电脑动画、数字学习以及数字出版典藏等，数字内容产业已经成为业界正式认可的一种产业形态，象征着台湾数字出版时代的到来。

数字出版所带来的冲击，使得原有的传播形式、传播速度均发生改变。早期的纸制版变成了如今的电子纸，且承载媒介亦多元化。内容是出版产业的核心与关键，数字出版产业也不例外。"内容为王"可以说是数字出版的核心与前提。数字产业的发展，离不开对数字人才的培养与发掘。随着数字产业的高速发展，数字科技的创新，数字出版人才的质与量也应不断提高，出版人才的培育必须与产业转型相匹配，尤其需要创新、技术与程式等类人才。行业人才最主要的来源就是学校，而早期台湾地区的学校受到载体形式的影响，都以"印刷"为创始科系。现在随着新型科学技术发展，载体形式的改变，已无以"印刷"为名的科系，转而变更为"图文传播""资讯传播"科系所，以及更为彻底的"数字出版学系"。可以说，学校教育课程决定所需人才类型，而人才又是决定未来数字出版发展的方向。

1 台湾数字出版产业概况

1.1 传统出版产业与数字出版产业

1.1.1 传统出版产业

相较于数字出版载体的多样化，传统出版载体范围仅限于报刊和印刷媒介。由产业立场来看，出版为"撰编内容成为作品、组织资源将作品内容复制成为复制品、并将这些大量的复制品向社会公众传播的一种社会行为"。内容，是出版产业自人类有出版活动以来首要的要素，没有内容，就不会有出版活动，即使没有内容而有出版活动，也只能是"无字天书"。而从传播角度来看，出版是一种将信息内容透过媒介载体的各种符码形式经由复制而巨量传播于社会大众的一种行为。[1] 在传统的图书出版流程中，书籍经过选题策划、编写、审稿、原稿加工整理、版面设计、文字排版等一系列流程后，后续仍需造纸、印刷等相关行业的协助。在数字技术与移动互联网的迅速发展下，这些传统的出版流程已经发生改变，出版产业正兴起一场前所未有的新型革命。

1.1.2 数字出版产业

早期的数字出版以电子出版为主。与传统出版产业相比，电子出版借由电子媒介来输出文字、音乐、图像，形成出版品。但电子出版的本质在于资讯的处理、整合与利用，仍然缺乏最终的媒体输出形式和利用行为，距离让读者真正可以使用阅读还有一段转化过程。因此，电子出版并不能被视为一种电子出版品。严格说来，它是一种排版技术。

而数字出版则从编、采、到印刷，都以数字信号传送，并运用互联网科技、硬件设备等技术，使得原有的传统出版从各个方面都发生了前所未有的新改变。创造出新的运营模式，衍生出新的市场。

1.1.3 数字出版与传统出版之两者差异比较

数字出版与传统出版同属于出版产业，两者的不同不在于内容是否实体化，而在于信息传递到使用者的方式，也就是媒介不同。数字出版可以依据读者的喜好设立不同的输出形态，可以使读者与图文内容进行双向互动。

同时，数字出版品在存储量与传送速度上，都比传统的纸质印刷品更具优势，易于携带与传输。综合数字出版与传统出版的各方面特性，将两者特性列出，见表1。

表1 传统出版与数字出版内涵差异[2]

形式内涵	传统出版	数字出版
载体	经印刷流程后采纸制版呈现	可转存不同格式出版，通过阅读器阅读

续表

形式内涵	传统出版	数字出版
展现方式	平面编排，讲究排版细度	兼具图文影音效果
携带性	纸制版体积较大，可携带数量不多	电子档案小，较易携带，但须通过阅读器阅读
作业时间	作业时长较长，即时性低	有电子档即可印刷出版，即时性较高
成本	需考虑纸制版印刷成本	以阅读器阅览方式，无输出成本
截稿期限	有截稿出刊压力	可随时通过网络更新信息
互助	作者与读者互动性不佳，出版品无法与读者互动	作者与读者通过网络进行互动，数字出版品可采用多媒体形式与读者互动
版面	受限于纸张开数大小	受限于荧幕大小
流通方式	传统书局行销方式	网络、电子商务平台

1.2　台湾数字出版产业现状

目前台湾的数字出版品类型与内容多样，包括电子书、电子期刊、电子杂志、电子报、电子资料库、光碟、行动阅读等。其内容包括童书、学术性内容、数字学习、语言学习、音乐平台、动漫等。台湾方面自2004年开始辅助岛内数字出版发行，以鼓励出版者发行数字出版品，加速岛内数字内容产业发展，并建立示范性指标，助推数字出版产业升级。2005年为台湾数字出版产业起飞之年，为鼓励台湾出版社将纸制版转型为电子书，"台湾当局有关部门"与民间积极发展数字出版平台。包括由经济主管部门下属有关部门辅助、资策会辅导，城邦出版集团与永兴纸业共同开发的"数字版权管理交易平台"，以及联合上线的"UDN数字版权网"。从建立平面出版图文整合标准化、资讯内容发行、多媒体内容加值，到数字资产管理、数字版权管理技术的建立与运行，规划出完整的数字出版供应链。[3] 另外由经济主管部门下属有关部门辅助，由智慧藏学习科技开发的"图文阅读网"，均是台湾数字出版的重要里程碑。2007年，台湾新闻主管部门举办首届数字金鼎奖，将数字出版与传统出版奖项相分离，以激发创作数字出版品。此外，政府单位也着手营造数字出版环境。以台中图书馆为例，台湾当局行政主管部门于2006年提拨新台币4亿元配置相关软硬件设施，期望该图书馆成为数字资源的集中站。

虽然台湾数字出版总产值在增长，但由于大众对数字出版品的接受度不够，能够获利的从业者并不是很多，如何提高数字出版品的市场占有率，拓展市场成为现在台湾数字出版产业的关键。

以电子书市场为例，随着电子书近年的发展，从出版业者的角度来看，数字化是必然趋势，但电子书的销售并未大幅增长。从2015年统计的数字看，台湾岛内整体电子书市占率的表现变化不大，岛内电子书出版于2015年成长三成。经过业者近几年的尝试改变与对消费者的观察发现，原本认为电子书会强烈影响到纸制版书的销售，甚至加速纸制版书的衰微的论点，到后来已经转变为普遍认同电子书与纸制版书各自拥有不同的偏好族群。改变的不是读者，而是读者的阅读习惯。根据台湾公共资讯图书馆电子书服务平台统计，2014年借阅电子书达55000人次，其中利用行动载具阅读电子书的比例达到50%，累计近三年的行动阅读人口成长260%。另外，"中华电信"发表2015年Hami书城的使用会员中，有八成是以行动装置来阅读，又以手机阅读占其中的六成，行动阅读势不可挡。而与此相反的是，2015年台湾新书出版数量持续下滑，首度跌破4万种，创下十年来新低点，电子书出版则成长31%。[4] 如果能不断培养民众数字阅读的习惯，鼓励全民阅读，创造台湾数字阅读环境，市场规模将会得以扩大，从而带动整个数字出版行业的发展。

2 台湾数字出版人才教育分析

出版产业因为科技的不断创新，所需的数字化人才需求量也在连续不断地增加。台湾当局行政主管部门科技顾问组为配合"挑战2008"计划，于

《台湾行政主管部门科技人才培训与运用方案》选定半导体、影像显示、通信、数字内容、咨询服务及生物科技6大产业，进行3年滚动式科技人才供需调查，以了解岛内研发与工程人才供需情形。调查结果显示，目前台湾在数字出版职务需求以创作人、撰稿人、行销专员3类需求量最高，专案经理则是最重要且最急迫需要的人才。从上述调查可以看出，数字化科技的发展进步不但改变了出版行业所需的人才类型，也势必会影响到学校教育课程的调整，以不断适应行业的发展。对于数字人才选择首要考量的就是思维和特质上，企划人员需要具备多元、多样化的视觉、图像化阅读习惯以及媒体经验，要有能够灵活掌握各种电脑软件的能力。只有具备这种能力的人才，才能将原本的文字资讯包装成具有数字阅读价值内容的数字出版品。

2.1　台湾各高校课程教育改革

早期台湾只有4所大学以"印刷"为科系，分别是台湾师范大学科技学院图文传播学习（简称师大图传系），台湾艺术大学传播学院图文传播艺术学习（简称台大图文系），世新大学新闻传播学院图文传播暨数字出版学系（简称世新图传系），文化大学新闻暨传播学院资讯传播学系（简称文化资传系）。这四所学系专门为台湾印刷产业，提供高级技术与管理人才，为台湾印刷业注入了新鲜血液。但随着网络时代的来临，人们阅读习惯发生改变，不再依赖传统的印刷品获取信息，印刷产业逐渐走上末路。4所大学的印刷系为了冲出困境，与时俱进，从更名、改组、扩充师资、引进国外宝贵经验及国外高校教材，到更进一步地投入具有巨大空间与潜力的"数字内容产业"与"文化创意产业"，进行了一系列改革。它们的改革不仅加强了数字化传播的概念，同时提高了产业的研发创新能力。

2.1.1　师大图传系

师大图传系隶属科技学院，转型后分为"印刷出版科技"与"影像显示科技"两组，分别以"显示科技的印刷制程"及"显示内容制作"为两大发展主轴，搭上台湾LCD制成产业。为了贯彻有关部门培育重点科技人才的需求，推动"跨领域科技教育平台计划"，师大图传系与音乐系合作，研发出全世界第一套具有记录学习功能的全影像影音互动系统，并运用在节拍学习上，同时更企划将其运用于原住民部落中，以降低数字落差（城乡差距）的问题。[5]

2.1.2　台艺大图文系

台艺大图文系则是从印刷艺术系转型而成，其目标包含5大领域：影像艺术、数字媒体设计、印刷科技经营、媒体出版、科技管理。从传统的印刷教学转变为媒体应用教学。"以平面媒体为出发点，在多媒体方面整合与创作，更结合文化创意产业的加值与应用，让艺术加持于产业加值"。台艺大图文科系更强调训练学生的专案能力，让学生有机会接触业界的运作，累积实务经验并培训对产业的敏锐度。

2.1.3　世新图传系

世新图传系现阶段已"大出版观念"（编辑、复制、发行）为核心，从平面概念转变为立体概念，并加入声音及视讯效果。在转变过程中，较为独特的是开设创意写作课，加强学生的创意思维与文字表达能力，为出版界培养高阶管理人才。并且世新大学也有自己的校内印刷厂，让学生透过校内的实习，了解最新式的数字印刷流程，产业界更积极争取世新图传系的学生参加实习训练。

2.1.4　文化资传系

文化资传系所做的改变最大，连学术核心价值都做了改变，强调"数字汇流"（媒体、网络、电信）的概念，培育资讯传播人才，主张印刷系在现阶段资讯传播的概念下应被重新定位，并认为现阶段配合资讯科技展现出的跨领域，才真正符合印刷传播的价值。且文化资传系的传播模式，不属于社会科学，而是科技导向，所以在数字典藏应用上，着重在"程序撰写"与"软件的开发"，其中包括"数字学习之研究""线上多媒体检索技术之研究"等领域。

2.2 台湾各高校开设数字出版相关课程统计

数字出版课程依校院系所和学院不同而开设，开设数字出版专业科系主要偏向设计、传播、多媒体相关数字领域。总的来说，公立大学与私立大学开设课程内容几乎没有差别。但私立院校课程开课数量多；四年制大学及两年制技校都有开设课程，但四年制大学所开数量较多。就开课学制而言，主要集中在学士班和硕士班，博士班未开设相关课程。相关学校系所开设课程，见表2。

表2 台湾各高校数字出版相关课程开课情形

学校名称	科系名称	课程名称
南华大学	出版与文化事业管理研究所	数字出版相关课程
台北艺术大学	图文传播所	电子出版与媒体整合
台湾政治大学	数字硕士	数字出版
	资科系	学校名称
台湾艺术大学	图文传播艺术学系	互动式多媒体设计、互动式数字艺术
台北教育大学	教育传播与科技研究所	数字内容设计、互动式多媒体设计与制作、数字媒体脚本创作研究与分析
台湾师范大学	图文传播学系	电子出版技术与管理、数字影像制作
文化大学	资讯传播学系	数字出版专题制作
	资讯传播学系硕士班	超媒体与数字出版
世新大学	图文传播暨数字出版学系	数字印刷与电子出版
中正大学	电讯传播所	数字内容产制理论
大同技术学院	资讯管理学系	数字出版
大华大学	视觉传达设计学系	数字出版与印刷
北台湾科学技术学院	资讯传播系	数字出版
弘光科技大学	文化事业发展系	数字出版科技
亚太创意技术学院	视觉传达设计系	数字出版实务
东方设计学院	美术工艺系	数字出版

续表

学校名称	科系名称	课程名称
台中技术学院	多媒体设计系	印前企划与数字出版
虎尾科技大学	四媒体四甲	印前企划与数字出版
勤益科技大学	文化创意事业系	数字出版应用
台中教育大学	数字内容科技学系	数字出版
台南大学	美术学系	数字出版设计创作
	数字学习科技学系	数字出版与典藏
淡江大学	资讯与图书馆学系	数字出版与学术传播
醒吾技术学院	资讯传播系	数字出版与编辑

2.3 台湾当局与民间开设相关课程统计

台湾当局为推动数字产业发展，鼓励开展相关产业人才培训，培育新兴内容产业人才，以满足市场需求。相关开设数字出版培训教育，见表3。

表3 台湾当局与民间团体开设数字内容相关课程资讯[6]

单位	相关课程	网址
资策会	数字教育研究所	http：//w3.iiiedu.org.tw/
经济主管部门"工业局"	数字内容学院	http：//www.iiiedu.org.tw/
普生数字科技	出版人才培训中心	http：//www.m-plus.com.tw/
巨匠电脑	多媒体课程	http：//www.pcschool.tv

结论

数字出版所带来的冲击，犹如印刷术发明所带来的影响，加速了文化与信息的传播，给原有传播形式带来了影响。随着数字出版产业的不断成熟，技术领域的改变与提升，要求台湾传统的出版人才逐渐转变方向，提高自己的专业技能，向中高阶专业整合型人才发展。然而台湾各院校各科系均缺乏完整的产业流程，仅仅以单一技术课程为主，导致培养的学生在毕业后并不能立刻走上工作岗位，无法满足产业要求。教育不能走在产业与政策的后端，学校课程的设置必须要与产业的发展同步，能够随时满足产业所需。因此，产学合作愈发重要，学校应帮助学生在校所学使之能够无缝衔接工作应具备的能力。同时，老师应参考科技潮流随时调整授课内容，更改授课形式。

参考文献

［1］ 贺秋白.数字内容产业与出版产业之范畴比较[J].艺术学报,2004,74:58-59.

［2］ 潘怡臻.数字出版从业人员专业能力之研究[D].台湾:世新大学,2009.

［3］ 陈雪华,林维萱.数字出版产业之构面研究[J].教育学术期刊,2008.

［4］ 台湾数字出版联盟秘书处.2015台湾数字出版概况与回顾[J].新书资讯月刊,2016,203:35-37.

［5］ 数字时代.全台印刷教育进入维新时代[EB/OL].http://www.bnext.com.tw/,2007-05-15.

［6］ 吴佩芸,彭烨祺.台湾数字出版产业现况与人才培育之研究[J].文化事业管理研究期刊,2013(11)12-23.

我国数字出版的法律构建

——以知识产权保护为视角

李德升*

摘　要： 鉴于数字出版新颖性和复杂性，当前对其知识产权保护尚存诸多法律空白，数字出版在运行过程中出现版权许可转移制度不完善，集体管理机制衔接不足、版权交易过程风险叠加等法律问题。当务之急是从立法层面建立规范有序的著作权保护制度，在厘清数字出版法律关系情形下构建良性运转机制，方能发挥数字出版在文化传播领域应有功效。

关键词： 数字出版；数字版权；知识产权；版权许可

数字出版系出版业与高新技术高度融合的新兴出版业态❶，因及时性、直接性和广泛性日渐成为我国文化传播体系的重要内容。数字出版从介质之更新、流程之再造至内容之管理、阅读方式之转化，乃将数字化渗透于出版的每一个环节，[1] 拓宽了出版的范围和边界，成为新闻出版业的战略性新兴

---

* 李德升，博士、博士后，现为北京印刷学院新闻出版学院副院长，讲师。

❶ 1978年4月，J·A·Urqart于卢森堡"科技社会的未来出版"研讨会上，首次提出"电子出版"（electronic publishing）的概念，即"利用电子手段创建、管理、传播出版物的过程"。于我国，数字出版被定义为"利用数字技术进行内容编辑加工，并通过网络传播数字内容产品的一种新型出版方式。"参见《新闻出版总署关于加快我国数字出版产业发展的若干意见》，http://www.gov.cn/gongbao/content/2011/content_1778072.htm，最后访问日期2014年4月4日。

产业和出版业发展的主要方向。实践表明，法制环境对于行业可持续发展至
关重要，数字出版作为一项包含复杂技术的新型出版行业，亦需配套知识产
权制度的激励与保障。当下，作品数字化直接引发作品的性质与权利归属不
明的著作权问题，此种问题又系立法在数字作品合理使用、版权许可、版权
交易过程中规定不清造成。随着科技与经济日趋发展，立法者需将数字出版
特别是版权规则重新诠释，构建可操作性的知识产权保护蓝图，通过科学系
统的法律运行机制为数字出版创建、管理、传播的全部过程提供全面的法律
保护，方能在数字出版日渐兴盛的科技时代，发挥著作权促进创作、扶持媒
体的价值和功能。

1　数字出版的时代特征：技术发展引发法律变革

1.1　数字出版的技术变革

作为一种崭新的出版形态，数字出版的运作模式是：数字出版企业或
数字内容集成商获取作品授权，利用数字平台编辑规划出版内容，将其储
存于相应介质中，运用数字化技术管理并以电子图书、数字期刊等数字产
品形态传播，消费者使用特定数字终端读取显示。可见，数字出版将内容
出版商、数字图书销售平台商、终端阅读器生产商、图书数字化服务商、
技术提供商和电信移动运营商等几大主体对接，[2] 较传统出版模式在传播
模式、出版载体、传播方向、生产成本等方面存在诸多区别。在旧有知识
生产、加工、传递、分享、消费模式全新变革的情形下，数字出版较传统
出版的内涵外延均发生巨大的变迁，其带来的产业融合大出版时代具有鲜
明的时代特征。

第一，自印刷时代到数字时代更迭，数字化技术成为数字出版的主导，
版权保护范围渐由规避固定载体的非法复制扩充至防范数字内容本身之流
通。[3] 数字出版在媒介化社会应时而生，其表现形式、实现途径与应用方法

集中以数字化呈现：出版物借助二进制代码等数字化手段将出版内容定制、排版并贮存；版权管理以及流程管理借助数字加密技术、数字水印技术或DRM❶等数字技术；作品内容以手持阅听或共有媒体❷等显示技术及数字终端呈现。数字技术的采用导致信息组织方式发生根本变革[4]，针对文字印刷的传统版权保护方式亟须改革至以应对多元模式下数字版权危机。

第二，出版途径与受众渠道广泛将为数字版权保护设置科技屏障。随着"出版"日益成为泛化概念，知识形态的版代更迭逐渐由出版物的修订转化为数字出版物的更新换代[5]，数字出版不仅融合传统出版数字化之全部成果，亦包含新兴数字媒体。一是出版渠道扩张。出版主体不仅涵盖由出版行政主管部门管理的传统出版单位，亦包含应运而生、因时而动的所有从事泛出版行为的组织与个体[6]。二是出版路径简化。数字出版之出版流程与流通环节急剧压缩，传播方式从物流转化为信息流，从单向传递转变为双向互动。[7] 三是出版模式多样。出版方开辟多元媒介载体，加之网络以无线化、个人化的方式日渐扩张，簇生庞大的信息阅读群与读者消费群，数字出版受众方与日俱增。数字出版改变了传统获取和使用信息的方式，然从出版源头至出版物终端的泛化为数字版权人在依托传统知识产权法律体系的维权路径增设了障碍。

第三，产业融合的大出版时代，电子媒介人大量涌现引发出版人角色与出版产业生态极大变革，出版业竞争格局日渐激烈。一方面，数字技术的应用促使多元主体介入数字出版发行渠道，信息由信源至信宿（出版社至读

---

❶DRM（Digital Rights Management），即数字版权管理，是随着电子音频视频节目在互联网上的广泛传播而发展起来的一种新技术。其目的是保护数字媒体的版权，从技术上防止数字媒体的非法复制，或者在一定程度上使复制很困难，最终用户必须得到授权后才能使用数字媒体。参见冯柳平：《数字版权保护技术与应用》，电子工业出版社2013年版，第72页。

❷共有媒体，即"将各种基于数字技术、集制作者、销售者、消费者于一体，消解了传统信息中介的媒体系统"，具有超文本，多媒体和互动性特征，在出版领域，目前可关注的有博客、播客、维基系统、协同出版等。参见自胡泳：《共有媒体的种类》，《中国编辑》2009年第3期。

者）之单向传播机制转变为由数字版权人、数字出版商、内容提供方、技术提供商等主体机构共同维系；另一方面，多元的产业主体使数字出版的产业链由一元变为多元，数字出版商参与出版环节，移动运营商介入发行渠道以及阅读终端之更换，数字出版将顺应传媒融合之趋势，促使出版和其他媒介深度整合，使数字出版产业链纵横交织，同步发展。[8] 由于出版主体多元导致商业结构变更，如何应对新法律关系下各类主体权益体系，如何规避新经济链条引发多重数字出版风险皆为知识产权领域应当探讨的问题。

1.2 数字出版下法律关系的变革

首先，数字技术的使用使拥有版权的作者与拥有技术和传播途径的传播者在数字出版领域获得了空前的合作契机，[9] 信息传递快捷化与多元化使各方主体打破旧有出版传播格局，法律关系随之错综复杂。具体而言，法律主体主要包含：数字版权人（数字内容版权所有者）❶、数字出版商（从事数字出版的出版机构）、技术提供商（技术及基础设施服务，以及服务平台运营机构）❷、出版物消费者（通过有偿或无偿方式使用出版物）。因此，厘清各方主体在数字出版过程中应承担之权利义务、建立良好有序的产业链条是数字出版知识产权保护的重中之重。

其次，数字出版的客体系将作品以数字形态存储在磁、光、电等介质上，通过计算机网络进行海量、高速传递，并用计算机终端或其他电子设备进行阅读的出版物。[10] 数字出版物与网络信息之区别，在于其必须具有独创性或原创性，概言之，包含以网络形式销售的动漫、在线音乐、互联网信息服务提供者提供之原创作品、利用手机或手持终端进行阅读或下载的移动出

---

❶数字版权人既可以是数字化作品原创者,也可是作品数字化后享有权益的版权人,亦或两者兼具。
❷ 技术提供商不直接参与数字作品流通,仅为运营主体提供技术服务。目前出现综合运行模式,如亚马逊公司兼当数字版权人与技术提供商,用户在其网店购买数字出版物后,将在其电子设备kindle上直接获取产品。

版物等。数字网络背景下，值得探讨的是，版权人在出版物上设置的"技术措施"是否属于版权保护之客体范围？破坏技术措施之行为是否等同于侵犯数字出版物版权？从法律属性看，技术性保护措施系版权人私力救济，其目的是阻止他人未经许可访问或传播其作品，更有甚者设置技术措施系为版权人或作品提供人创设"接触访问权"❶，故规避技术措施之行为仅可被视为侵权预备行为。[11] 由此，虽然"技术措施"不属于数字出版客体范畴，但完全合乎著作权法的技术措施,仍应受到适当保护。

再次，法律关系范畴下数字出版的内容是指如何处理数字出版过程中的特定主体权利义务关系的具体行为准则。具体而言，法律关系的内容除包含出版物作者发表、署名、保护作品完整和修改权等精神权利，以及复制、传播等数字版权人享有的经济权利外，还应当将数字出版者享有的版式设计权这一邻接权纳入法律关系的内容。面对数字出版的内容范畴，应当探讨的问题是，传统的版权制度能否一并用于数字出版物？较传统出版物而言，数字出版物之复制、流通速度与日俱增，旧有法律保护机制是否能在原有范围、程度内发挥保障功能？必要的借用、新闻与学习目的是否仍可继续成为合理使用的正当理由，许可机制能否维系数字出版流通与版权保护，皆为确立数字出版物法律关系内容后应当解决的问题。

2　当下数字版权的困境展现：传统知识产权保护捉襟见肘

2.1　知识产权保护体系不足匹配数字出版

一套尚不健全的著作权保护制度在现实适用中会引发信息传播紊乱、版权定位复杂等一系列社会问题与法律风险，进而导致数字出版运行不畅，难以发挥数字出版的市场效益以及促进文化产业发展之功能。目前我国知识产

❶ 在美国《数字千年版权法律》出台的过程中,62位版权学者联名向国会提出建议,请求审慎处理技术措施的立法时提出"接触访问权"的概念。

权中相关数字版权保护制度体系，尚存诸多问题。

第一，现行数字版权法律制度存在诸多空白，立法盲点较多，对数字出版知识产权保障有限。目前国家在数字出版领域仅有《著作权法》《网络传播保护条例》两部法规，前者以"网络信息传播权"赋予数字出版的传播权利，❶后者将网络信息传播权的权利范围、权利限制以及侵权形态予以细化。整体观之，网络信息传播权系属数字版权中数字化传播权的范畴，实为适应网络环境而增设的一项权利，仅为数字出版版权形式之一种。[12] 数字出版囊括数字生产、数字管理以及数字传播三大领域，且数字传播路径日渐扩宽，现仅规定传播权且限定于"网络传播"之形式，基本法对数字出版内容之增添难言详尽。此外，尚缺乏数字出版的专门立法，现有法律规范仅调整数字出版的部分法律关系，或者法律位阶较低，难以提供全面有力的制度保障。反观韩国面对已有法规难以解决数字出版著作权问题时，除对旧有出版法律予以修订，另推出《网络数字内容产业发展法》《电子出版产业育成法》用以促进数字产业基础形成。[13] 由此观之，出台专门调整数字产业领域之法律迫在眉睫。

第二，数字出版相关立法滞后，难以应对传播媒介网络化、信息商品化下法律困境，突出表现在技术措施范围未定、数字出版标准尚未统一，以及难以调整因网络动漫、手机出版等领域产业更迭引发诸多法律问题，故现行的知识产权制度不足以及时应对日益复杂的数字出版产业发展。以数字保护技术为例，面临媒体传播多样性对知识产权保护带来的冲击，日本特颁布《内容促进法》用于保护作品知识产权，特别是在促进互联网认证技术、促进保护性技术手段的开发和使用方面予以政策保障。[14] 随着新技术对传统版权框架的挑战，我国数字出版立法滞后导致多项条款落后于产业发展，亟须

---

❶《著作权法》第10条规定"信息网络传播权"即"以有线或无线方式向公众提供作品，使公众可以在其个人选定的时间和地点获得作品的权利"；第37条规定了表演者许可他人通过网络信息向公正传播其表演并取得报酬的邻接权；第41条规定录制者享有信息网络传播权。

研究、实践以及制定适应新型法律关系的条款政策。

第三，法律规定可操作性差，数字出版版权制度难以得到贯彻执行。一是数字出版的立法多以各相关行政机关发布行政命令的方式推行，内容以原则性指导居多，且任意性较强，致使数字出版制度执行缺乏可操作性依据；二是法律解释不健全，争议条款界定不清缺乏执行标准，如对网络信息"避风港"规则表述模糊，易引发法律漏洞；三是缺乏基本法律的配套制度和实施细则，缺乏《数字出版物信息管理办法》《数字版权合同管理办法》等数字出版市场管理的政策法规。

2.2　数字出版的版权制度尚未健全

第一，数字版权合理使用范围尚有漏洞。我国版权限制制度分为"合理使用"与"法定强制"两种，合理使用制度系"他人根据法律规定而享有著作权的作品，不必征得版权人同意，亦不需支付报酬，但应尊重作者的精神权利。"[15] 因此，与传统出版行为相似的行为活动一旦放逐于数字网络环境，原有合理适用范围是否依旧适用是数字出版应当剖析的知识产权保护问题，如《著作权法》规定的"为个人学习、研究或欣赏，使用他人已发表作品"的使用方式在数字环境下能否为之？复制图书馆、档案馆、纪念馆数字化作品与传统复制行为是否相异？更重要的是，判断合理使用的范围是否仍依照《伯尔尼公约》"三步检验标准"？❶在数字出版范畴内，对合理适用范围界定值得探讨。

第二，数字出版版权许可方式仍需扩展。我国版权许可途径分为法定许可与自愿许可，前种许可下使用他人作品不需要获得版权人许可，支付相应报酬即可；后者系版权人与作品使用人订立合同条款商定使用许可以获取经

---

❶ 根据《伯尔尼公约》，合理使用应当符合三个要件，即①有关的使用是就具体特殊情况而言；②该特殊情况下的适用没有影响著作权人对于作品的正常使用；③没有不合理损害著作权人合法权益，又称"三步检验标准"。

济效益。❶法定许可系平衡公共利益、市场公平与版权人私权益之制度，为更好地保障著作权人利益与数字内容获取方权益，扩展数字出版条件下的法定许可范围势在必行。然问题症结在于，《著作权法》所支持的法定许可体系尚未囊括数字出版，❷《网络传播保护条例》也仅提供编制教学课件、因扶贫目的出版作品两种情况。此外，自愿许可方式在数字出版环境亦受阻碍，数字作品授权之数量与一对一交易授权之烦琐无法协调，因此亟须扩宽自愿许可路径，改善许可合同签订方式，提高数字出版市场执行效率。

第三，数字版权集体管理制度衔接不足。数字出版尚属新兴行业，行业发展需依靠著作权管理制度，然当前著作权管理机制乃以作品类型划分，且相互合作沟通甚少，难以应对数字出版行业内容综合、技术更迭的需求，若以当前管理模式行之，易产生数字出版内部组织关系割裂、管理机制衔接不足的困境。同时，仅从立法层面保障数字版权发展独力难持，数字版权保护亟需配套设计衔接，特别是权属确认阶段，海量数字作品权属定位困难，相关著作权信息汇总、查询途径未予构建。此外，由于数字出版产品形式多元、版权问题复杂、转让模式复杂、侵权行为多样，在数字集体管理模式尚显生疏的条件下构建何种保护机制仍需探讨。

第四，数字版权交易过程风险叠加。版权交易须签订授权合同，但版权权属争议、数字技术壁垒、版权价值泡沫、诉讼成本未知等诸多因素均会影响数字出版物存续流通。数字版权交易存在法律的风险主要包含：权属风险（在版权转让过程中，版权归属不明为出版单位版权转让埋下隐患）、利益分

---

❶《著作权法》第24条对著作权许可使用合同的内容做出了具体规定,同时,《著作权法实施条例》第23-25条对许可使用合同订立情形、权利性质和订立方式进行了进一步规范和完善。这些针对著作权许可使用合同订立制度所作的规范,从合同履行程序、合同内容范围和合同签订的特定情形等方面,确立了我国主要以合同为主要方式的著作权授权许可制度。
❷《著作权法》第23条、第33条第2款、第40条第3款、第43条第2款、第44条分别对教科书法定许可、报刊转载法定许可、制作录音制品法定许可、播放已发表作品法定许可四类情形予以规范。

配风险（转让合同约定不明，作者、出版方、使用方三方权益分配矛盾）、技术风险（因行业壁垒导致出版社未掌握核心技术，影响销售额与业绩的获知以及数字衍生品开发经营）、内容风险（数字出版内容违法或作品未经合法审批导致禁止出版或撤回）。数字出版作为新生文化产业，市场环境愈渐成熟即对风险规避和控制措施之需求更为强烈，但目前鲜有政策调控版权交易的市场风险，对于数字出版知识产权保护而言不无遗憾。

3　数字出版的知识产权体系重构：法律与制度的双管齐下

3.1　健全数字版权制度法律体系

首先，需探讨数字版权制度构建原则。其一，应体现前瞻性原则，社会经济条件的不断发展和新型版权客体的陆续出现对数字出版的版权保护提出新的挑战，应当从发展的角度制定数字出版版权制度，将该原则体现于版权许可方式、版权保护期、版权价格限额等规定中。其二，应体现著作权法的平等原则，在数字版权授权与转让过程中当事人权利义务关系对等，版权政策应当协调创作者、传播者、使用者权益。其三，应当坚持版权保护与表达自由相统一的原则，因类施限，权衡专有使用、授权使用、法定许可、合理使用之间的限定幅度，在促进表达、观点与思想多样性基础上，保障社会精神资源公正分配；最后应当遵循吸收借鉴原则，在构建数字出版制度中充分吸收美国、日本、韩国等先进国家立法理念与方式，将其融合于我国数字出版法制构建中，从实体规则与程序规则双方面与国际接轨，构建良性政策制度。

版权制度是一种公共政策的工具，是国家为了公平分配、有效促进市场利益而采取的市场调控手段，而一套可操作的调控手段需要配套政策共同支撑。[16] 构建数字出版知识产权制度，应当从国家立法层面和政策制度层面双管齐下，既包括国家制定数字出版著作权保护条例，又需要地方政府制定配套政策予以补充；既包括制定总括条款对数字出版过程中的版权转让、许可、授权等市场行为予以规定，又需要企业制定行业规范规避市场运作中各项风险。具体而言，应当完善《著作权法》对数字出版的界定，并出台单行法规《数字出版管理条例》完善数字出版主体权益、客体范畴、权属认定、市场运作规则、违约责任与救济方式等法律体系，同时制定配套措施《数字出版物信息管理办法》《数字版权合同管理办法》，完善数字版权备案管理，使数字版权制度日趋规模化、合理化。

3.2 规范数字版权制度运行机制

第一，对"合理使用"数字出版物的再定义。数字出版范畴内合理使用之再定义，一是确立数字出版是否适用于《著作权法》第22条合理使用范围。该条第4、5项所称"报纸、期刊、广播电台、电视台等媒体"是否包含互联网、手机以及各类手持移动媒体尚显争议，考虑到媒体的开放性与多元性，可将"媒体"扩大解释包含数字出版终端。二是《网络传播保护条例》对合理使用之规定与《著作权法》相异部分应如何解决，如前者规定合理使用对象为"向公众提供在网络信息上已经发表的关于政治、经济问题的时事性文章"，而后者范围包含"宗教问题时事性文章"，在此情况下应以后者为依据，因为其更能维护信息传播自由这一立法价值。三是明确在数字环境与传统环境相异的情形下，合理使用范围界定标准问题。在数字网络环境下，作品使用的潜在数量庞大，《著作权法》之旧有规定难以应对，概言之，除目前法律规定外，尚应区分何种行为可对权利人造成直接损害，即使用作品的行为结果是否给权利人带来损失，即可断定该行为的实质合理性。此外，建议对合理使用的判断标准引入主观因素，即判断使用人是否趋于恶意，因传统合理使用的"三步检验标准"常以外在行为作为判断指标，但数字环境下内容庞大以及传播间接，往往出现形式符合合理使用但出于恶意，仅以可见的形式判断不足以应对数字出版侵权状态。合理使用制度在数字出版环境下旨在平衡利益，保证数字信息的流通和科学技术的进步，同时又最大限度维护创作者的激励利益，[17]因此应当对数字版权的合理使用予以特殊界定，方能应对数字化时代的挑战。

第二，重新确立数字出版法定许可规则。在权利人经济利于与使用者表达利益之间维持必要的平衡是法定许可制度设计意义，在新媒体传递快捷便利的背景下，确立数字出版法定许可规则，一是扩大法定许可范围，将纸媒介、录音制品录像法定许可与数字作品许可对接，允许将纸媒体、录音制品的传统出版物法定许可拓宽至数字作品，并继续拓宽至录像制品、摄影作品、计算机软件等作品形式；二是在扩大范围同时增加声明条款，❶即只要著作权人事先声明不得转载、引用、传播等，其内容均不得被运用于数字出版，即便已支付合理报酬；三是为使数字出版过程公正透明而引入"公告条款"，❷规定网络服务提供者应当在使用法定许可之信息前公告拟提供的作品及其作者、拟支付报酬的标准，给予著作权人二次否决权，公告期满著作权人无异议即可使用作品；四是引入补偿金制度，将其作为法定许可制度的有效补充，重新设计收费机制，通过向版权人支付合理费用而免除非个人非商业性复制和传输者的版权责任。❸

第三，明晰技术措施使用范围。技术措施是一把双刃剑，一方面维系数字版权，从源头切断未经许可即复制、使用、传播的途径，另一方面影响合

---

❶事前声明条款体现《著作权法》第33条第2款，第40条第3款，即"著作权人声明不许使用的不得使用"。

❷公告条款体现在《信息网络传播权保护条例》第9条，对于扶贫项目，通过信息网络向农村地区的公众免费提供中国公民、法人或者其他组织已经发表的种植养殖、防病治病、防灾减灾等与扶助贫困有关的作品和适应基本文化需求的作品，网络服务提供者应当在提供前公告拟提供的作品及其作者、拟支付报酬的标准。

❸Neil Weinstock Netanel提出非商业性使用税[NUL]，即向与P2P有关的产品和服务收税，作为回报，允许非商业性的P2P文件共享不受任何限制，参见Neil Weinstock Netanel, Impose a Noncommercial Use Levy to Allow Free Peer-to-peer Flle Sharing, 17 Have.J.L.&Tech.1(Fall, 2003).转引自宋慧献：《版权保护与表达自由》，知识产权出版社2011年版，第480页。

理使用和法定许可范围内的知识传播。❶目前，对技术措施的限制仅体现于《网络传播保护条例》第12条，即针对教学研究、盲文作品、执行功能和网络安全测试的情形下行为人可以避开技术措施，但不得向他人提供避开技术措施的技术、装置或者部件。面对技术措施在版权保护与作品使用自由之矛盾，应在确认数字出版商有权在出版物上采用技术保护措施的同时，从《著作权法》层面合理扩充技术措施适用免责范围。概言之，个人或机构如满足基于合理使用或法定许可事由，在穷尽其他途径仍无法获取信息之前提下，即可采取合理措施自行规避技术保护措施或者通过他人获取规避工具，此种情况下规避者与规避工具提供者不承担任何侵权责任。

第四，明确数字出版主体应享有权利义务。权利与义务应需对等，在数字出版合同签订中，数字出版者基于平等协商应享有的著作权利为：数字出版权（复制、发行权）、专有使用权（如有约定）、合同终止权（版权人违约）、版式设计专有使用权；应承担的义务为：支付报酬、符合法定资质、作品审查、保障数字作品完整。数字版权人应当享有的权利为：索要费用权、约定许可期间权、合同终止权（出版商违约）、精神权利（如版权人为作者）；应承担的义务为：作品内容合法、版权授权合法、版权排他义务（如约定）、按期提供作品、支付版税（向作者）。技术提供商享有的权利为：著作权侵权免责❷；应承担的义务为：按约定将作品数字化；维护数字出版技术运行；合理提供技术措施。

第五，构建著作权集体管理模式。鉴于数字出版特殊法律关系，目前亟需构建数字版权集体管理机构，并赋予一定职权范围。一是拓宽管理机构的

---

❶我国《著作权法》第47条将故意避开或破坏技术措施的行为定为侵权行为；《网络信息传播保护条例》第4条包含对规避行为及规避工具的禁止，即任何组织或个人不得故意避开或破坏技术措施；不得制造、提供、进口相关装置或部件；不得故意为他人破坏技术措施提供技术服务，第26条规定了"技术措施"法律含义。

❷由于技术服务商不参与数字出版的运行，故不承担出版物的侵害著作权的责任。但鉴于数字出版物附带技术保护措施，如该措施侵害公民合法获取知识的权利，仍应当承担责任。

授权范围，许可集体管理机构可突破数字版权人事先授权规则❶，改善传统授权许可一对一模式，预先与数字出版机构签订合同，同时约定数字作品收益分配比例以及事后退出程序；二是对数字标准化问题的解决，技术标准不统一引发数字出版承担极大成本，亦不利于资源内容交换整合。[18] 在立法尚未完善的环境下，可扩大管理机构职能范畴，将统一技术标准之重担交由集体管理机构，由其制定数字出版物标识标准、信息分类、字符集标准、词表分类等基础性标准，减轻市场成本负担以及对数字出版标准不统一衍生的管理负担；三是与国家版权局合作建立版权登记交易平台，完善数字版权登记备案制度，明细版权归属，以便集体管理机构履行参与诉讼程序，实现全面保护。

结论

诚如波斯纳所述："对财产权的法律保护有其创造有效使用资源的诱因的经济功能。"[1] 知识产权作为信息创造者获取经济利益的表达方式以及财富的表现形式，相关立法应当切实保障资源优化配置与产品效益提升。笔者认为，当务之急是从立法层面规范数字版权运行机制，重新定义合理使用与法定许可的界限，界定技术保护措施适用范畴，设立数字版权集体管理机构对版权权属与转让行为加诸管理，并在操作中明晰数字出版法律主体应享之权利义务。作为一项保护数字出版免受侵害的制度措施，在面对出版物通过便捷高速的网络传输给知识产权保护带来前所未有的挑战情形下，采用设计得当的机制足以平衡数字版权人与公共群体之间的利益，从而最终推进技术创新及文化产业发展对公众福利的促进。

---

❶《著作权集体管理条例》第2条规定,我国著作权集体管理机构应先经权利人授权方能履行法定职能,即以自己名义与使用者签订许可使用合同、收取费用、参与诉讼仲裁等司法程序。

参考文献

[1] 夏德元.数字出版与传播研究[M].上海:上海人民出版社,2012:5.

[2] 乔卫兵,崔清北,黄静.数字时代美国出版业的观察与思考[J].出版参考,2012(19):45-48.

[3] 高富平.寻求数字时代的版权法生存[J].知识产权,2011(2):10-16.

[4] 张大伟.数字出版即全媒体出版轮——对"数字出版"概念生成语境的一种分析[J].新闻大学,2010(1):113-120.

[5] 陈琛.云出版架构下数字出版产业发展的法律策略[J].出版广角,2013(17):73-75.

[6] 夏德元.数字时代电子媒介人的崛起与出版新视界[J].学术月刊,2009(9):21-27.

[7] 穆青.浅析知识产权战略对我国数字出版发展的作用[J].出版发行研究,2010(6):57-60.

[8] 程维红,等.我国科技期刊有传统出版向数字出版转型的对策建议[J].中国科技期刊研究,2011(4)467-474.

[9] 宗俊峰.大学出版社数字出版的探索与实践——以清华大学出版社为例[J].现代出版,2011(1):20-24.

[10] 陈生明.数字出版理论与实践[M].人民教育出版社,2009.

[11] 宋慧献.版权保护与表达自由[M].知识产权出版社,2011:431-432.

[12] 李孝霖.数字出版产业版权困境解析[J].电子知识产权,2010(1):69-73.

[13] 陈玉凤,黄先蓉.韩国数字出版法律制度的现状与趋势[J].出版科学,2013(1):94-97.

[14] 黄先蓉,陈玉凤.日本数字出版法律制度的现状与趋势[J].出版科学,2013(1):90-93.

[15] 李明德,许超.著作权法[M].北京:法律出版社,2003:10.

[16] 向凌.人权法视野下著作权合理使用制度改进的原则[J].广东社会科学,2013(4):242-247.

[17] 吴汉东.著作权合理使用制度研究[M].北京:中国政法大学出版社,2005:217.

[18] 左文.文化全球化视野下的中国数字出版业[M].北京:清华大学出版社2012:96.

[19] 理查德·波斯纳.法律的经济分析[M].北京:法律出版社,2012:34.

趋 势 分 析

— 数 字 出 版 前 沿 —

大数据时代出版业发展趋势研究[*]

黄孝章　刘　益[**]

摘　要：文章阐述了大数据的主要特征及国内外大数据的发展与应用现状，分析了大数据给出版业带来的挑战和发展机遇，并从出版商角色转变和数字出版向数据化出版转变等方面分析了大数据时代出版业的发展趋势。

关键词：大数据；出版业；信息服务

2013 年被国内外许多媒体称为"大数据元年"，大数据影响着社会生活的方方面面，它将引发人类社会管理模式、消费模式等的革命性变革，也将对传统产业产生巨大的冲击。随着大数据研究的不断深入，围绕大数据商业价值的利用逐渐成为行业的焦点。出版业如何迎合大数据，创新发展模式，对出版业的发展具有十分重要的意义。

1　大数据发展概述

1.1　大数据的定义及特征

目前，关于大数据的定义很多，无论是产业界还是学术界，都没有统一和严格的定义。简单地说，大数据是指无法通过现有主流（常规）技术和工

───────────────

* 本文原载《科技与出版》2014 年第 10 期。本文受北京印刷学院重点项目"三网融合背景下北京数字内容产业发展模式研究"及"北京印刷学院出版印刷企业经管管理校级优秀科研团队建设项目"资助。

** 黄孝章，博士，现为北京印刷学院经济管理学院教授，信息管理与信息系统专业负责人；刘益，现为北京印刷学院经济管理学院执行院长，教授。

具软件在可接受的时间内管理、处理和分析的数据集合。

大家普遍认同的是关于大数据的4个基本特征，即大数据的4V特性：数据量大（Volume）、多样性（Variety）、价值密度低（Value）、速度快时效高（Velocity）[1]。

1.2　大数据的发展和应用现状

自2010年以来，大数据便成了IT界最热门的话题，也是产业界和学术界关注的焦点。2012年3月22日，奥巴马宣布美国政府投资2亿美元启动"大数据研究和发展计划"，将大数据提升为国家战略。IDC（互联网数据中心）预测，到2015年，全球大数据市场将增长至169亿美元，该领域每年的增长率将达到40%。美国麦肯锡公司预测，如果美国医疗保健行业有效利用"大数据"，就能把成本降低8%左右，从而为美国医疗服务业每年带来3000亿美元的潜在增加值，零售商充分利用大数据可实现运营利润增长60%[2]。德勤的报告显示，2010年1月以来，英国政府Open Data网站的人均访问页面数增长了285%，英国政府通过高效使用公共大数据技术每年可节省约530美元[3]。

很多国家或国际组织都将大数据视作战略资源，国内外知名企业也纷纷涉足大数据，将大数据视为其核心资产，并制定了大数据的发展战略。目前大数据应用已涉及电子商务、金融、医疗、保险、互联网、通讯、教育、零售业、旅游、制造、农业、能源等行业领域。

2　大数据应用给出版业带来的挑战

2014年春节腾讯推出的微信红包让很多用户体验了微信支付。"三八节"阿里巴巴和1000多家电影院、KTV和餐厅合作推出了生活节，消费者使用手机淘宝等软件进行预订就可以用3.8元的价格看电影，或享受3.8折吃饭的优惠。2014年春运、两会期间、清明节和"五一"，央视和百度、亿赞普数据公司合作，推出了"据"说迁徙（百度地图春节人口迁徙大数据）、两会大数据和大数据看出行等大数据栏目，更是让人们体会到大数据的魅力。

从阿里金融、微信支付、滴滴出行、大众点评、春雨医生、美团外卖及央视大数据栏目等无不说明，由大数据、云计算、移动互联网和物联网等技术应用引发的新一轮互联网应用浪潮正在引领传统行业业务和商业模式的变革，也给传统行业带来了巨大的挑战。

互联网的媒体属性正在快速延伸，互联网正在慢慢地取代传统媒体。大数据时代，出版业正面临着以下几方面的巨大挑战。

2.1　数字化阅读的快速增长

出版行业是最早受互联网冲击的行业。新浪、搜狐、网易等门户网站诞生之后，受数字化阅读的影响，报纸、杂志等纸媒受到巨大冲击。《2013年度中国报纸广告市场分析报告》显示，2013年全国报纸广告刊登额全面下降，降幅达8.1%，超过2012年的7.5%，降幅最大的是东北地区，达到10.2%，全国性报纸也下降了4.9%，这表明报纸广告的衰退在逐年加剧。中国新闻出版研究院发布的《2013年新闻出版产业分析报告》指出，2013年全国共出版期刊32.7亿册，较2012年下降2.3%。从《2013年新闻出版产业分析报告》看，纸质图书出版尽管还保持着稳定的增长态势，但增速放缓，未来增长空间有限。

中国互联网络信息中心（CNNIC）发布的《第33次中国互联网络发展状况统计报告》显示：截至2013年12月，中国网民规模达6.18亿，互联网普及率为45.8%，较2012年增长3.7个百分点，中国手机网民规模达5亿，网民中使用手机上网的人群占比为81.0%，成为中国网民的最重要组成部分。2014年4月21日中国新闻出版研究院发布的《第十一次全国国民阅读调查结果》显示：2013年，从新兴媒介来看，我国成年国民人均每天上网时长比 2012 年增加了 4.01 分钟；人均每天手机阅读时长比 2012 年增加了 5.18 分钟；2013 年有 44.4% 的成年国民进行过网络在线阅读，较 2012 年上升了 11.8 个百分点；41.9% 的国民进行过手机阅读，较 2012 年上升了 10.7 个百分点。

2014 年 5 月 26 日，北京电视台的《北京你早》栏目报道了上海爱猫新媒体数据科技有限公司正式发布"基于大数据的有线电视与互联网云视频无缝融合解决方案"。该方案可汇聚互联网上海量的视频资源于有线数字电视终端。该方案基于云端的"一云多屏"技术，实现了多屏互动和屏屏互通，消费者可以随时随地通过手机、平板电脑、电视等终端等途径搜索、观看和阅读互联网上的内容资源。互联网和有线电视的无缝融合将会使我国 1.46 亿的有线数字电视用户很快进入到数字化阅读的行列。

大数据时代，互联网应用环境的不断完善和快速覆盖及基于大数据的各种信息服务将促进数字化阅读的快速增长，也预示着传统的纸质出版将面临更大的生存压力。

2.2 电子商务企业进军出版领域

2014 年 3 月 19 日，京东集团宣布"京东出版"系列图书正式上线，并推出了"京东出版"的第一本纸质图书《大卫·贝克汉姆》。"京东出版"标志着电子商务企业拉开了进军出版领域的序幕。

当当、卓越、京东等电子商务企业拥有巨大的用户群和多年积累起来的用户行为数据，通过对用户行为大数据进行分析，他们能从中快速了解到用户的阅读兴趣、喜好和特征等信息，也能快速预测出，通过自己的销售渠道，各类图书在不同地区、不同时段的大致销售数量。

电子商务企业比传统出版企业更接近读者，更能了解读者的阅读需求，同时电子商务企业还具有渠道优势。因此，电子商务企业进军出版领域的风险并不像我们想象的那样大，电子商务企业内容自制出版将成为出版业一种新的发展模式，同时也将给传统出版业的发展带来巨大的挑战。

2.3　个性化、实时性信息消费需求的快速增长

大数据时代，政府、行业及企业等各个层面将进一步开放其所掌管的各种数据，人们个性化、实时性的信息消费需求将呈快速增长趋势，就像我们随时通过手机就能获取天气预报信息一样，人们希望能够方便、快捷、实时地获取和阅读与其生活、工作和娱乐等相关的信息。出版业如何通过技术应用、产品创新，改变传统的出版和服务模式，运用技术手段，及时甚至是实时地获取读者所关心的数据，定期甚至是实时地更新出版物的某些内容，如某些基于数据分析的研究成果等，并能快速地推送给读者，从而不断地去满足人们日益增长的个性化和实时性的信息消费与阅读需求，将是出版业必须面对的课题，也是大数据时代出版业面临的重要挑战。

3　大数据时代出版业的发展趋势

3.1　出版商向信息和知识服务商转变

2013年8月15日国务院下发了《关于促进信息消费扩大内需的若干意见》（以下简称《意见》），《意见》提出，到2015年，信息消费规模超过3.2万亿元，年均增长20%以上，带动相关行业新增产出超过1.2万亿元，其中基于互联网的新型信息消费规模达到2.4万亿元，年均增长30%以上。

《意见》指出，要大力发展数字出版、互动新媒体、移动多媒体等新兴文化产业，促进动漫游戏、数字音乐、网络艺术品等数字文化内容的消费；加快建立技术先进、传输便捷、覆盖广泛的文化传播体系，提升文化产品多媒体、多终端制作传播能力；加强数字文化内容产品和服务开发，建立数字内容生产、转换、加工、投送平台，丰富信息消费内容产品供给；加强基于互联网的新兴媒体建设，实施网络文化信息内容建设工程，推动优秀文化产

品网络传播，鼓励各类网络文化企业生产提供健康向上的信息内容。

2014年3月全国"两会"期间，国务院总理李克强在政府工作报告中明确表示，要促进信息消费，实施"宽带中国"战略、加快4G建设。基于互联网发展的信息消费经济被提升到国家战略层面，促进信息消费已经成为国家有效拉动需求、催生新的经济增长点的重要手段。

中国工信出版集团总经理、电子工业出版社社长敖然指出，"有效信息才是我们这个社会的稀缺资源，信息消费产业的主力军恰恰是新闻出版业"，"如果我们能够在其中分得一杯羹，就能通过信息消费创造出比我们传统出版业要大得多的一个市场"。

信息服务业是一个涉及信息产品生产、传输、发布与消费等众多领域的综合性行业，其产业链包括信息用户、电信运营商、支付企业、广告商、设备制造商、软件开发商和信息服务商等多个环节。其中的信息服务商是指从事信息服务的各种机构及机构中的有关人员，是信息服务的主体，它们通过生产和供给信息产品来满足用户的信息消费需求。

在大数据时代，人们的生活与工作节奏将进一步加快，人们的信息消费需求除了呈现移动化趋势外，还将呈现出实时、快捷、及时、方便、个性化等特征。传统出版由于出版周期较长，信息滞后，很难满足人们快节奏、个性化和移动化的信息消费需求。出版业如果还抱着传统出版不放，想当然认为还有很多读者喜欢纸质图书，其结果将是很快沦为互联网企业的附庸。

近几年来，许多出版企业在信息和知识服务方面开展了积极的探索，并取得了一定的经济效益及社会效益。如人民卫生出版社的"卫人网"，包括医学教育、医学考试、医学学术、医学资讯和大众健康等频道，能为医学院校师生、广大医务工作者提供在校教育服务、职业资格考试培训、医学继续教育等知识服务，也能为普通大众提供医疗健康方面的知识服务；知识产权出版社的"中外专利数据库服务平台"能提供涉及各行业发展的专利信息服务；法律出版社的"法律门"能为法律专业人士以及公众提供包括法律法规、司法判例、仲裁案例、合同文本、法律释义等信息和知识服务。

面对巨大的信息消费市场，出版业作为信息产品的生产者和提供者要想在信息服务业中占据主导地位，就必须紧跟互联网发展步伐，不断关注三网融合、媒介融合、工业和信息化融合、互联网和传统产业融合等所带来的发展机遇和挑战，通过平台互动、大数据分享、云服务等方式及时了解传统读者对图书以及关联产品的需求，了解智能手机、平板电脑、穿戴式设备等终端用户对数字内容的消费和阅读需求，不断通过内容、产品形态和服务模式创新等手段为读者提供更贴近的服务。亚马逊公司正是基于数据分析做出决策，并借助其优秀的图书推荐体系、方便快捷的搜索技术和优秀的物流系统，为消费者提供更贴近的服务，从而获得了巨大的商业价值[4]。

转变传统观念，变革发展模式，实现从以产品为中心向以服务为中心的转变，实现从出版商向信息和知识服务商的转变将是出版业重要的发展趋势。

3.2　业务驱动型出版模式向数据驱动型出版模式转变

传统出版是以业务和技术为驱动的生产模式。该模式的特点是在出版过程中，以业务为主线，并以业务为中心构建信息系统，数据主要用于满足企业内部管理和统计的需要。业务驱动型生产模式的缺点是很难挖掘和发挥数据的商业价值，很难解决出版企业与客户及消费者之间的连接问题。

数据驱动型出版模式是以数据为驱动力的生产模式。一切以数据说话，以数据分析为基础的决策将贯穿从选题策划、内容加工到内容传播与营销的整个出版过程。

3.2.1　基于大数据的选题策划

选题策划是出版社图书编辑出版流程的起始点，也是关乎出版社经济效益的关键环节。目前大多数出版社的选题策划主要依赖于编辑的经验和对市场的主观判断，选题策划方法和手段并不能和读者建立有效的连接，致使许多选题未能满足读者需求。同时选题策划流程繁杂，包括信息部门主任审查批准、上报出版业务管理部门、报总编辑审查批准、与作者签订出版合同等诸多环节，从而使选题策划的成本和时间大大增加。为追求经济效益，规避风险，出版业长期存在重复选题出版、跟风选题出版等问题，大大降低了出版的文化价值和社会效益，背离了出版的本质，这也是出版业图书库存长期居高不下的主要原因。

出版的本质和目的是满足读者的阅读需求，如何满足读者的个性化需求是出版社一直追求的目标。在传统出版环境下，编辑的选题策划工作之一就是组稿，稿件来源无非两种途径：一种是作者主动投稿，另一种是编辑主动约稿。这两种组稿方式都无法保证稿件内容的质量，很难满足读者的信息消费需求。

互联网是信息的海洋，也是我们获得信息的主要来源。我们不仅可以从互联网上获取学术信息、行业信息、出版信息以及读者的阅读需求信息等，还可借助大数据分析技术对各种零散的信息进行整理、分类、汇总和挖掘分析，从而挖掘出更能贴近读者阅读需求的选题，或为选题策划提供准确、有效的信息[5]，从而提高选题质量，降低选题风险。

博客、微博、论坛、贴吧、书评网站、读书频道、文学网站、社交网站等是互联网上满足读者个性化阅读需求的重要场所，当当、卓越、京东等网上书店则是读者购书的重要渠道，这些地方保存着读者阅读、浏览和购书的点滴信息。

在《中国网民阅读大数据》报告中，百度大数据显示，60%以上的男性比较喜欢搜索艺术类、教材类、科技类和文学类图书，而60%以上的女性则比较喜欢搜索社科类图书。10~19岁网民对考试类、教辅类图书的搜索，20~29岁网民对原版图书、生活类、心理励志类、管理金融经济类、考试类、外语类、小说类图书的搜索，30~39岁网民对旅游类、心理励志类、管理金融经济类、艺术类、教材类、外语类、社科类、科技类、少儿类、文学类、小说类图书的搜索占比都在30%以上。

根据京东提供的大数据，在2013年京东销售图书中，销售量由高到低的排序为：文学类、文教类、社科类、科技类、少儿类、经管励志类、生活类、艺术类、原版书、其他和套装。文学类和文教类是图书销售市场的主要组成部分。数字阅读按品类点击量排序分别是：文学类、经管励志类、社科类、科技类、生活类、文教类、少儿类、艺术类。

大数据为出版社从海量的信息中获取优质内容选题提供了基础。基于大数据技术，通过对用户阅读行为、特征及购买记录、图书资讯、连载书访问等数据进行分析，挖掘和捕捉读者的阅读兴趣和爱好，实现选题内容和流程创新，以满足读者移动化、个性化的阅读需求，将是出版社选题策划的重要发展趋势。

3.2.2　基于大数据的精准营销

出版业尽管采用了微博营销、微信营销、电子邮件营销等新型的营销方式，但营销效果并没有达到质的提升。《中国网民年度阅读大数据》报告（表1所示为该报告中的部分统计分析数据）显示，通过大数据分析，出版社能及时了解：各个地区、各个城市及不同销售渠道图书分类的销售情况；按年、季、月统计的图书分类销售情况；每位作者所编图书的销售情况；不同地区和城市读者的阅读兴趣和爱好；不同性别、不同年龄段、不同职业和不同教育背景的读者在不同地点、不同时间段的阅读、浏览、搜索和购买行为；竞争对手图书在各地区市场的占有情况。大数据还可以帮助出版社了解中小学及高校教材及教辅的使用情况、教师选用教材的标准、更换教材的原因及竞争对手教材的使用情况等。

大数据营销可以帮助出版社通过量化和深入的数据分析，精准地洞察和挖掘客户需求，从而精准地锁定目标客户群，以实现一对一和个性化营销。

出版业尽管目前还不具备大数据应用环境，但大数据营销就像微博和微信营销一样，离人们并不遥远。基于大数据的精准营销是出版业营销策略发展的重要趋势，出版业应以大数据思维，积极迎接大数据的发展，加强和互联网及大数据企业的深度合作，尽快实现大数据营销策略转型，见表1。

表1　2013年《中国网民年度阅读大数据》部分统计数据

数据类别	数据描述
线上和线下渠道全国图书零售市场销售情况	地面书店图书零售市场，自2012年首次出现负增长以来，2013年地面书店的销售情况继续下滑，负增长率为-1.39%，而对于在线零售渠道图书销售规模，近3年来逐年增长，2013年的增长率超过了30%
网民阅读/浏览行为呈现逐年增长趋势	阅读/浏览行为是网民业余时间第二大最经常做的事情，仅次于社交/即时通讯。京东图书每周的PV（页面浏览量）达到6000万
网民终端阅读趋势	自2012年以来，PC端呈快速下降趋势，而移动端近3年来呈匀速增长
不同城市网民阅读偏好	如北京网民对文学类、少儿类和政治及军事类图书更感兴趣，上海网民对文学类、家教与育儿类、社科类图书更感兴趣，而广州网民对文学类、少儿类、经济类图书更感兴趣
网民百度图书搜索偏好	不同性别和不同年龄的网民表示出不同的搜索偏好，如10~19岁网民侧重对考试类、教辅类图书的搜索，40~49岁最热衷于生活类图书
网民购书高峰时间点	如京东的年度热点是6月、11月（双十一促销）、3月、9月（开学）。周热点是星期二，平均13万单/日。日热点是晚间21：00~23：00，平均下单量可以达到1.2万单/小时
微博读书用户特征	男性是微博读书的主力，占比达到65.93%；大专以上学历网民占比达到91.89%；70后和80后是微博读书的主力，分别占比35.73%和44.51%
图书销售按地区排行	如2013年京东购买图书最多的10个省份分别是：北京、广东、上海、江苏、四川、浙江、山东、湖北、天津和辽宁。位列前三名的北京、广东和上海三者合计销量占比达到43%。东、中、西部的购买量相差悬殊
图书销售按品类排行	如京东电子图书按品类点击量排序依次为文学类、经管励志类、社科类、科技类、生活类、文教类、少儿类、艺术类

3.3　与互联网和大数据产业深度融合

　　腾讯等社交网站解决的是人与人联结的问题，百度解决的是人与信息联结的问题，京东、阿里巴巴等电子商务企业解决的是人与商品联结的问题，阿里金融、微信支付解决的是人和资金联结的问题，而大数据解决的是人和服务、企业和消费者联结的问题。大数据应用一方面给传统产业带来巨大的冲击，另一方面将使传统产业和互联网的融合范围和深度进一步扩大，融合进程将加速推进，从而使人与服务的联结成为可能。

出版业经过数字化转型之后，数字出版产品的生产、传播与营销等与互联网更是息息相关。出版业比其他许多行业更需要大数据来解决其与客户及读者之间的连接问题。

出版业尽管通过转企改制成立了许多大型出版集团，产业规模和行业影响力迅速扩大，但行业数据采集、存储管理及综合分析和利用整体水平不高。只有少数大型出版集团建有数据中心，并建设有ERP、客户关系管理和商业智能等系统，有专门的团队负责企业业务和运营数据的采集、分析及处理工作，在数据分析方面已经具备数据仓库级的应用。大多数出版社鉴于过高的数据采集成本，在数据分析和利用方面显得无能为力，特别是电子商务和数字出版业务方面的销售和客户数据大都掌握在电子商务企业、社交网站、平台运营商、电信及移动运营商手里，这部分数据的采集和处理更是难上加难。

目前出版业自身还并不具备大数据应用环境。为积极应对大数据应用带来的挑战，出版业不能坐等，必须加强出版业和互联网及大数据企业的合作，实现出版业和互联网及大数据产业深度融合，以创新产业发展模式，拓宽行业业务领域，提升行业产品创新和信息服务能力。

结语

大数据是信息社会的自然演进，是信息社会走向繁荣和成熟的重要标志。关注大数据、发展和应用大数据是传统产业的必然选择。出版业必须以大数据思维变革发展模式，加速出版业的互联网化，以积极应对大数据的挑战。

参考文献

［1］ 赵国栋,易欢欢,糜万军,等.大数据时代的历史机遇[M].北京:清华大学出版社,
　　　 2013.

［2］ 王劲.大数据时代的管理变革[J].学术论坛,2013(1).

［3］ 德勤中国.大数据时代下的新商务战略[M].上海:上海交通大学出版社,2013.

［4］ 王钰.破坏性创新、大数据与图书销售[J].科技与出版,2013(6).

［5］ 刘丽平.选题信息的收集、发掘与处理[J].科技与出版,2013(1).

从杂志Pad版与纸质版的对比实证研究看
杂志APP的发展方向*

张　聪　李仲轲　肖　倩**

摘　要：文章以时尚杂志《GQ智族》为例，对其iPad版与纸质版进行内容分析、控制实验、深度访谈等实证对比研究，探讨了杂志APP未来的发展方向。

关键词：GQ智族；iPad版；杂志APP

随着iPad等移动终端的普及，传统的报刊纷纷开发APP应用，由传统的数字化转型延伸，进入社交化转型。杂志APP作为一种新型的媒介形态，不同于以往的数字期刊和网络杂志，其通过开放式的应用平台，颠覆了传统的采编、发行、经营理念。目前在国内，几乎所有的主流杂志都推出了自己的Pad版本，供用户在苹果商店等平台上免费下载、阅读。较早的有《三联生活周刊》《南都周刊》这样的新闻时政类杂志，也有《时尚》《VOUGE》《GQ智族》这样的时尚类杂志。还有很多杂志进入"VIVA畅读""读览天下""龙源期刊网"等杂志网店中进行售卖。杂志Pad版是否会对纸质版的发行

* 本文原载《科技与出版》2015年第1期。本文是北京印刷学院校级社科一般项目《国际著名期刊APP传播策略研究》(编号:23190114017)的阶段性成果。

** 张聪,博士,现为北京印刷学院新闻出版学院讲师,硕士研究生导师;李仲轲,时为北京印刷学院本科生;肖倩,博士,现为北京印刷学院新闻出版学院讲师,硕士研究生导师。主要研究方向为数据新闻、数字出版与传播。

造成冲击？其阅读体验是否优于纸质版？杂志 Pad 版如何与纸质版实现互利共赢？这些问题都值得我们进行深入探讨。

1 杂志 Pad 版与纸质版的对比实证分析

为了深入研究杂志 Pad 版与纸质版的传播特征和各自的传播效果，笔者采取了"内容分析"和"控制实验"等实证研究方法，以 2013 年 9 月和 2014 年 3 月出版的《GQ 智族》纸质版和 iPad 版为研究对象。对传播特征的研究，主要通过对其文本及内容的比较，总结杂志 APP 的设计编辑特点，研究杂志在从纸质版向 Pad 版转变或二次编辑的过程中，发生了哪些变化。对纸质版和 Pad 版各自传播效果的研究，主要通过"控制变量"的实验方法和对实验者进行深度访谈，分析纸质版和 Pad 版传播效果的异同点，得出受众对于两种媒介形式在"信息接收程度"和"信息选择性"方面的差异。

1.1 内容分析

首先，Pad 版杂志的图片质量有极大的提升。Pad 版的图片不再是静止的、局限的，动态图片、360 度旋转图像、互动切换、试装效果等交互设计使图片质量和效果得到明显提升。特别是对于时尚单品的展示，Pad 版本的图片都是以"大框加小钮"的形式呈现，图片可以随意放大、拖拽、查看细节，赋予图片新的观赏效果。

其次，Pad 版杂志增加了视频、音频等多种互动元素。Pad 版本不仅保留了原汁原味的纸版杂志内容，并且还增加了独特的音视频内容。读者在正式开始阅读 Pad 版杂志之前会看到一个叫作"GQChinaAPP 使用指南"的视频，而且提供独家明星专访视频，并且纸版杂志的对应文章会在最后给出相应提示。多数时尚类杂志都会给受众提供阅读指南和创新功能提示。比如，《ELLEPlus》APP 里改变了传统杂志翻页阅读的功能，设计九宫格界面为读者便利导航；还有大量的内嵌音视频、滑动文字、隐藏图标等交互功能，使杂志APP更富时尚感；杂志APP封面明星的头像变化、文艺专题写意的墨滴、音乐专题中飘逸的笛声，都可以迅速吸引读者的注意力。

最后，Pad版杂志广告大幅削减，版式设计更加灵活。纸版杂志中影响阅读体验的广告被大幅削减，而且都被统一置于开头几页，不多的几则广告都是以视频形式呈现，这会让读者更有兴趣浏览。《GQ智族》Pad版的版式设计也更加灵活，每一篇文章都被设计成纵向阅读的模式，也就是读者如果上下移动手指则实现阅读本文余下内容的操作，而水平滑动则是跳过这篇文章，这样方便读者挑选自己想要阅读的篇目，并且只需水平移动两次手指就可跳过一篇不喜欢的文章，保证读者的阅读兴趣始终处在较高水平上。

此外，通过比较可以发现，《GQ智族》Pad版相对于纸版，在栏目设计、分类处理、广告设置、互动元素等方面更为直观，其传播理念已经不同于传统纸版杂志，而是形成一种新型的媒介形态。那么Pad版相对于纸质版，传播效果是否也变得更好呢？

1.2 控制实验

为了进一步考察传播效果，笔者进行了一项控制实验。实验对象选择了《GQ智族》纸版和Pad版的潜在目标读者，主要为18~26岁的男性大学生，也有少量的年轻时尚女性。试验总共分发100份问卷，同时将受众随机分为纸版使用组和Pad版使用组，每组均为50人，男女比例也相同。实验对象被要求在20分钟内阅读《GQ智族》2014年3月刊的纸版杂志/Pad版杂志，随后填写问卷。部分对象被邀请做一对一深度访谈，并反馈使用感受。

本次实验主要关注以下两个测量指标。

（1）信息接受程度。首先是信息记忆量的对比，请答题者根据回忆记录阅读过程中接受的信息，可以记录标题、关键词句、信息要点、图片或者数据的形式，并且回忆的顺序不必按照阅读顺序。其次就是信息的记忆度对比，两组受测者被要求回忆前五篇文章中的要点，尽可能表述文章的信息点，记取标题得1分，记取主要内容得3分，记取配图得1分，记取整篇文章得5分。

（2）信息选择性调查。根据内容将《GQ智族》划分为"时尚指南""奢品器物""生活言论""专题报道""时尚大片""广告"6大类目，要求受测者在阅读后给每一类进行意见评定，意见分为5档，即"非常好""好""一般""差""极差"。

通过以上的控制实验，结合深度访谈，得到了如下结果。

1.2.1　Pad版使用组的信息获取量高于纸版使用组

表1中纸版使用组和Pad版使用组在记忆大量内容（15篇以上）的分布上并没有太大的差距，但是从6~10篇和11~15篇的记忆数量上来看，Pad版使用组明显高于纸版使用组，这说明Pad版使用组能比纸版使用组获得更多的信息。

表1　纸版使用组和Pad版使用组对于杂志内容信息记忆量比较

信息记忆量（篇/人）	Pad版使用组（%）	纸版使用组（%）
5篇以内	46%（23人）	70%（35人）
6~10篇	38%（19人）	20%（10人）
11~15篇	12%（6人）	6%（3人）
15篇以上	4%（2人）	4%（2人）

在随后的深度访谈中发现，有两个主要因素可能导致上述现象：第一，广告。纸版和Pad版的内容相比，前者比后者多了100多页广告，而Pad版的广告少而集中（全部集中在开头）。很多被访者认为看杂志就是在看广告，可见广告极大地影响了读者的阅读效率和对文章内容的注意力。第二，版面的设计方式。Pad版读者可以方便地跳过自己不喜欢的段落，而且还可以在浏览小图之后继续选择感兴趣的段落阅读，而不需像阅读纸版那样翻阅，也不会被特意加厚的广告页阻碍了动作而进一步失去阅读兴趣，这使得

读者总是专注于自己感兴趣的内容，从而加深了记忆。

1.2.2　Pad版在图片阅读上优势尽显，在文字阅读上与纸版差别不大

通过表2对比发现，通过两种媒介，读者兴趣差别最大的前三名是"奢品器物""时尚大片"和"广告"，而"生活言论"的差距很小，而专题报道甚至纸版胜过Pad版一筹。由此可见，Pad版使用组的受众对于图片的兴趣度大大提升，"奢品器物""时尚大片"和"广告"都以图片形式呈现；而"专题报道"和"生活言论"等深度内容，Pad版并没有太多优势，还可能因为移动设备的碎片化阅读特性影响了受众进行深度阅读的兴趣，见表2。

表2　Pad版使用组和纸版使用组媒介信息的兴趣度比较

阅读兴趣类目	Pad版使用组总分	纸版使用组总分	阅读组差异率
时尚指南	40	22	45%
奢品器物	28	2	92%
生活言论	18	14	22.2%
专题报道	27	28	−3.7%
时尚大片	38	−5	113.1%
广　告	24	3	87.5%

注：差异率计算公式为（Pad版使用组对应值−纸版使用组对应值）÷Pad版使用组对应值。

1.2.3　Pad版的广告传播效果更好

在进行阅读对比以及之后的深度访谈中，被调查者普遍表示大量的广告严重影响了他们的阅读体验。为了进一步检测和验证广告在不同版本上的传播效果，我们将杂志的六个内容分类再次划分为三大类。"时尚指南"和"奢品器物"是《GQ智族》这类时尚杂志的核心内容，将其归为A类。"生活言论""专题报道"是这本杂志为延展其内涵而设定的内容，将其归为B类。而"时尚大片"和"广告"性质相同，只是为纯粹展示商品设定的栏目，将其归为C类。图1为重新分类和统计结果。

通过对三类信息阅读兴趣的比较，可以发现，广告性质的内容差异最大，即C类信息；其次是A类信息，即与图片相关的信息。差异最小的是B

类信息，即文字信息。从这样的比较也可以再次证明：第一，文字信息在两种媒介上的表现形式相差不大，受众的兴趣稳定。第二，广告和图片在 Pad 版上的表现力更强，更受欢迎和关注。

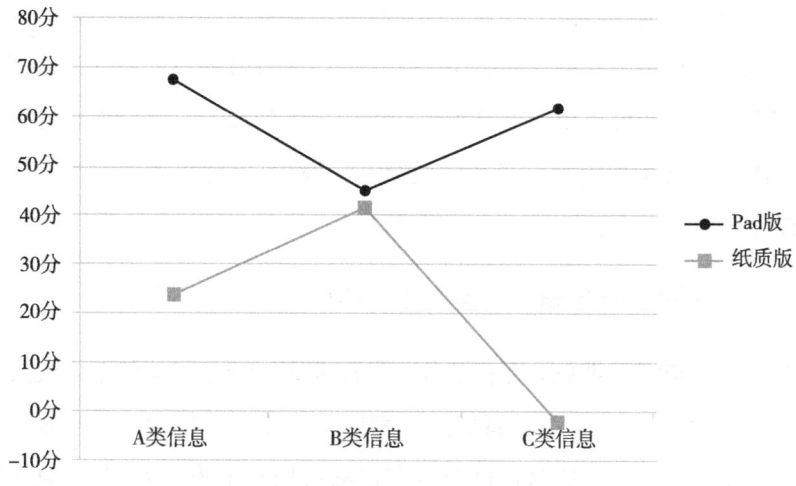

图1 《GQ智族》三类信息的兴趣对比曲线

2 杂志APP未来发展趋势分析

通过实证研究发现，无论是杂志的纸版还是Pad版，受众真正关注的还是其核心内容，图片和广告以及更好的互动效果都是为内容而服务的。就《GQ智族》这样的时尚前沿杂志来说，Pad版的上线不仅是占领市场份额的行为，更是保持自身活力的转型之举。虽然《GQ智族》的Pad版相对于纸版，具有广告少、交互性强、阅读效率高、阅读趣味强、拥有独家视频内容等特点，但是纸版拥有广阔稳定的用户、成熟的发行体制，所以订阅量和发行量也并未大幅减少，两个版本互利共赢。在消费类期刊市场竞争激烈的形势下，也许能从《GQ智族》的社交化媒体转型看到未来期刊APP发展的前景和方向。

2.1 注重优质内容，提升阅读体验

《GQ智族》的Pad版不仅对纸质内容有保留和继承，还提升了纸质阅读

的阅读体验。对于一本平板电子杂志来说，15元的定价显然偏高，和纸版相差不大，但是《GQ智族》的定价策略也从另外一个方面证实，优质的内容加上极致的阅读体验是可以产生实际价值并盈利的。优质的期刊可以将APP应用定位于忠实读者群体，致力于提供更精简有趣的阅读体验。杂志的互动性不应仅局限在超链接按钮的运用上，比较行之有效的方式就是加入"更衣间"模块，使读者可以用iPad自拍一张固定尺寸的照片，然后将杂志中展示的单品图片与自拍像组合，进行"试穿"，这样可以使得读者对于时尚的体验不仅停留在观赏上，还可以亲身感受。

2.2 精妙的营销策略，注重宣传和推广

杂志APP与纸版难免会互相竞争，发展期刊APP还可能使杂志流失购买读者，减少盈利，但是《GQ智族》却利用差异化运作使两个版本做到了互利共赢，纸版和Pad版的营销订阅方案在赢得用户上形成互利。《GQ智族》杂志在Pad上单独订阅一月是15元，一次订阅一年则价格可以优惠到98元；如果订阅一年240元的纸版则可以免费获得12期的Pad电子杂志。另外，如果用iPad下载《GQ智族》APP客户端，还可以免费获得最近的一期杂志，这体现了Pad版对于纸版的补充和推广宣传。加上在纸版中随处可见的"iPad版本拥有独家内容"的字样，可以迅速提升Pad版的用户数量。杂志电子版的宣传还可以采用与读者互动的方式，如杂志社可以组织电子版读者进行"本书最潮搭配"等有奖活动，鼓励读者发挥创造力，运用杂志内预设的换装小游戏进行搭配并活跃于社交平台上，达到通过读者为己宣传的目的。

2.3 增加社交功能，提高用户黏性

社交化是传统媒体转型的一个方向。APP应用商店里有许多有趣的应用都可以用来增加用户黏性。一本内容优质的杂志，如果文字能被放在"印象笔记"中，图片能被"美图秀秀"美化，视频能被"Instagram"剪辑应用分

享，那其用户黏性就会大大加强，实现与社交工具的关联。《环球时报》《人民日报》和很多期刊的 APP 客户端早已实现一键分享到微博、QQ 空间、微信朋友圈的功能，要想更好地突出特色，杂志 APP 还需要与更多的软件互动。

2.4 打破固有布局，强调差异性

期刊 APP 可以在保留纸版内容原汁原味的基础上做一些更大胆的、突破原本杂志布局的尝试，比如打破《GQ 智族》本身的排版，使其并不局限于"好玩"（新鲜资讯盘点）"指南+器物"（消费潮流盘点）"活色生香"（香车美女等生活方式专题）"专题"（专栏、封面、专题报道）"时装大片"、"零散结尾"（活动信息、商品信息等零散内容）这种按照种类、适合翻阅的排列，而是按照形式分类，图片指南是一类，大片是一类，专题报道又是一类，再在分类的内容中加入导航，使得各项阅读功能更为完善，也使得杂志设计更为前卫。

2.5 私人定制内容，定向广告投放

订阅 Pad 版的核心用户，其阅读时的心理需求不仅是放松心情、获得消遣，并逐渐产生了"看到自己想看的内容，并与志同道合的朋友分享交流"的社交需求。杂志 APP 可以采取和纸质版完全不一样的设计，进行分类推送，相当于私人定制杂志。在定制推送的同时，可以开放读者评论，使市场反馈结果更快地到达编辑部。期刊 APP 还可以增加读者间的私信功能、群聊功能，杂志介绍的人物也可以通过这个平台与读者进行交流，从而形成一种"阅读+社交"的模式。如果一本电子杂志可以成为读者的"私人定制"，那么广告投放就可根据读者选择阅读的内容，分类进行广告的"靶向投递"。

参考文献

[1]　孙黎.基于用户黏性的我国期刊APP发展策略研究——以APP Store里的期刊APP为例[J].中国出版,2013(10):35-38.

[2]　童清艳,钮鸣鸣."触媒"时代受众自治的"纸媒"社会化媒体特征——以城市生活类周报iPhone形态为中心的实证研究[J].新闻与传播研究,2012(5):74-85,111-112.

[3]　曹林波.新媒体、新模式、不是新瓶装旧酒《体育画报》纸质版与iPad版之比较[J].新闻实践,2012(10):44-45.

[4]　张聪,张璇璇,肖倩.时尚杂志APP的发展情况分析[J].科技与出版,2014(2):70-73.

[5]　彭晓文.中国期刊在iPad平台发展的思考[J].新闻记者,2011(12):69-72.

[6]　韩梦怡.平板电脑报刊杂志类应用现状及用户体验观察——以iPad为例[J].无线互联科技,2012(1):87-90.

[7]　王肖练.从iPad看传统平媒出版业的自救[J].编辑学刊,2010(6):24-29.

从美国《十全菜谱》杂志看网生杂志的发展潮流*

周宇楠　叶　新**

摘　要：21世纪是数字信息的时代，杂志作为传统纸媒的标志性产物，大多试图紧跟这股数字化潮流，拥抱新技术，脱掉被视为过时的印刷品外衣，一些传统杂志因而脱胎换骨，取得了巨大的成功。然而任何时代都不乏反其道而行的勇士，一些土生土长的网络品牌将目光转回到纸媒，走出了一条"数字到纸媒（digital to print）"的反向操作模式。美国梅里迪斯集团旗下的《十全菜谱》杂志（Allrecipies）正是以这种反向模式为基础的典型案例，也是目前较成功的网生杂志品牌。

关键词：十全菜谱网站；《十全菜谱》杂志；网生杂志；媒介融合

在"互联网+"逐渐转化为媒体行业发展的常规业态时，传统纸媒的发展却逐渐陷入了模式固化的困局。而在媒介融合较为成熟的美国出版业，以网络大数据为依托的网生杂志的兴起证明了"互联网+出版"还存有极大的发展空间。网生杂志虽在我国尚未成熟，但势必将成为未来"互联网+出版"发展的一种新常态。本文将以美国梅里迪斯集团的《十全菜谱》杂志为例，阐述网生杂志的运营模式，以期为我国出版业的数字化转型提供新思路。

───────────────

* 本文原载《科技与出版》2017年第9期。

** 周宇楠，现为北京印刷学院硕士研究生；叶新，北京印刷学院新闻出版学院教授，硕士生导师。主要研究领域：英美出版、期刊出版、版权经营、近代出版文化等。

1 《十全菜谱》杂志的创建背景及过程

《十全菜谱》杂志脱胎于十全菜谱网站（Allrecipies.com），后者是世界上最大的食品菜谱网站。该网站创建于 1997 年，因为创始人之一蒂姆·亨特（Tim Hunt）苦于无法在网上找到他最喜欢的曲奇食谱，便由此产生了建立菜谱网站的想法。最初蒂姆·亨特等人在西雅图的新兴媒介公司（Emergent Media）创建了曲奇食谱网，后来逐渐增加了糕点食谱网、鸡肉食谱网、馅饼食谱网和牛肉食谱网。在创设了 38 个不同种类的食谱网站后，公司将所有网站合并为十全菜谱网站。

十全菜谱网站每年有着十几亿的访问量，在全球 23 个国家和地区建立了 13 种不同语言的 18 个网站，影响着上亿个家庭的餐桌生活。2006 年，美国《读者文摘》（Reader's Digest）以 6600 万美元的价格收购了十全菜谱网站。2012 年，梅里迪斯公司（Meredith Corporation）又以 1.75 亿美元的最终价格将其正式纳入麾下，是前者售价的 2.5 倍多。

就在梅里迪斯收购十全菜谱网站的第 2 年，虽然该网站已在社交媒体和移动终端上取得了巨大的成功：它在 Youtube 上的频道拥有超过 60 万的订阅量，手机 APP 下载量也已经超过 2300 万次。但这个以出版和营销见长的传媒巨头仍希望通过其他渠道来进一步强化整个十全菜谱品牌，《十全菜谱》杂志应运而生。

对于梅里迪斯公司的这个决定，有人说这是"逆流而行"的倒退之举，有人认为这不过是其对纸媒的情怀作祟。而梅里迪斯却在十全菜谱品牌以及杂志这个媒介平台上看到了新的可能，探索了一种前所未有的杂志运营模式—网生杂志（Network Generated Magazine，NGM）模式的可行性。之所以将其命名为网生杂志，是因为它是一种以互联网为依托所建立的纸质杂志，是纯粹的网络运营商将其业务拓展到印刷媒体的产物。网生杂志是以一个成熟且信息资源丰富的网络媒体为前提而产生的，《十全菜谱》杂志正是网生杂志的典型案例。

网生杂志的产生，让我们不免想到20世纪五六十年代电视媒体作为新媒介产生之后，虽然极大地挤压了杂志的生存空间，但也整合了电视媒介（新媒介）和杂志媒介（老媒介）两者的优点，产生了《电视指南》和《人物》这样的新杂志类型，而电视台同时也产生了所谓的"六十分钟杂志"这样的新闻节目。

2013年11月，梅里迪斯公司宣布其会在即将到来的节日美食季推出首期《十全菜谱》杂志。这是一本双月刊，一年发售6期，单价4.99美元，全年订阅价12美元，首刊发行基数为50万册[1]。

为了这次的新刊发售，梅里迪斯公司做了充分的调研工作。调查对象主要包括两类：一是对十全菜谱的网站用户进行线上问答测试，作为该杂志的核心目标消费群体，他们的态度直接决定了该杂志创刊的可行性；二是对全美各地报刊销售点进行调研，获得零售商对该杂志的态度。调查的结果显示有近40万用户愿意付费订阅该杂志，这已经远远超出了梅里迪斯的预期。

梅里迪斯国际传媒集团总裁汤姆·哈迪（Tom Harty）说："十全菜谱网站是一个独特而强大的媒介品牌，此次调查再次证明了它对消费者惊人的吸引力。我们认为广告商将会把《十全菜谱》杂志视为一个全新且令人激动的平台，以便其能拥有平台上基数庞大的活跃消费者。"[2]正因如此，梅里迪斯决定将杂志的创刊号定在50万册，没想到一出版就销售一空，梅里迪斯不得在来年增发了15万册，并于2014年9月再次增发25万册，此时的每期发行量达到90万册。2015年1月，《十全菜谱》杂志宣布他们将在2月增发20万册，每期发行量增长到110万册[3]。截至2016年，《十全菜谱》杂志的每期发行量已经到了130万册，比创刊初期增长了160%，一跃成为拥有760万读者的一线食品类杂志，而达到这一切只用了短短3年的时间。2013—2016年《十全菜谱》杂志发行量增长趋势，如图1所示。

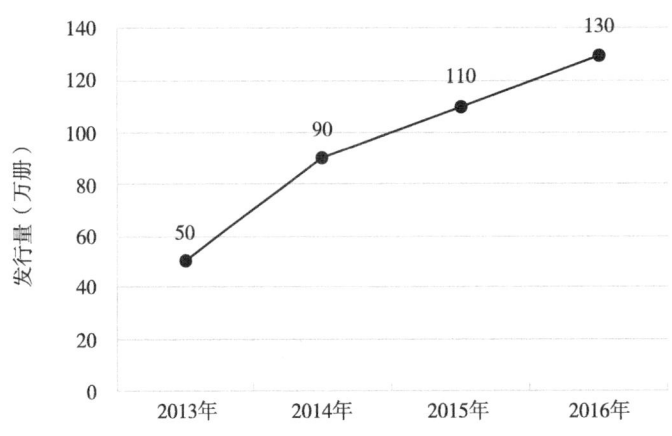

图1 2013—2016年《十全菜谱》杂志发行量增长趋势

2 《十全菜谱》杂志的网生杂志运营模式

《十全菜谱》杂志的大获成功无疑引发了整个出版行业对网生杂志模式的关注，也让传统印刷出版业看到了一种新的生存可能。以《十全菜谱》杂志为例，可以从以下3个方面来初步了解整个网生杂志运营模式的特点。

2.1 以成熟的社交网络品牌为基础

作为世界上最大的食品类网站，十全菜谱网站本身就是一个非常成熟的数字化品牌。它给用户提供了一个展示和分享自己烹饪体验的平台，在这里热爱厨艺的人们能够相互交流、相互激励，而正是这一特性给十全菜谱品牌带来了无限的商业潜力。

首先，网站给线下杂志带来了基数庞大的潜在消费者。梅里迪斯将十全菜谱网站庞大的用户量视为杂志的核心消费群体。据杂志发行前期关于网络用户的调查显示，十全菜谱的核心消费者愿意且希望获得该品牌在不同媒介平台上的全部内容，而杂志作为整个十全菜谱品牌的延伸，本质上是让那些体验过数字化网络服务的消费者乐意为高质量的纸质印刷品付费，从而获得不同的品牌体验。

其次，网站让杂志更加了解读者的喜好。十全菜谱将网站和杂志打造成为一个消费者意见反馈的循环路径。网站作为原始消费者的聚集平台，拥有庞大的数据资源，既包括来自世界各地的用户上传的海量菜谱，还包括用户使用网站时所留下的历史信息。凭借这些信息，《十全菜谱》杂志的操作团队就能够及时了解消费者的喜好，提供符合当下潮流趋势的内容，以充分吸引读者的注意力，从而与读者产生强烈的共鸣，进一步提高品牌的凝聚力和核心竞争力。

2.2　精准定位和多平台协调

梅里迪斯对《十全菜谱》杂志的商业定位是：通过印刷品的新形式来提升十全菜谱的品牌价值。这意味着杂志必须作为一个独立的媒介平台而存在，而非网络的简单衍生物。

实际上，由于媒介载体的特性不同，作为大众传播的经典工具之一的杂志本身就有着独特的优势。与网络和移动 APP 相比，杂志所提供的内容是由整个专业的编辑团队进行挑选、整合后呈现出来的。由专业摄影团队打造的精美图片、顶级厨师推荐的食谱、一流编辑团队精心设计的内容版式，无一不给读者带来崭新的阅读体验。此外，消费者本身对网络和杂志的诉求不尽相同。人们往往带着一个特定的需求上网，以期得到符合所求标准的答案，这同样是网络搜索和内容定制功能不断进化的原动力。而对于杂志，消费者则更具不确定性，也许有些人仅仅因为喜欢封面而翻开一本杂志，而不是真的希望从中获得什么具体的答案。从周期上来看，杂志则能够以一个长远的视角，为读者呈现出那些可能被网络"过滤壁垒（fliter bubble）"阻挡了的新内容，对此《十全菜谱》杂志的编辑团队将其称为"沧海遗珠（hidden gems）"。

在各媒介的协调上，《十全菜谱》杂志充分利用了网生杂志的先天优势。该杂志的主编谢丽尔·布朗（Cheryl Brown）说过："我们想要倾听那些每天自己做饭的人的声音，了解他们的喜好，正是这些人造就了十全菜谱网站的巨大成功。他们对烹饪的理解以及对新菜式的创造，是让《十全菜谱》杂志如此具有吸引力的重要原因。"谢丽尔·布朗还介绍，在《十全菜谱》杂志每期的策划过程中，杂志编辑团队始终与网络运营团队保持着密切的合作。他们通过密切关注网络上用户的偏好趋势，来构建每一期杂志的主题内容，为读者提供他们最想要而又最容易被忽视的新内容。从2013年《十全菜谱》杂志发售的第一期开始，其中就常设有推荐"十全菜谱超级明星（Allrecipes Superstar）"栏目，这个栏目汇集了编辑所挑选出的网站最受欢迎的食谱排行，每个菜谱介绍还包括网站用户做菜的心得与趣闻。2016年4月，《十全菜谱》杂志进行了全面改版，涉及杂志标识的重新设计并且采用了创新性的版式和图片设计。值得一提的是，此次杂志改版与十全菜谱网站改版相互结合，网站同样调整了图片和评论模式以方便用户获得更好的使用体验。此外，新版网站还强化了个性化信息推送功能，在十全菜谱社交平台上增加了更多的分享和交流方式，并添加了杂志介绍版块来吸引杂志带来的新用户。

十全菜谱网站的董事长斯坦·帕弗洛斯基（Stan Pavlovsky）认为，线下杂志的核心编辑理念是和其他线上产品取长补短、相互协调，以带给消费者最全面、最完美的个人体验。而杂志作为一个独特的媒介载体，能够将网站用户的创意和专业团队的思想完美融合在一起，以此构建出最贴近读者生活的交流平台。正如斯坦·帕弗洛斯基所说的那样："仅凭一个媒介平台就能应付所有情况的日子已经一去不复返了，媒介品牌必须不断提供最新的潮流信息才能取悦用户，而一个强大的品牌必须依靠多平台运营才能生存下去。"

2.3 潜力巨大的广告价值

梅里迪斯创建《十全菜谱》杂志的另一个重要原因，是其网络资源与纸媒结合所带来的巨大的广告价值。

　　庞大的用户资源是吸引广告商的主要原因。截至2016年年末，十全菜谱网站拥有全美将近1.2亿的女性用户，其中65%的用户家庭年均收入为75000美元，有79%的用户是"80后"、"90后"。《十全菜谱》杂志拥有760万读者，平均年龄47岁，有37%的用户是"80后"、"90后"的新生代读者。如此庞大的具有一定经济能力的消费者群体，本身就具有无可估量的潜在广告价值，这无疑对广告商有着难以拒绝的诱惑。

　　此外在广告环境和回报率上，杂志本身就比网络媒体更具优势，进军纸媒，才能将用户资源转化为广告利润，梅里迪斯公司俨然深谙此道。密西西比大学杂志革新中心主任萨米尔·胡斯尼（Samir Husni）博士将这种优势称为"福利信息社会（welfare info society）"[4]，人们总是期待免费在互联网上获得信息，却总是心甘情愿地为纸质出版物付费。就广告而言，读者并不会极度反感杂志上刊登的广告，有时反而把翻看精美的广告当作是享受阅读的过程，尤其是时尚杂志中那些赏心悦目的产品广告需总是更能吸引人的眼球。在网络中这种情况恰恰相反，用户习惯将广告视为一种视觉入侵，认为它会干扰自己的阅读体验，而碎片化的阅读时间也不足以让广告给人留下深刻的印象。萨米尔·胡斯尼博士还说："阅读杂志上的广告，就像是你住在自己家里，可以随心所欲地从一个房间挪到另一个房间；而网络上的广告，则像是你正舒服地躺在沙发上时，有人狠狠地把你踢了下来。"[5]

　　正因如此，《十全菜谱》杂志不仅仅是读者分享和交流的平台，更是广告商们狂欢的沃土。在该杂志的2013年创刊号中就有6家家喻户晓的公司品牌刊登广告，包括通用汽车（General Motors）、盖可保险公司（GEICO）、雀巢（Nestlé）、寝浴百货（Bed Bath & Beyond）、康尼格拉食品公司（ConAgra）以及达美乐披萨（Domino），这些品牌广告的加入证明了十全菜谱杂志品牌的独特地位和巨大的广告价值[6]。到2016年的圣诞节特刊问世时，全本杂志的广告页份额从原先的13%增长到22%，其中的大牌广告包括沃尔玛（Walmart）、ACH食品（ACH Foods）、美国精制糖（American Sug-

ar）、卡夫食品（Kraft）、松下电器（Panasonic）、斯奈德–兰斯零食（Syn-
der's–Lance）等13个不同种类的知名品牌。

　　根据梅里迪斯公司2016年年报中所公示的信息，表1显示了其2014年6
月至2016年6月这3年中13家订阅杂志的广告页总数和增长变化。虽然2016
年梅里迪斯旗下订阅杂志的广告总收入和广告页总数仍保持上升态势，但其
总体增长率却以每年七八个百分点的速度不断下降。《十全菜谱》杂志作为
一个新生的杂志，是其中唯一连续3年广告页总数持续增长的订阅杂志，弥
补了老牌杂志《美好家园》（Better Homes and Gardens）的颓势，成为梅里迪
斯旗下最具广告潜力的订阅杂志之一，见表1。

表1　2014—2016年梅里迪斯公司各杂志广告页变化表[7]

梅里迪斯旗下杂志	2014年广告总页数/页	2015年广告总页数/页	2015年同比增长率/%	016年广告总页数/页	2016年同比增长率/%
《美好家园》Better Homes and Gardens）	1174	1099	−6	1009	−8
《父母》（Parents）	1256	1074	−14	994	−7
《家庭天地》（Family Circle）	962	956	−1	948	−1
《塑形/健康》（Shape/Fitness）	729	720	−1	905	26
《玛萨斯图尔特生活》（Martha Stewart Living）	未创刊	301	无	565	88
《传统家庭》（Traditional Home）	495	493	0	496	1
《与瑞秋·雷的每一天》（Rachael Ray Every Day	628	513	−18	491	−4
《家庭乐趣》（Family Fun）	543	441	−19	418	−5
《中西部生活》（Midwest Living）	402	358	−11	373	4
《更多》（More）	611	565	−8	296	−48
《健康饮食》（Eating Well）	293	257	−12	286	11

续表

梅里迪斯旗下杂志	2014年广告总页数/页	2015年广告总页数/页	2015年同比增长率/%	016年广告总页数/页	2016年同比增长率/%
《健康孕婴/美国宝宝》（Fit Pregnancy and Baby/American Baby）	948	309	-11	254	-18
《十全菜谱》（Allrecipes）	96	164	71	222	35

数据来源:梅里迪斯集团2016年年报。

对于《十全菜谱》杂志来说，广告商同读者一样是其重要的消费群体，而前者在一定程度上还担负着制造内容的功能。就广告商而言，杂志是一个绝佳的广告环境，它用文字构筑了一个更具公信力和影响力的意义空间，让读者在不知不觉间接纳故事中的广告信息。

3 网生杂志的发展与媒介融合趋势

网生杂志模式为我们提供了一个全新的视角，来审视互联网时代下媒介融合趋势。它再次向人们证明了媒介融合绝非一条单行道，传统印刷出版业也并不总处于食物链的最底层。

实际上，除了《十全菜谱》杂志之外，近年来其他领域也出现了不少网生杂志的佼佼者。2014年2月，英国顶尖线上时尚奢侈品零售商颇特（Net-a-Porter）集团创立了《颇特》杂志（Porter），现已在全世界60多个国家地区的220多个城市发售，目前《颇特》杂志已经成功跻身一线时尚杂志的阵营，和老牌时尚杂志《时尚》（Vogue）一样成为世界时尚的领导者。同年11月，美国最大的在线房屋短租网站爱彼迎（Airbnb）创立了自己的《菠萝》（Pineapple）季刊，第1期在北美和欧洲地区发售，发行量为1.8万册，每一册杂志都有独立的编号，《菠萝》杂志每期将结合网站用户的旅行印象和旅行地特色来介绍3个不同的城市。爱彼迎网站意在通过《菠萝》杂志平台，来向读者传递品牌故事，以构建更为紧密的用户关系。除此之外，科技讯息网（CNET news）也拓展了其杂志业务，由此可见无论是食品还是科技，专业服务行业杂志能够在最大程度上发挥自身的媒介优势，来弥补网络媒介的缺憾，两者相互协作，从而向消费者传递更全面的信息。

　　网生杂志是互联网玩家应对数字化变革而杀出的一条血路，也许这种模式形式上与主流的数字化转型浪潮背道而驰，但其本质上体现了"互联网+"时代媒介融合的必然趋势。同时它也证明了虽然信息社会在不断地演进，但现有的传统印刷媒介并不会真正地消亡，反而在和网络媒介的融合中获得涅槃重生。杂志也好，报纸也罢，旧的生产方式或许已在进化中灰飞烟灭，而其在本质上则依旧充满生机。

参考文献

[1] Patrick Taylor. Meredith's highly anticipated allrecipes magazine launches today［EB/OL］. (2013-11-05)［2017-06-25］.http://www.magazine.org/node/28619.html.

[2] Cobus Heyl. How meredith built allrecipes into a digital-to-print, multichannel success ［EB/OL］. (2015-11-17) ［2017-06-25］.http://www.fipp.com/news/features/how-meredith-built-allrecipes.html.

[3] Meredith Corp. Meredith 2015 Annua Report ［R/OL］. (2015-06-30)［2017-06-25］. https://ir.meredith.com/financial-information/?section=AnnualReports.pdf.

[4] Piet van Niekerk .Why are successful online businesses launching print titles? ［EB/OL］. (2015-01-28)［2017-06-25］. http://www.magazine.org/ node/25860.html.

[5] Piet van Niekerk . Why are successful online businesses launching print titles? ［EB/OL］. (2015-01-28)［2017-06-25］.http://www.magazine.org/node/25860.html.

[6] Meredith Corp.Meredith 2014 Annua Report［R/OL］.(2014-06-30)［2017-06-25］.https://ir.meredith.com/financial-information/?section=AnnualReports.pdf.

[7] Meredith Corp . Meredith 2016 Annua Report ［R/OL］. (2016-06-30)［2017-06-25］. https:// ir.meredith.com/financial-information/?section=AnnualReports.pdf.

移动互联环境下的出版融合发展新趋势

张新华*

摘　要：伴随着移动化联网的进一步普及，2016年我国数字出版产业将呈现四个新的发展趋势：移动出版引领数字出版产业发展方向，知识产权运营推动出版产业深度融合，商业模式创新推动网络文学产业升级，纸屏融合促进图书形态更新。

关键词：移动出版；知识产权运营；网络文学；商业模式

2016年是"十三五"开局之年，随着"十三五"规划纲要、"互联网+"、文化强国、媒体融合等国家战略和行动的进一步推进和实施，我国出版移动化转型和融合步伐加快，新的商业模式和产品形态从孕育走向成熟，产业实力继续壮大，整体保持高速稳定增长。本文结合近年来我国数字出版产业的发展实际，谈谈2016年可能出现的几个显著趋势。

1　移动互联网引领产业发展新方向

2015年，我国提出并实施"互联网+"行动计划，推动着我国互联网基础资源和应用快速发展；互联网的普惠、便捷、共享特性，渗透到社会公共

---

* 张新华，博士、博士后，现为北京印刷学院新闻出版学院教授，编辑出版学专业负责人。主要研究领域：数字出版、出版产业、传媒制度、国际传播等。

和商业服务的各个领域。同时，移动互联网加速发展，无线网络及手机等职能终端快速普及。截至2015年12月，我国网民规模达6.88亿，其中使用手机上网的占90.1%；手机成为新增网民最主要的上网设备。[1]移动互联网推动了我国数字鸿沟的缩小，带动三四线城市、中西部地区、农村地区、中老年人群体中互联网的使用，提升了我国互联网的普及率；同时，它还塑造了全新的社会生活形态，改变着网民的日常生活和媒介行为，成为数字出版产业发展的巨大动力。

移动互联网改变着数字出版产业格局。2015年，为抓住移动互联网的发展契机，传统的出版社、报刊社、网站等媒体纷纷向移动端迁移，"两微一端"（即微博、微信、客户端）成为传统媒体数字化转型的标配；互联网巨头BAT、"数字出版第一股"中文在线等，利用资本手段合纵连横，在移动端展开角逐，通过布局网络文学，衍生到电影、电视剧、游戏等领域。当当、京东、亚马逊等电商平台也都向手机端转移，电子书业务增长迅速。清华同方、龙源期刊网、掌阅、咪咕传媒等内容集成发行商和运营商，加大移动端应用和市场的开发。同时，移动互联网也使我们进入了"泛媒体时代"，向公众传播信息不再是专业媒体的专利，任何人和机构都可以自建媒体，生产信息并向外发布，带来内容生产力的解放。由此，媒体人获得了相对于媒体机构的独立性；个人性和机构性自媒体涌现；商业传播（广告、品牌形象等）对专业媒体的依赖减弱，商业机构纷纷开设自媒体，在进行品牌传播、市场营销和联络客户的同时，也生产和传播与本企业及所在行业相关联的内容。但是，随着阅读新媒体的野蛮式生长和内容泛滥，整个社会的注意力资源将更加稀缺，读者对阅读产品的质量、体验性、个性化要求更高，专门为用户进行内容定制和把关的机构应运而生，优秀的阅读推荐类新媒体价值飙升，如"罗辑思维""十点读书"等。如上变化，为数字出版注入巨大活力，推动着数字出版迈入移动化时代，新的产业格局逐渐形成。

移动互联网也给阅读市场带来重要变化。一方面，移动互联网的普及不仅带动了网民和新媒体用户规模的增长，还提高了个体用户的阅读率和新媒体接触率，整个数字阅读市场规模扩大。据报告，在2012—2015年，我国移动阅读的用户量从2012年1.34亿上升到2015年的3.28亿。[2]另一方面，移动互联网还引发了网民阅读从PC端向移动端迁移；移动阅读的场景化、碎片化、个性化、交互性和社会化趋势加剧，读者的阅读行为与日常工作、学习、生活等活动之间的衔接更加紧密，新的阅读和内容消费形态涌现，为数字出版创造新的商机。在电子书、微博、微信、APP等产品的推动下，移动用户的阅读和支付的习惯已经养成，活跃度明显提高，仅亚马逊Kindle的月活跃付费用户在2012—2015年就增长了37倍[3]。移动端的付费阅读和广告盈利模式逐渐成熟，微博、微信的打赏机制也得以确立，收入规模快速提高；在2012—2015年，市场规模从1.34亿元[4]上升到100.8亿元[5]；移动阅读成为我国阅读产业领域内增长率最高的部分。

移动出版方兴未艾。经过2015年的急剧调整，2016年将会有更加稳健的发展。阅读市场将逐渐向三四线城市和农村地区下沉，读者群体和产业规模稳定扩大。企业间内容资源和用户资源的争夺加剧，阅读的体验性、交互性、社交性将更为重视，满足移动读者新需求的应用型产品增多，对整个文化创意产业融合发展的促进作用更加显著。

2　知识产权运营推动产业深度融合

在现代知识产权制度下，以优质内容为基础，进行全版权运作，开发衍生品及专利产品，注册商标开展品牌化运营，是出版传媒企业实现内容价值最大化的主要手段。在开放、融合的环境下，原来束缚出版业跨媒介、跨行业、跨地域经营的制度性和技术性障碍逐渐消除，基于优质内容进行知识产权运营的出版策略已初露峥嵘，并将在2016年获得新的发展。

大众阅读和娱乐领域的"IP热"将继续蔓延。2015年，我国网络文学衍生版权开发呈井喷之势，以版权为核心的网络娱乐产业链释放出巨大商业价值，由热门网络文学作品改编的影视作品屡创收视新高，其改编的游戏也迅速获得大规模粉丝；而影视和游戏的改编又反哺了网络文学本身的发展，促使其商业价值的扩大。2015年初，由腾讯文学与盛大文学整合成立的阅文集团，利用其庞大规模的内容储备、作家作品和多元化的跨终端产品等优势，运用"泛娱乐"的IP开发战略，与游戏、动漫、影视等行业进行合作，以文学作品为源头，打造起了贯通出版、游戏、影视、周边等新兴产业链。2016年初，阅文集团公布与Hobbymax公司合作，面向全球推出《全职高手》的主角人物模型，它是阅文集团白金作家蝴蝶蓝创作的网络游戏竞技小说，全网阅读点击量达数亿，实体书已授权出版中文简体、繁体、日文等多种语言版本，并畅销各地市场。[6] 这种经营方式以内容和版权经营为核心，以全媒体出版和多渠道传播为手段，带动原有大众文化产品粉丝圈层的扩大，使高点击率原创作品的版权价值倍增，已经在网络文学和诸多内容产业领域展开。据易观国际分析，2016年我国将迎来IP的高速发展期；同时，网络文学及相关行业IP评估标准体系的建立、完善和应用，将有助于IP模式运作理性化发展。

知识产权的运营在网络文学之外的专业出版和科技出版等领域也纷纷兴起。河南科学技术出版社在十年前进入手工图书领域，已累计出版了上千本手工图书。在获得了手工类图书的资源优势和市场领先地位后，该社在2012年开始，以图书为基础创建"玩美手工"和"HOOHUU"品牌；线上开设玩美手工网，构建网络社区、商城、在线课程、资讯服务等业务；线下开设"玩美手工馆"、手工体验店和直营店等，与学校、社区合建绘本馆，开展原创性手工项目和图书开发、手工图书阅读推广、手工材料销售、手工课程培训等实体经济业务；2014年在郑州创办"中国手工艺产业博览会"，每年一届，吸引了国内外众多厂商参加。迄今为止，该社通过图书版权、手工专利开发、品牌创建和授权经营、销售渠道建设等方式，已经打造了一个集产品开发、图书出版、工具和材料生产、产品销售、课程培训、行业会展于一体的产业平台，为出版与科技、教育和文创等产业的深度融合奠定了基础。据

《中国出版传媒商报》报道，安徽科技出版社、大连出版社、青岛出版集团、社会科学文献出版社等，也开展了知识产权综合运营的探索，并已获得良好效果。[7]它们利用本社图书品牌和优势版权资源，通过与外部机构合作，开展全媒体出版和品牌化经营，并努力开发衍生品，进行特定垂直行业的全产业链运作，开拓了出版业经营的巨大空间。

以版权为核心的知识产权综合运营，既可实现版权价值的多元化开发，又能克服出版多元化经营中产业关联度低的缺陷。未来，随着我国媒体融合、出版融合等发展战略的深入推进，出版产业竞争的进一步加剧，它将成为一种主流模式，向出版和新兴的数字内容产业的诸多领域迅速波及，推动着我国出版业的转型升级和融合深化。

3 商业模式创新助力网络文学产业升级

经过十余年成长，网络文学已经形成了比较成熟的商业模式和较为稳定的产业格局。但是，移动互联网和智能移动终端的普及，推动了以网络文学为创意源头的游戏、动漫、影视剧、网络剧等的急速发展，由此带来网络文学新热潮的兴起和商业模式的变革。

2015年，网络文学蓬勃发展。面对潜力巨大的市场，BAT纷纷参与布局网络文学，相继成立阅文集团、百度文学和阿里文学，并与各自旗下的其他内容业务对接，完善数字内容生态，大举开展"IP"运营。其中最受瞩目的是腾讯阅读和盛大文学联合成立的阅文集团，它统一管理和运营原腾讯阅读和盛大文学旗下的网络文学网站和品牌，致力于构建以IP运营为核心的"泛娱乐"生态体系，使网络文学成为整个泛娱乐生态系统的支柱。在阅文集团、中文在线、掌阅文学、阿里文学等平台的共同推动下，网络文学的IP运营在2015年经历了爆发式发展，带来了网络文学商业模式的转变：由过去主要依靠点击量而获得阅读付费和广告收入的模式，转为版权综合经营的模式。

网络文学商业模式转型会对产业链带来良性联动效应。首先，它会促进网络文学写作方式的调整和作品创意水平的提升。过去，在付费阅读、微支付运作机制下，网络文学写手主要靠点击量从网站获得分成；在上架和更新机制下，网络文学写手变成"码字工人"，偏重于文学情节的曲折离奇和篇幅拉长。在"IP"运营模式下，影视、动漫、游戏及更多衍生品的开发，不仅依赖于成熟而完整的网络文学作品，更依赖拥有巨大市场潜力、可进行多种符号表达、多种媒体传播的创意，这就会使网络写手更加关注文学作品的创意和表达。其次，它会促进以网络文学为中心的创意资源的扩大。多元化的网络文学价值实现方式为网络文学作者和版权经营者带来收入的乘积效应，大大提高优质作品创作者和经营者的经济回报，这会吸引更多写作者和机构参与，有助于推动网络文学自身规模扩大，还为我国本土的文化娱乐产业提供更丰富的创意资源。再次，网络文学版权价值的增加将掀起整个行业对网络文学原创资源的抢夺热潮，现有内容版权及其创造者的价值将提升，新作者、新作品的培育将更加得到重视。最后，除了内容，决定IP价值的最主要因素是网络文学作品"粉丝"群体的规模及其潜在的商业价值，这就要求网络文学的经营者们在产品和用户两个方面发力，更加注重阅读产品的体验效果、社交功能，采取多种手段提高服务质量，增加用户黏度。

2016年，实施网络文艺精品创作和传播计划，推动网络文学发展，已被列为我国"2016年全民阅读工作计划"；国家鼓励创新、版权保护的力度将继续加大。随着外部环境的进一步优化，版权综合经营商业模式的成熟完善，网络文学产业的发展将更加繁荣。

4 纸屏融合促进图书形态更新

近两年来，出版业的融合发展催生了图书形态的更新。在原有的纸质形态和数字形态之外，出现了纸质图书和数字资源融为一体的图书形态。纸屏融合形态的图书一般通过在纸本书页面所设置的二维码、ID账号等，使读者利用移动智能终端或计算机访问特定的网络空间，体验相应的数字资源或服务。目前，在融合形态的图书中，纸、屏两种形态的内容之间的关系大致分三类。

一是数字资源与纸书内容互补。中国传媒大学出版社在2015年出版的"21世纪播音与主持艺术专业训练教材"，安徽教育出版社的"二维码交互式教辅"项目就采用这种方式。读者利用手机、平板电脑等设备扫描纸书页面中的二维码，进行登录、注册和验证后，就可以阅读、下载出版者预存网络中与书相配套的资源。这类图书克服了纸质书信息的类型单一（只承载图文信息）、容量有限、更新困难等局限，提升了传统图书信息的表现和传播能力。

二是数字资源对纸书内容和体验的延伸。童趣出版有限公司在2015年研发了3D涂色书——《开心超人联盟之超时空保卫战》，把时下流行的AR技术与涂色书相结合；读者首先选一个页面涂好颜色，然后用手机或者平板电脑打开"开心幻影涂游"APP，扫一下涂好的作品，3D动画效果就会立刻呈现出来；转动图书，3D画面也会相应旋转，还可以用手指在屏幕上进行简单的交互操作[8]。北京出版集团在2016年出版了《大开眼界恐龙 世界大冒险》套书，利用虚拟现实技术，实现了纸质绘本与立体全沉浸式视觉映象的结合。此外，接力出版社在2014年6月出版的"香蕉火箭科学图画书"，天地出版社在2015年6月出版的"拍拍乐创意童书"，科技出版社在医学教材上所展开的探索等，都属于这种情况。它们多运用虚拟现实和增强现实等技术开发影像资源和相应APP，用手机或者平板电脑打开APP阅听内容，甚至还能对虚拟影像进行互动操作，为读者带来全新的阅读体验。

三是为读者提供增值服务。近几年，社会科学文献出版社在其发行的每一本皮书上都附设一个"皮书数据库"充值卡账号和密码，价值100元；读者在皮书数据库网站注册为会员后，为自己的账户充值，可用来购买数据库中的任何资源。机械工业出版社出版的《十天突破IELTS写作完整真题库与6-9分范文全解》，在封面贴上带密码的学习卡，读者可以用它获取在线导学服务或下载关键学习资源。从内容角度看，这类图书的数字资源为纸本书读者提供了额外的价值；从经营角度看，数字资源被出版方作为"诱饵"，吸引纸书读者变为数字产品的用户；而这里的纸本书就成为出版经营者获取用户的一个有效入口。

纸屏融合图书形态的出现，打破了纸本书和数字图书二元对立的发展格局。它既保留了传统纸本书的外在形态、制作工艺、内容及其组织方式等特点；又吸收了数字媒体的诸多优点，如表现手段丰富、信息容量大、体验性强等；为传统出版和新兴媒介的融合发展开辟了新路径。随着出版融合的深化发展，2016年纸屏融合形态的图书在品类、品种上将更加丰富，形式将趋于成熟，读者和用户资源的获取和经营将成为一个重要的发展方向。此外，图书纸屏融合还会带来新的出版商业模式，并引发出版产业链的重组和新型产业组织的出现。

参考文献

［1］ 中国互联网信息中心.第37次中国互联网络发展状况统计报告［R］.2016-1-22.

［2］ 中国IT研究中心.2015年第2季度中国移动阅读市场研究报告［EB/OL］.http://www.cnit-research.com/content/201507/1323.html。

［3］ 刘爽爽.中国是亚马逊全球用户增长最快的国家［EB/OL］.财新网,http://culture.caixin.com/2016-01-25/100903610.html。

［4］ 中国IT研究中心.2015年第2季度中国移动阅读市场研究报告［EB/OL］.http://www.cnit-research.com/content/201507/1323.html。

［5］ 郑春晖,李国琦.2015年Q4移动阅读市场报告［EB/OL］.http://www.sootoo.com/content/555300.shtml

［6］ 阅文集团热门IP《全职高手》手办即将全球发售引关注［EB/OL］.http://www.ccidnet.com/2016/0114/10082419.shtml。

［7］ 王婷:一个内容多个创意:出版立体开发,打造IP产业链［N］.中国出版传媒商报2016-2-16.

［8］ 韩国AR技术顶级企业SN公司与中国动漫"领头羊"广东奥飞动漫携手合作［N］.http://www.yaolan.com/news/201510091451503.shtml.